NIETZSCHE
e a filosofia

NIETZSCHE E A FILOSOFIA
Título original: *Nietzsche et la philosophie*
Gilles Deleuze

© Presses Universitaires de France, 1962
© n-1 edições, 2018

Embora adote a maioria dos usos editoriais do âmbito brasileiro, a n-1 edições não segue necessariamente as convenções das instituições normativas, pois considera a edição um trabalho de criação que deve interagir com a pluralidade de linguagens e a especificidade de cada obra publicada.

COORDENAÇÃO EDITORIAL Peter Pál Pelbart e Ricardo Muniz Fernandes
ASSISTENTE EDITORIAL Inês Mendonça
PROJETO GRÁFICO Érico Peretta
TRADUÇÃO Mariana de Toledo Barbosa e Ovídio de Abreu Filho
PREPARAÇÃO Diogo Henriques
REVISÃO Clarissa Melo

Este livro contou com o apoio dos programas de auxílio à publicação do Instituto Francês.
Cet ouvrage a bénéficié du soutien des Programmes d'aide à la publication de l'Institut français.

A reprodução parcial sem fins lucrativos deste livro, para uso privado ou coletivo, em qualquer meio, está autorizada, desde que citada a fonte. Se for necessária a reprodução na íntegra, solicita-se entrar em contato com os editores.

IMAGEM/CAPA: Custom Medical Stock Photo / Banco de Fotos da Alamy

n-1edicoes.org

Gilles Deleuze

NIETZSCHE
e a filosofia

n-1
edições

07 ABREVIATURAS UTILIZADAS NAS NOTAS

1. O TRÁGICO

09 1. O conceito de genealogia
11 2. O sentido
15 3. Filosofia da vontade
17 4. Contra a dialética
20 5. O problema da tragédia
23 6. A evolução de Nietzsche
25 7. Dioniso e Cristo
28 8. A essência do trágico
31 9. O problema da existência
35 10. Existência e inocência
38 11. O lance de dados
41 12. Consequências para o eterno retorno
43 13. Simbolismo de Nietzsche
46 14. Nietzsche e Mallarmé
49 15. O pensamento trágico
52 16. A pedra de toque

2. ATIVO E REATIVO

55 1. O corpo
56 2. A distinção das forças
59 3. Quantidade e qualidade
61 4. Nietzsche e a ciência
64 5. Primeiro aspecto do eterno retorno: como doutrina cosmológica e física
67 6. O que é a vontade de potência?
71 7. A terminologia de Nietzsche
74 8. Origem e imagem invertida
77 9. Problema da medida das forças
79 10. A hierarquia

81	11. Vontade de potência e sentimento de potência
84	12. O devir-reativo das forças
86	13. Ambivalência do sentido e dos valores
89	14. Segundo aspecto do eterno retorno: como pensamento ético e seletivo
93	15. O problema do eterno retorno

3. A CRÍTICA

97	1. Transformações das ciências do homem
100	2. A fórmula da questão em Nietzsche
102	3. O método de Nietzsche
104	4. Contra seus predecessores
108	5. Contra o pessimismo e contra Schopenhauer
110	6. Princípios para a filosofia da vontade
113	7. Plano de *Genealogia da moral*
116	8. Nietzsche e Kant do ponto de vista dos princípios
118	9. Realização da crítica
121	10. Nietzsche e Kant do ponto de vista das consequências
122	11. O conceito de verdade
126	12. Conhecimento, moral e religião
129	13. O pensamento e a vida
131	14. A arte
133	15. Nova imagem do pensamento

4. DO RESSENTIMENTO À MÁ CONSCIÊNCIA

145	1. Reação e ressentimento
145	2. Princípio do ressentimento
149	3. Tipologia do ressentimento
151	4. Características do ressentimento
155	5. Ele é bom? Ele é mau?
158	6. O paralogismo
160	7. Desenvolvimento do ressentimento: o sacerdote judaico

165   8. Má consciência e interioridade
166   9. O problema da dor
168   10. Desenvolvimento da má consciência: o sacerdote cristão
171   11. A cultura considerada do ponto de vista pré-histórico
174   12. A cultura considerada do ponto de vista pós-histórico
177   13. A cultura considerada do ponto de vista histórico
180   14. Má consciência, responsabilidade, culpa
183   15. O ideal ascético e a essência da religião
186   16. Triunfo das forças reativas

5. O ALÉM-DO-HOMEM: CONTRA A DIALÉTICA

189   1. O niilismo
190   2. Análise da piedade
194   3. Deus está morto
200   4. Contra o hegelianismo
204   5. Os avatares da dialética
207   6. Nietzsche e a dialética
209   7. Teoria do homem superior
212   8. O homem é essencialmente "reativo"?
217   9. Niilismo e transmutação: o ponto focal
222   10. A afirmação e a negação
228   11. O sentido da afirmação
234   12. A dupla afirmação: Ariadne
239   13. Dioniso e Zaratustra

245   **CONCLUSÃO**

251   **NOTA DO EDITOR**
253   **LISTA DAS TRADUÇÕES DE NIETZSCHE**

ABREVIATURAS UTILIZADAS NAS NOTAS

A	*Aurora*
AC	*O Anticristo*
AS	*O andarilho e sua sombra*
BM	*Além do bem e do mal*
Co. In.	*Considerações intempestivas*
Cr. Id.	*Crepúsculo dos ídolos*
DD	*Ditirambos de Dionísio*
EH	*Ecce homo*
FT	*A filosofia na época trágica dos gregos*
GC	*A gaia ciência*
GM	*Genealogia da moral*
HH	*Humano, demasiado humano*
NT	*O nascimento da tragédia*
NW	*Nietzsche contra Wagner*
VP	*Vontade de potência*
Z	*Assim falou Zaratustra*

1. O TRÁGICO

1. O conceito de genealogia

O projeto mais geral de Nietzsche consiste em introduzir na filosofia os conceitos de sentido e de valor. É evidente que a filosofia moderna, em grande parte, viveu e vive ainda de Nietzsche. Mas talvez não da maneira como ele teria desejado. Nietzsche nunca escondeu que a filosofia do sentido e dos valores deveria ser uma crítica. Kant não conduziu a verdadeira crítica porque não soube colocar seu problema em termos de valores; este é então um dos principais motivos da obra de Nietzsche. Ora, aconteceu que na filosofia moderna a teoria dos valores gerou um novo conformismo e novas submissões. Mesmo a fenomenologia contribuiu, com seu aparelho, para colocar uma inspiração nietzscheana, frequentemente nela presente, a serviço do conformismo moderno. Entretanto, quando se trata de Nietzsche, devemos, ao contrário, partir do seguinte fato: a filosofia dos valores, tal como ele a instaura e a concebe, é a verdadeira realização da crítica, a única maneira de realizar a crítica total, isto é, de filosofar "com o martelo". Com efeito, a noção de valor implica uma subversão[1] *crítica*. Por um lado, os valores aparecem, ou se dão, como princípios: uma avaliação supõe valores a partir dos quais aprecia os fenômenos. Porém, por outro lado e mais profundamente, são os valores que supõem avaliações, "pontos de vista de apreciação" dos quais deriva seu próprio valor. O problema crítico é o valor dos valores, a avaliação da qual procede o valor deles; portanto, o problema da sua *criação*. A avaliação se define como o elemento diferencial dos valores correspondentes: elemento crítico e criador ao mesmo tempo. As avaliações, referidas a seu elemento, não são valores, mas maneiras de ser, modos de existência daqueles que julgam e avaliam, servindo precisamente

---

1. O termo francês *renversement* coloca um desafio para a tradução, pois admite ao menos dois sentidos em português: *subversão* e *inversão* (ou *reversão*). Opta-se por traduzir *renversement* por *subversão* quando se designa a derrubada dos fundamentos, o que envolve a crítica de todos os sentidos e valores reativos, ou metafísicos. Escolhe-se traduzir *renversement* por *inversão*, ou *reversão*, quando se refere simplesmente à substituição de sentidos e valores de um tipo por sentidos e valores de outro tipo, por exemplo, a substituição de sentidos e valores ativos por sentidos e valores reativos. Por fim, sublinha-se que, quando os sentidos e valores ativos tomam o lugar dos sentidos e valores reativos, também se pode falar em *subversão*, pelo motivo acima explicitado. [N.T.]

de princípios para os valores em relação aos quais eles julgam. Por isso temos sempre as crenças, os sentimentos, os pensamentos que merecemos em função de nossa maneira de ser ou de nosso estilo de vida. Há coisas que só se pode dizer, sentir ou conceber, valores nos quais só se pode crer com a condição de avaliar "baixamente", de viver e pensar "baixamente". Eis o essencial: *o alto e o baixo, o nobre e o vil* não são valores, mas representam o elemento diferencial do qual deriva o valor dos próprios valores.

A filosofia crítica tem dois movimentos inseparáveis: referir toda coisa e toda origem de qualquer valor a valores; mas também referir esses valores a algo que seja sua origem e que decida sobre o seu valor. Reconhecemos a dupla luta de Nietzsche. Contra aqueles que subtraem os valores à crítica contentando-se em inventariar os valores existentes ou em criticar as coisas em nome de valores estabelecidos: os "operários da filosofia", Kant, Schopenhauer.[2] Mas também contra aqueles que criticam ou respeitam os valores fazendo-os derivar de simples fatos, de pretensos fatos objetivos: os utilitaristas, os "eruditos".[3] Nos dois casos, a filosofia está imersa no elemento *indiferente* daquilo que vale em si ou daquilo que vale para todos. Nietzsche se insurge ao mesmo tempo contra a elevada ideia de fundamento, que deixa os valores indiferentes à sua própria origem, e contra a ideia de uma simples derivação causal ou de um raso começo que coloca uma origem indiferente aos valores. Nietzsche forma o conceito novo de genealogia. O filósofo é o genealogista, não um juiz de tribunal à maneira de Kant, nem um mecânico à maneira utilitarista. O filósofo é Hesíodo. Nietzsche substitui o princípio da universalidade kantiana, bem como o princípio da semelhança, caro aos utilitaristas, pelo sentimento de diferença ou de distância (elemento diferencial). "Desse *páthos da distância* é que eles tomaram para si o direito de criar valores, cunhar nomes para os valores: que lhes importava a utilidade!"[4]

Genealogia quer dizer ao mesmo tempo valor da origem e origem dos valores. Genealogia se opõe ao caráter absoluto dos valores, tanto quanto a seu caráter relativo ou utilitário. Genealogia significa

2. BM, 211.

3. BM, parte VI.

4. GM, I, 2.

o elemento diferencial dos valores do qual decorre seu próprio valor. Genealogia quer dizer, portanto, origem ou nascimento, mas também diferença ou distância na origem. Genealogia quer dizer nobreza e baixeza, nobreza e vilania, nobreza e decadência na origem. O nobre e o vil, o alto e o baixo: eis o elemento propriamente genealógico ou crítico. Mas, assim compreendida, a crítica é ao mesmo tempo o que há de mais positivo. O elemento diferencial não é crítico do valor dos valores, sem ser também o elemento positivo de uma criação. Por isso a crítica nunca é concebida por Nietzsche como uma *reação*, mas sim como uma *ação*. Nietzsche opõe a atividade da crítica à vingança, ao rancor ou ao ressentimento. Zaratustra será seguido por seu "macaco", por seu "bufão", por seu "demônio", do começo ao fim do livro; mas o macaco se distingue de Zaratustra assim como a vingança e o ressentimento se distinguem da própria crítica. Confundir-se com seu macaco é o que Zaratustra sente como uma das horríveis tentações a que é exposto.[5] A crítica não é uma re-ação do re-sentimento, mas a expressão ativa de um modo de existência ativo: o ataque, e não a vingança, a agressividade natural de uma maneira de ser, a maldade divina sem a qual não se poderia imaginar a perfeição.[6] Esta maneira de ser é a do filósofo porque ele se propõe precisamente a manejar o elemento diferencial como crítico e criador, portanto, como um martelo. Eles pensam "baixamente", diz Nietzsche sobre seus adversários. Nietzsche espera muitas coisas dessa concepção de genealogia: uma nova organização das ciências, uma nova organização da filosofia, uma determinação dos valores do futuro.

2. O sentido

Jamais encontraremos o sentido de alguma coisa (fenômeno humano, biológico ou até mesmo físico) se não soubermos qual é a força que se apropria da coisa, que a explora, que dela se apodera ou nela se expressa. Um fenômeno não é uma aparência, nem mesmo uma aparição, mas um signo, um sintoma que encontra seu sentido numa força atual. A filosofia inteira é uma sintomatologia, uma semiologia.

5. z, iii, "Do passar além".
6. eh, "Por que sou tão sábio", 6-7.

As ciências são um sistema sintomatológico e semiológico. A dualidade metafísica da aparência e da essência e também a relação científica do efeito e da causa são substituídas por Nietzsche pela correlação entre fenômeno e sentido. Toda força é apropriação, dominação, exploração de uma quantidade de realidade. Mesmo a percepção, em seus aspectos diversos, é a expressão de forças que se apropriam da natureza. Isto quer dizer que a própria natureza tem uma história. A história de uma coisa é geralmente a sucessão das forças que dela se apoderam e a coexistência das forças que lutam para dela se apoderar. Um mesmo objeto, um mesmo fenômeno muda de sentido de acordo com a força que dele se apropria. A história é a variação dos sentidos, isto é, "a sucessão de processos de subjugamento que nela ocorrem, mais ou menos profundos, mais ou menos interdependentes".[7] O sentido é então uma noção complexa: há sempre uma pluralidade de sentidos, uma *constelação*, um complexo de sucessões, mas também de coexistências, que faz da interpretação uma arte; "todo subjugar e assenhorar-se é uma nova interpretação".

A filosofia de Nietzsche só é compreendida quando levamos em conta seu pluralismo essencial. E, na verdade, o pluralismo (também chamado empirismo) e a filosofia são uma única coisa. O pluralismo é a maneira de pensar propriamente filosófica, inventada pela filosofia: único fiador da liberdade no espírito concreto, único princípio de um violento ateísmo. Os Deuses morreram, mas morreram de rir ouvindo um Deus dizer que era o único. "Justamente isso não é divino, que haja deuses, mas nenhum Deus?"[8] E a morte deste Deus que se dizia único é, ela mesma, plural: a morte de Deus é um acontecimento cujo sentido é múltiplo. Eis por que Nietzsche não acredita nos "grandes acontecimentos" ruidosos, mas na pluralidade silenciosa dos sentidos de cada acontecimento.[9] Não existe sequer um acontecimento, um fenômeno, uma palavra, nem um pensamento cujo sentido não seja múltiplo. Alguma coisa é ora isto, ora aquilo, ora algo mais complicado segundo as forças (os deuses) que dela se apoderam. Hegel quis ridicularizar o pluralismo identificando-o a uma consciência ingênua

7. GM, II, 12.
8. Z, III, "Dos apóstatas".
9. Z, II, "Dos grandes acontecimentos".

que se contentaria em dizer "isto, aquilo, aqui, agora", como uma criança balbuciando suas mais humildes necessidades. Na ideia pluralista de que uma coisa tem vários sentidos, na ideia de que há várias coisas, e "isto e depois aquilo" para uma mesma coisa, vemos a mais alta conquista da filosofia, a conquista do verdadeiro conceito, sua maturidade, e não sua renúncia, nem sua infância. Pois a avaliação disto e daquilo, a delicada pesagem das coisas e dos sentidos de cada uma, a avaliação das forças que definem, a cada instante, os aspectos de uma coisa e de suas relações com as outras, tudo isto (ou tudo aquilo) pertence à arte mais elevada da filosofia, a da interpretação. Interpretar, e mesmo avaliar, é pesar. A noção de essência não se perde aí, mas ganha uma nova significação, pois nem todos os sentidos se equivalem. Uma coisa tem tantos sentidos quantas forem as forças capazes de se apoderar dela. Mas a própria coisa não é neutra e se encontra mais ou menos em afinidade com a força que dela se apodera atualmente. Há forças que só podem se apoderar de alguma coisa dando-lhe um sentido restritivo e um valor negativo. Ao contrário, chamar-se-á essência, entre todos os sentidos de uma coisa, aquele dado pela força que apresenta mais afinidade com ela. Assim, num exemplo que Nietzsche gosta de citar, a religião não tem um sentido único, visto que ela serve alternadamente a múltiplas forças. Mas qual é a força em afinidade máxima com a religião? Qual é a força da qual não se sabe mais quem domina, se é ela própria que domina a religião ou se é a religião que a domina?[10] "Procurem H." Para todas as coisas, tudo isso é ainda questão de pesagem, a arte delicada, mas rigorosa, da filosofia: a interpretação pluralista.

A interpretação revela sua complexidade quando pensamos que uma nova força só pode aparecer e se apropriar de um objeto usando, no início, a máscara das forças precedentes que já o ocupavam. A máscara ou a artimanha são leis da natureza; portanto, algo mais do que uma máscara ou uma artimanha. A vida, no início, deve imitar a matéria para ser simplesmente possível. Uma força não sobreviveria se, inicialmente, não tomasse emprestada a aparência das forças

---

10. Nietzsche pergunta qual é a força que dá à religião a possibilidade de atuar "de maneira soberana e por si"? (BM, 62).

1. O trágico

precedentes contra as quais luta.[11] É assim que o filósofo só pode nascer e crescer, com alguma chance de sobrevivência, aparentando o ar contemplativo do sacerdote, do homem ascético e religioso que dominava o mundo antes de seu aparecimento. A imagem ridícula que se tem da filosofia, a imagem do filósofo-sábio, amigo da sabedoria e da ascese, não é o único testemunho de que tal necessidade pesa sobre nós. Além disso, a própria filosofia não se desfaz de sua máscara ascética à medida que cresce; deve acreditar nela de uma certa maneira, só pode conquistar sua máscara dando-lhe um novo sentido, no qual finalmente se expressa a verdadeira natureza de sua força antirreligiosa.[12] Vemos que a arte de interpretar deve ser também uma arte de atravessar as máscaras, e de descobrir quem se mascara e por que, e com que sentido se conserva uma máscara remodelando-a. Isto quer dizer que a genealogia não aparece no início e que nos arriscamos a muitos contrassensos procurando, desde o nascimento, quem é o pai da criança. A diferença na origem não aparece desde a origem, exceto, talvez, para um olho especialmente preparado, o olho que vê longe, o olho do presbíope, do genealogista. Só se pode captar a essência ou a genealogia da filosofia e distingui-la de tudo aquilo com que no início tinha muito interesse em se confundir quando ela cresce. Isto se dá com todas as coisas. *Em todas as coisas*, só os graus superiores importam."[13] Não que o problema não seja o da origem, mas porque a origem concebida como genealogia só pode ser determinada em relação com os graus superiores.

Não temos que nos perguntar o que os gregos devem ao Oriente, diz Nietzsche.[14] A filosofia é grega na medida em que é na Grécia que ela atinge pela primeira vez sua forma superior, que testemunha sua verdadeira força e seus objetivos que não se confundem com os do Oriente-sacerdote, nem mesmo quando ela os utiliza. *Philosophos* não quer dizer sábio, mas amigo da sabedoria. Ora, é preciso interpretar "amigo" de uma maneira estranha: o amigo, diz Zaratustra, é sempre um terceiro entre eu e mim, que me leva a me superar e a ser superado

11. GM, III, 8, 9 e 10.
12. GM, III, 10.
13. FT.
14. FT.

para viver.[15] O amigo da sabedoria é aquele que reivindica a sabedoria, mas como alguém reivindica uma máscara com a qual não se sobreviveria; aquele que faz a sabedoria servir a novos fins, estranhos e perigosos, muito pouco sábios na verdade. Ele quer que ela se supere e que seja superada. É certo que o povo nem sempre se engana com isto; ele pressente a essência do filósofo, sua antissabedoria, seu imoralismo, *sua* concepção da amizade. Humildade, pobreza, castidade, adivinhemos o sentido que assumem essas virtudes sábias e ascéticas quando são retomadas pela filosofia como por uma força nova.[16]

3. Filosofia da vontade

A genealogia não só interpreta, ela avalia. Até agora, apresentamos as coisas como se as diferentes forças lutassem e se sucedessem em relação a um objeto quase inerte. Mas o próprio objeto é força, expressão de uma força. E é por isso que há mais ou menos afinidade entre o objeto e a força que dele se apodera. Não há objeto (fenômeno) que já não seja possuído, visto que, nele mesmo, ele é não uma aparência, mas a aparição de uma força. Toda força está, portanto, numa relação essencial com outra força. O ser da força é o plural; seria rigorosamente absurdo pensar a força no singular. Uma força é dominação, mas é também o objeto sobre o qual uma dominação se exerce. Eis o princípio da filosofia da natureza em Nietzsche: uma pluralidade de forças agindo e padecendo à distância, em que a *distância* é o elemento diferencial compreendido em cada força e pelo qual cada uma se relaciona com as outras. A crítica ao atomismo deve ser compreendida a partir deste princípio: consiste em mostrar que o atomismo é uma tentativa de atribuir à matéria uma pluralidade e uma distância essenciais que, de fato, só pertencem à força. Só a força tem por ser referir-se a outra força. (Como diz Marx, quando interpreta o atomismo: "Os átomos são, para eles mesmos, seu único objeto e só podem se relacionar com eles próprios".[17] Mas a questão é a seguinte: a noção de átomo, em sua essência, pode dar conta da

15. z, i, "Do amigo".
16. gm, iii, 8.
17. Marx, *Diferença entre a filosofia da natureza de Demócrito e a de Epicuro.*

relação essencial que se lhe atribui? O conceito só se torna coerente caso se pense força em vez de átomo. Isto porque a noção de átomo não pode conter em si mesma a diferença necessária à afirmação de tal relação, diferença na essência e segundo a essência. Sendo assim, o atomismo seria uma máscara para o dinamismo nascente.)

O conceito de força é, portanto, em Nietzsche, o de uma força que se relaciona com outra força. Sob este aspecto, a força se chama vontade. A vontade (vontade de potência) é o elemento diferencial da força. Daí resulta uma nova concepção da filosofia da vontade, pois a vontade não se exerce misteriosamente sobre músculos ou sobre nervos, menos ainda sobre uma matéria em geral, mas necessariamente sobre uma outra vontade. O verdadeiro problema não está na relação do querer com o involuntário, e sim na relação de uma vontade que comanda com uma vontade que obedece, e que obedece mais ou menos. "'Vontade', é claro, só pode atuar sobre 'vontade', e não sobre 'matéria' (sobre 'nervos', por exemplo): em suma, é preciso arriscar a hipótese de que em toda parte onde se reconhecem 'efeitos', vontade atua sobre vontade."[18] Diz-se que uma vontade é uma coisa *complexa* porque, enquanto ela quer, quer ser obedecida, mas só uma vontade pode obedecer àquilo que a comanda. Assim, o pluralismo encontra sua confirmação imediata e seu terreno propício na filosofia da vontade. E o ponto no qual se dá a ruptura de Nietzsche com Schopenhauer é preciso: trata-se justamente de saber se a vontade é una ou múltipla. Todo o resto decorre daí. Com efeito, se Schopenhauer é levado a negar a vontade, é primeiramente porque acredita na unidade do querer. É porque a vontade, segundo Schopenhauer, é una em sua essência, que ocorre ao carrasco compreender que ele forma uma unidade com sua própria vítima: é a consciência da identidade da vontade em todas as suas manifestações que leva a vontade a negar-se, a suprimir-se na piedade, na moral e no ascetismo.[19] Nietzsche descobre o que lhe parece ser a mistificação propriamente schopenhaueriana: a vontade é necessariamente negada quando se coloca sua unidade, sua identidade.

Nietzsche denuncia a alma, o eu, o egoísmo como os últimos refúgios do atomismo. O atomismo psíquico não vale mais do que o

18. BM, 36.

19. Schopenhauer, *O mundo como vontade e representação*, livro IV.

físico: "Em todo querer a questão é simplesmente mandar e obedecer, sobre a base, como disse, de uma estrutura social de muitas 'almas'".[20] Quando Nietzsche canta o egoísmo, é sempre de uma maneira agressiva ou polêmica: contra as virtudes, contra a virtude do desinteresse.[21] Mas, de fato, o egoísmo não é uma boa interpretação da vontade, assim como o atomismo não é uma boa interpretação da força. Para que haja egoísmo, ainda é necessário que haja um *ego*. O fato de toda força se relacionar com outra, seja para comandar, seja para obedecer, coloca-nos no caminho da origem: a origem é a diferença na origem, a diferença na origem é a *hierarquia*, isto é, a relação de uma força dominante com uma força dominada, de uma vontade obedecida com uma vontade obediente. A hierarquia como inseparável da genealogia: eis o que Nietzsche chama de "*nosso* problema".[22] A hierarquia é o fato originário, a identidade da diferença e da origem. Compreenderemos mais tarde por que o problema da hierarquia é precisamente o problema dos "espíritos livres". De qualquer modo, a esse respeito, já podemos marcar a progressão do sentido ao valor, da interpretação à avaliação, como tarefas da genealogia: o sentido de alguma coisa é a relação desta coisa com a força que se apodera dela; o valor de alguma coisa é a hierarquia das forças que se expressam na coisa enquanto fenômeno complexo.

4. Contra a dialética

Nietzsche é "dialético"? Uma relação, mesmo que seja essencial, entre um e outro não basta para formar uma dialética: tudo depende do papel do negativo nesta relação. Nietzsche diz que a força tem como objeto outra força. Todavia, é precisamente com *outras* forças que a força entra em relação. É com *outra espécie* de vida que a vida entra em luta. O pluralismo tem às vezes aparência dialética; contudo, ele é seu inimigo mais feroz, seu único inimigo visceral. Por isso devemos levar a sério o caráter resolutamente antidialético da filosofia de Nietzsche. Disseram que Nietzsche não conhecia bem Hegel.

20. BM, 19.
21. Z, III, "Dos três males".
22. HH, Prefácio, 7.

No sentido em que não se conhece bem seu adversário. Acreditamos, ao contrário, que o movimento hegeliano, as diferentes correntes hegelianas, eram-lhe familiares; e, como Marx, ele os tratou como saco de pancada. A filosofia de Nietzsche, em seu conjunto, permanece abstrata e pouco compreensível se não se descobre contra quem ela é dirigida. Ora, a própria pergunta "contra quem?" exige várias respostas. Mas uma delas, particularmente importante, é que o além--do-homem[23] é dirigido contra a concepção dialética do homem e a transvaloração, contra a dialética da apropriação ou da supressão da alienação. O anti-hegelianismo atravessa a obra de Nietzsche como o fio condutor da agressividade. Podemos segui-lo já na teoria das forças.

Em Nietzsche, a relação essencial de uma força com outra nunca é concebida como um elemento negativo na essência. Em sua relação com outra, a força que se faz obedecer não nega a outra nem aquilo que ela não é; ela afirma sua própria diferença e se regozija com esta diferença. O negativo não está presente na essência como aquilo de que a força tira sua atividade; pelo contrário, ele resulta desta atividade, da existência de uma força ativa e da afirmação de sua diferença. O negativo é um produto da própria existência: a agressividade necessariamente ligada a uma existência ativa, a agressividade de uma afirmação. Quanto ao conceito negativo (isto é, a negação como conceito), "é apenas uma imagem de contraste, pálida e posterior, em relação ao conceito básico, positivo, inteiramente perpassado de vida e paixão".[24] Nietzsche substitui o elemento especulativo da negação, da oposição ou da contradição, pelo elemento prático da *diferença*: objeto de afirmação e de gozo. É neste sentido que existe um empirismo nietzscheano. A pergunta tão frequente em Nietzsche – "o que uma vontade quer?", "o que quer este?", "aquele?" – não deve ser compreendida como a procura de um objetivo, de um motivo nem de um objeto para esta vontade. O que uma vontade quer é afirmar sua diferença. Em sua relação essencial com outra, uma vontade faz de

---

23. Apesar de utilizarmos, em grande parte, as traduções de Paulo César de Souza para as citações de trechos da obra de Nietzsche, no que se refere ao termo "*Übermensch*", que aparece em francês como "*surhomme*", optamos por traduzi-lo por "além-do-homem", uma vez que o conceito aponta para um ultrapassamento da forma homem, e não para um aumento de poder do homem. [N.T.]

24. GM, I, 10.

sua diferença objeto de afirmação. "O prazer de se saber diferente", o gozo da diferença:[25] eis o elemento conceitual novo, agressivo e aéreo, com o qual o empirismo substitui as pesadas noções da dialética e, sobretudo, como diz o dialético, o *trabalho* do negativo. Dizer que a dialética é um trabalho e o empirismo um gozo basta para caracterizá-los. E quem nos diz que há mais pensamento num trabalho do que num gozo? A diferença é o objeto de uma afirmação prática inseparável da essência e constitutiva da existência. O "sim" de Nietzsche se opõe ao "não" dialético; a afirmação, à negação dialética; a diferença, à contradição dialética; a alegria, o gozo, ao trabalho dialético; a leveza, a dança, ao peso dialético; a bela irresponsabilidade, às responsabilidades dialéticas. O sentimento empírico da diferença, em suma, a hierarquia, é o motor essencial do conceito, mais eficaz e mais profundo do que qualquer pensamento da contradição.

Além disso, devemos perguntar: "o que quer o próprio dialético?", "o que quer esta vontade que quer a dialética?". Só uma força esgotada que não tem força para afirmar sua diferença, só uma força que não mais age, mas reage às forças que a dominam, faz passar o elemento negativo para o primeiro plano em sua relação com outra, nega tudo que ela não é e faz desta negação sua própria essência e o princípio de sua existência. "Enquanto toda moral nobre nasce de um triunfante Sim a si mesma, já de início a moral escrava diz Não a um 'fora', um 'outro', um 'não-eu' – e *este* Não é seu ato criador."[26] Por isso Nietzsche apresenta a dialética como a especulação da plebe, como a maneira de pensar do escravo:[27] o pensamento abstrato da contradição prevalece sobre o sentimento concreto da diferença positiva, a reação sobre a ação, a vingança e o ressentimento tomam o lugar da agressividade. E, inversamente, Nietzsche mostra que o negativo no senhor é sempre um produto secundário e derivado de sua existência. Do mesmo modo, a relação do senhor e do escravo não é dialética em si mesma. Quem é dialético? Quem dialetiza a relação? É o escravo, o ponto de vista do escravo, o pensamento do ponto de vista do escravo.

---

25. BM, 260.
26. GM, I, 10.
27. Cr. Id., "O problema de Sócrates", 3-7. – VP, I, 70: "É a plebe que triunfa na dialética... A dialética só pode servir como arma de defesa".

Na verdade, o célebre aspecto dialético da relação senhor-escravo depende de que a potência é aí concebida não como vontade de potência, mas como representação da potência, como representação da superioridade, como reconhecimento por "um" da superioridade do "outro". O que as vontades querem, em Hegel, é o *reconhecimento* da sua potência, a *representação* da sua potência. Ora, segundo Nietzsche, aí reside uma concepção totalmente errônea da vontade de potência e de sua natureza. Tal concepção é a do escravo, ela é a imagem que o homem do ressentimento tem da potência. É o escravo que só concebe a potência como objeto de uma *recognição, matéria de uma representação, o que está em causa numa competição e, portanto, que a faz depender, no fim de um combate, de uma simples atribuição de valores estabelecidos.*[28] Se a relação do senhor e do escravo assume facilmente a forma dialética, a ponto de se ter tornado uma espécie de arquétipo ou de figura de escola para todo jovem hegeliano, é porque o retrato que Hegel nos propõe do senhor é, desde o início, um retrato feito pelo escravo, um retrato que representa o escravo, pelo menos tal como ele se imagina, no máximo um escravo realizado. Sob a imagem hegeliana do senhor, é sempre o escravo que desponta.

5. O problema da tragédia

O comentador de Nietzsche deve evitar principalmente "dialetizar" o pensamento nietzscheano sob qualquer pretexto. Entretanto, o pretexto é claro: é o da cultura trágica, do pensamento trágico, da filosofia trágica que percorrem a obra de Nietzsche. Mas o que Nietzsche chama exatamente de "trágico"? Ele opõe a visão trágica do mundo a duas outras visões: a dialética e a cristã. Ou melhor, fazendo a conta, a tragédia tem três maneiras de morrer: ela morre uma primeira vez pela dialética de Sócrates – é sua morte "euripideana". Morre uma segunda vez pelo cristianismo. E uma terceira vez sob os golpes conjugados da dialética moderna e de Wagner em pessoa. Nietzsche insiste nos seguintes pontos: o caráter fundamentalmente cristão da

---

28. Contra a ideia de que a vontade de potência seja vontade de reconhecimento, portanto, de que lhe sejam atribuídos valores em curso: BM, 261; A, 113.

dialética e da filosofia alemãs;[29] a incapacidade congênita do cristianismo e da dialética para viver, compreender, pensar o trágico. "Fui eu que descobri o trágico", até mesmo os gregos o desconheceram.[30] A dialética propõe uma certa concepção do trágico: liga o trágico ao negativo, à oposição, à contradição. O trágico é assim representado: a contradição do sofrimento e da vida, do finito e do infinito na própria vida, do destino particular e do espírito universal na ideia; o movimento da contradição e também de sua solução. Ora, se considerarmos *O nascimento da tragédia*, vemos sem dúvida que aí Nietzsche não é dialético, mas antes discípulo de Schopenhauer. Lembremos também que o próprio Schopenhauer tinha pouco apreço pela dialética. Entretanto, neste primeiro livro, o esquema que Nietzsche nos propõe, sob a influência de Schopenhauer, só se distingue da dialética pela *maneira* pela qual aí são concebidas a contradição e sua solução. Isto permite a Nietzsche, mais tarde, dizer sobre *O nascimento da tragédia*: "tem cheiro indecorosamente hegeliano".[31] Pois a contradição e sua solução representam ainda o papel de princípios essenciais; "vê-se aí a antítese transformar-se em unidade". Devemos seguir o movimento deste livro difícil para compreender como Nietzsche irá instaurar, em seguida, uma nova concepção do trágico:

1) A contradição, em *O nascimento da tragédia*, é a da unidade primitiva e da individuação, do querer e da aparência, da vida e do sofrimento. Esta contradição "originária" testemunha contra a vida, coloca a vida sob acusação, a vida precisa ser justificada, isto é, redimida do sofrimento e da contradição. *O nascimento da tragédia* se desenvolve à sombra destas categorias dialéticas cristãs: justificação, redenção, reconciliação.

2) A contradição se reflete na oposição de Dioniso e de Apolo. Apolo diviniza o princípio de individuação, constrói a aparência da aparência, a bela aparência, o sonho ou a imagem plástica, e, assim, se liberta do sofrimento: "Apolo triunfa sobre o sofrimento do indivíduo pela glória radiosa com a qual envolve a eternidade da aparência",

29. AC, 10.
30. VP, IV, 534.
31. EH, "O nascimento da tragédia", 1.

ele *apaga* a dor.[32] Dioniso, ao contrário, retorna à unidade primitiva, destrói o indivíduo, o arrasta no grande naufrágio e o absorve no ser original; assim, ele reproduz tanto a contradição como a dor da indiviação, mas as *resolve* num prazer superior, fazendo-nos participar da superabundância do ser único ou do querer universal. Dioniso e Apolo não se opõem como os termos de uma contradição, mas antes como duas maneiras antitéticas de resolvê-la: Apolo, mediatamente, na contemplação da imagem plástica; Dioniso, imediatamente, na reprodução, no símbolo musical da vontade.[33] Dioniso é como o fundo sobre o qual Apolo borda a bela aparência; mas, sob Apolo, é Dioniso quem freme. A própria antítese precisa então ser resolvida, "transformada em unidade".[34]

3) A *tragédia* é a reconciliação, a aliança admirável e precária dominada por Dioniso. Pois, na tragédia, Dioniso é o fundo do trágico. O único personagem trágico é Dioniso: "deus sofredor e glorificado"; o único tema trágico são os sofrimentos de Dioniso, sofrimentos da individuação, mas reabsorvidos no prazer do ser original; e o único espectador trágico é o coro, porque ele é dionisíaco, porque vê Dioniso como seu senhor e mestre.[35] Mas, por outro lado, a contribuição apolínea consiste em que, na tragédia, é Apolo que desdobra o trágico em *drama*, que expressa o trágico num drama. "A tragédia é o coro dionisíaco que se distende projetando fora de si um mundo de imagens apolíneas... No decorrer de várias explosões sucessivas, o fundo primitivo da tragédia produz, por irradiação, esta visão dramática que é essencialmente um sonho... O drama é, portanto, a representação de noções e de ações dionisíacas", a objetivação de Dioniso em uma forma e em um mundo apolíneos.

---

32. NT, 16.

33. Sobre a oposição entre a imagem mediata e o símbolo (às vezes chamado de "imagem imediata do querer"), cf. NT, 5, 16 e 17.

34. VP, IV, 556. "No fundo, esforcei-me apenas para adivinhar por que o apolinismo grego teve que surgir de um *subsolo* dionisíaco, por que o grego dionisíaco teve necessariamente que se tornar apolíneo".

35. NT, 8 e 10.

6. A evolução de Nietzsche

É assim, então, que o trágico em seu conjunto é definido em *O nascimento da tragédia*: a contradição original, sua solução dionisíaca e a expressão dramática desta solução. Reproduzir e resolver a contradição, resolvê-la reproduzindo-a, resolver a contradição original no fundo original, tal é o caráter da *cultura trágica* e de seus representantes modernos, Kant, Schopenhauer, Wagner. Sua "característica mais importante é que, para o lugar da ciência como alvo supremo, se empurra a sabedoria, a qual, não iludida pelos sedutores desvios das ciências, volta-se com olhar fixo para a imagem conjunta do mundo, e com um sentimento simpático de amor procura apreender nela o eterno sofrimento como sofrimento próprio".[36] Mas, já em *O nascimento da tragédia*, afloram mil coisas que nos fazem sentir a aproximação de uma concepção nova, pouco conforme com este esquema. Inicialmente, Dioniso é apresentado com insistência como o deus *afirmativo e afirmador*. Ele não se contenta em "resolver" a dor num prazer superior e suprapessoal; ele afirma a dor e faz dela o prazer de alguém. Mais do que se resolver no ser original ou reabsorver o múltiplo num fundo primitivo, Dioniso *se metamorfoseia* em múltiplas afirmações. Mais do que reproduzir os sofrimentos *da individuação*, ele afirma as dores *do crescimento*. É o deus que afirma a vida, para quem a vida tem que ser afirmada, *mas não* justificada, nem redimida. Entretanto, o que impede este segundo Dioniso de prevalecer sobre o primeiro é que o elemento suprapessoal sempre acompanha o elemento afirmador e reivindica para si o benefício que vem deste. Há, por exemplo, um pressentimento do eterno retorno: Deméter descobre que poderá dar à luz novamente Dioniso, mas esta ressurreição de Dioniso é interpretada somente como "o fim da individuação".[37] Sob a influência de Schopenhauer e de Wagner, a afirmação da vida só é concebida pela solução do sofrimento no universal e num prazer que ultrapassa o indivíduo. "O indivíduo deve ser transformado num ser impessoal, superior à pessoa. Eis a que se propõe a tragédia..."[38]

36. NT, 18.
37. NT, 10.
38. Co. In., III, "Schopenhaeur educador", cf. 3-4.

Quando Nietzsche, no fim de sua obra, interroga-se sobre *O nascimento da tragédia*, reconhece aí duas inovações essenciais que transbordam o quadro semidialético, semi-schopenhaueriano:[39] uma é precisamente o caráter afirmador de Dioniso, afirmação da vida em lugar de sua solução superior ou de sua justificação. Por outro lado, Nietzsche se felicita por haver descoberto uma posição que deveria, em seguida, ganhar toda sua amplitude. Pois, desde *O nascimento da tragédia*, a verdadeira oposição não é a oposição dialética entre Dioniso e Apolo, e sim a oposição mais profunda entre Dioniso e Sócrates. Não é Apolo que se opõe ao trágico, nem é por meio dele que o trágico morre, mas por meio de Sócrates; e Sócrates não é nem apolíneo, nem dionisíaco.[40] Sócrates é definido por uma estranha inversão: "Enquanto, em todas as pessoas produtivas, o instinto é justamente a força afirmativa-criativa, e a consciência se conduz de maneira crítica e negativa, em Sócrates é o instinto que se converte em crítico, a consciência em criadora".[41] Sócrates é o primeiro gênio da *decadência*: ele opõe a ideia à vida, julga a vida pela ideia, põe a vida como devendo ser julgada, justificada, redimida pela ideia. O que ele nos pede é que cheguemos a sentir que a vida, esmagada sob o peso do negativo, é indigna de ser desejada por si mesma, experimentada nela mesma: Sócrates é o "*homem teórico*", o único verdadeiro contrário do homem trágico.[42]

Mesmo assim, algo impede este segundo tema de se desenvolver livremente. Para que a oposição de Sócrates e da tragédia adquirisse todo o seu valor, para que se tornasse realmente a oposição do não e do sim, da negação da vida e de sua afirmação, era preciso, primeiramente, que o elemento afirmativo na tragédia fosse destacado, exposto por si mesmo e liberado de toda subordinação. Ora, este é um caminho sem volta para Nietzsche: será preciso também que a antítese Dioniso-Apolo deixe de ocupar o primeiro lugar, que ela se atenue, ou mesmo desapareça, em proveito da verdadeira oposição. Será preciso enfim que a verdadeira oposição mude, que não se contente

39. EH, "O nascimento da tragédia", 1-4.
40. NT, 12.
41. NT, 13.
42. NT, 15.

com Sócrates como herói típico, pois Sócrates é muito grego, um pouco apolíneo no início, por sua clareza, um pouco dionisíaco no fim, "*Sócrates musicante*".[43] Sócrates não dá à negação da vida toda a sua força; a negação da vida ainda não encontra nele a sua essência. Será preciso então que o homem trágico, ao mesmo tempo que descobre seu próprio elemento na afirmação pura, descubra seu inimigo mais profundo como aquele que cumpre verdadeiramente, definitivamente, essencialmente, a tarefa da negação. Nietzsche realiza este programa com rigor. A antítese Dioniso-Apolo, deuses que se reconciliam para resolver a dor, é substituída pela complementaridade mais misteriosa Dioniso-Ariadne, pois uma mulher, uma noiva, são necessárias quando se trata de afirmar a vida. A oposição Dioniso-Sócrates é substituída pela verdadeira oposição: "Compreenderam-me? – Dioniso contra o crucificado".[44] *O nascimento da tragédia*, observa Nietzsche, silenciava sobre o cristianismo, não tinha *identificado* o cristianismo. E é o cristianismo que não é nem apolíneo nem dionisíaco: "Ele nega os valores estéticos, os únicos que *O nascimento da tragédia* reconhece; ele é niilista no sentido mais profundo, enquanto no símbolo dionisíaco o limite extremo da afirmação foi atingido".

7. Dioniso e Cristo

Em Dioniso e em Cristo, o martírio é o mesmo, a paixão é a mesma. É o mesmo fenômeno, mas são dois sentidos opostos.[45] Por um lado, a vida que justifica o sofrimento, que afirma o sofrimento; por outro, o sofrimento que acusa a vida, que testemunha contra ela, que faz da vida alguma coisa que deve ser justificada. Se há sofrimento na vida, isso significa, primeiramente, para o cristianismo, que ela não é justa, que é essencialmente injusta, que paga com sofrimento uma injustiça essencial: ela é culpada, visto que sofre. Além disso, significa que ela deve ser justificada, isto é, redimida de sua injustiça ou salva, salva por este mesmo sofrimento que há pouco a acusava: ela deve sofrer, visto que é culpada. Estes dois aspectos do cristianismo formam o

43. NT, 15.
44. EH, "Por que sou um destino", 9; VP, III, 413; IV, 464.
45. VP, IV, 464.

que Nietzsche chama "a má consciência" ou a *interiorização da dor*.[46] Eles definem o niilismo propriamente cristão, ou seja, a maneira pela qual o cristianismo nega a vida: por um lado, a máquina de fabricar a culpa, a horrível equação dor-castigo; por outro, a máquina de multiplicar a dor, a justificação pela dor, a imunda oficina.[47] Mesmo quando o cristianismo canta o amor e a vida, quantas imprecações nesses cânticos, quanto ódio nesse amor! Ele ama a vida como a ave de rapina ama o cordeiro: tenra, mutilada, moribunda. O dialético coloca o amor cristão como uma antítese, por exemplo, como a antítese do ódio judaico. Estabelecer *antíteses* em toda parte onde há avaliações mais delicadas a serem feitas, *coordenações* a serem interpretadas, é o ofício e a missão do dialético. A flor é a antítese da folha, ela "refuta" a folha, eis aí uma descoberta célebre cara à dialética. É deste modo também que a flor do amor cristão "refuta" o ódio, isto é, de um modo inteiramente fictício: "um *novo* amor... Mas não se pense que tenha surgido como a negação daquela avidez de vingança, como a antítese do ódio judeu! Não, o contrário é a verdade! O amor brotou dele como sua coroa, triunfante, estendendo-se sempre mais na pura claridade e plenitude solar, uma coroa que no reino da luz e das alturas buscava as mesmas metas daquele ódio, vitória, espólio, sedução".[48] A alegria cristã é a alegria de "resolver" a dor: a dor é interiorizada e, por este meio, oferecida a Deus, colocada em Deus. "Aquele aterrador paradoxo de um 'Deus na cruz', aquele mistério de uma inimaginável, última, extrema crueldade"[49] é a mania propriamente cristã, mania já totalmente dialética.

Quão estranho se tornou este aspecto ao verdadeiro Dioniso! O Dioniso de *O nascimento da tragédia* ainda "resolvia" a dor; a alegria que ele experimentava ainda era uma alegria de resolvê-la e também de levá-la à unidade primitiva. Mas agora Dioniso captou

46. GM, II.

47. Sobre "como se fabricam ideais", cf. GM, I, 14.

48. GM, I, 8. Já era a crítica, em geral, que Feuerbach dirigia à dialética hegeliana: o gosto pelas antíteses fictícias em detrimento das coordenações reais (cf. Feuerbach, "Contribution à la critique de la philosophie hegelienne", in *Manifestes Philosophiques*, trad. de Althusser, Presses Universitaires de France). Nietzsche dirá igualmente: "A coordenação: no lugar da causa e do efeito" (VP, II, 346).

49. GM, I, 8.

precisamente o sentido e o valor de suas próprias metamorfoses: ele é o deus para quem a vida não tem que ser justificada, para quem a vida é essencialmente justa. Além disso, é ela que se encarrega de justificar, "ela afirma até mesmo o mais amargo sofrimento".[50] Compreendamos: ela não resolve a dor interiorizando-a; ela a afirma no elemento de sua exterioridade. E, a partir daí, a oposição entre Dioniso e Cristo se desenvolve ponto por ponto, como a afirmação da vida (sua extrema apreciação) e a negação da vida (sua depreciação extrema). A *mania* dionisíaca se opõe à mania cristã; a embriaguez dionisíaca, a uma embriaguez cristã; a laceração dionisíaca, à crucificação; a ressurreição dionisíaca, à ressurreição cristã; a transvaloração dionisíaca, à transubstanciação cristã. Pois há duas espécies de sofrimentos e de sofredores. "Aqueles que sofrem de superabundância de vida" fazem do sofrimento uma afirmação, assim como fazem da embriaguez uma atividade; na laceração de Dioniso, eles reconhecem a forma extrema da afirmação, sem possibilidade de subtração, de exceção nem de escolha. "Os que sofrem de um empobrecimento de vida" fazem da embriaguez uma convulsão ou um entorpecimento; fazem do sofrimento um meio de acusar a vida, de contradizê-la e também de justificá-la, de resolver a contradição.[51] Na verdade, tudo isso entra na ideia de um salvador; não há salvador mais belo do que aquele que é ao mesmo tempo carrasco, vítima e consolador, a santíssima Trindade, o sonho prodigioso da má consciência. Do ponto de vista de um salvador, "a vida deve ser o caminho que leva à santidade"; do ponto de vista de Dioniso, "a existência parece bastante santa por si mesma para justificar ainda uma imensidão de sofrimento".[52] A laceração dionisíaca é o símbolo imediato da afirmação múltipla; a cruz de Cristo, o sinal da cruz são a imagem da contradição e de sua solução, a vida submetida ao trabalho do negativo. Contradição desenvolvida, solução da contradição, reconciliação dos contraditórios: todas estas noções se tornaram estranhas a Nietzsche. É Zaratustra quem grita:

50. VP, IV, 464.

51. NW, 5. Observar-se-á que nem toda embriaguez é dionisíaca: existe uma embriaguez cristã que se opõe à de Dioniso.

52. VP, IV, 464.

"Algo mais alto que toda reconciliação"[53] – a afirmação. Alguma coisa mais elevada do que toda contradição desenvolvida, resolvida, suprimida – a transvaloração. Este é o ponto comum de Zaratustra e Dioniso: "'A todos os abismos levo a bênção do meu Sim' (Zaratustra)... Mas esta é a ideia do Dioniso mais uma vez".[54] A oposição entre Dioniso ou Zaratustra e o Cristo não é dialética, e sim oposição à própria dialética: a afirmação diferencial contra a negação dialética, contra todo niilismo e contra esta forma particular do niilismo. Nada está mais longe da interpretação nietzscheana de Dioniso do que a apresentada mais tarde por Otto: um Dioniso hegeliano, dialético e que faz dialética!

8. A essência do trágico

Dioniso afirma tudo o que aparece, "mesmo o mais amargo sofrimento", e aparece em tudo o que é afirmado. A afirmação múltipla ou pluralista é a essência do trágico. Compreenderemos melhor se pensarmos nas dificuldades existentes para fazer de tudo um objeto de afirmação. São necessários aí o esforço e o gênio do pluralismo, a potência das metamorfoses, a laceração dionisíaca. A angústia e a repulsa surgem em Nietzsche sempre neste ponto: será tudo passível de tornar-se objeto de afirmação, *isto é, de alegria*? Para cada coisa será preciso encontrar os meios particulares pelos quais ela é afirmada, pelos quais deixa de ser negativa.[55] Entretanto, o trágico não está nesta angústia ou nesta repulsa, nem em uma nostalgia da unidade perdida. O trágico está somente na multiplicidade, na diversidade da afirmação *como tal*. O que define o trágico é a alegria do múltiplo, a alegria plural. Esta alegria não é o resultado de uma sublimação, de uma purgação, de uma compensação, de uma resignação, de uma reconciliação: em todas as teorias do trágico, Nietzsche pode denunciar um desconhecimento essencial, o da tragédia como fenômeno

---

53. z, ii, "Da redenção".

54. eh, "Assim falou Zaratustra", 6.

55. Cf. as angústias e as repulsas de Zaratustra a propósito do eterno retorno. Desde as *Considerações intempestivas*, Nietzsche estabelece como princípio: "Toda existência que pode ser negada merece ser negada; ser veraz equivale a acreditar numa existência que não poderia absolutamente ser negada e que é, ela própria, verdadeira e sem mentira" (*Co. In.*, iii, "Schopenhauer educador", 4).

estético. *Trágico* designa a forma estética da alegria, não uma fórmula médica, nem uma solução moral da dor, do medo ou da piedade.[56] O que é trágico é a alegria. Mas isto quer dizer que a tragédia é imediatamente alegre, que só suscita o medo e a piedade do espectador obtuso, ouvinte patológico e moralizante, que conta com ela para assegurar o bom funcionamento de suas sublimações morais ou de suas purgações médicas. "Assim, com o renascimento da tragédia, voltou a nascer também o *ouvinte estético*, em cujo lugar costumava sentar-se até agora, na sala de teatro, um estranho quiproquó com pretensões meio morais e meio doutas, o 'crítico'."[57] E, com efeito, é preciso um verdadeiro renascimento para liberar o trágico de todo medo ou piedade dos maus ouvintes, que lhe deram um sentido medíocre oriundo da má consciência. Uma lógica da afirmação múltipla, portanto uma lógica da pura afirmação, e uma ética da alegria que lhe corresponde, é o sonho antidialético e antirreligioso que atravessa toda a filosofia de Nietzsche. O trágico não está fundado numa relação entre o negativo e a vida, mas na relação essencial entre a alegria e o múltiplo, o positivo e o múltiplo, a afirmação e o múltiplo. "O herói é alegre, eis o que escapou até agora aos autores de tragédias".[58] A tragédia, franca alegria dinâmica.

Por isso Nietzsche renuncia à concepção do *drama* que sustentava em *O nascimento da tragédia*; o drama é ainda um *páthos*, *páthos* cristão da contradição. O que Nietzsche critica em Wagner é precisamente ter feito uma música dramática, ter renegado o caráter afirmador da música: "*De que* sofro, quando sofro do destino da música? Do fato... de que é uma música de *décadence* e não mais a flauta de Dioniso".[59] Do mesmo modo, contra a expressão dramática da tragédia, Nietzsche reivindica os direitos de uma expressão *heroica*: o herói alegre, o herói leve, o herói dançarino, o herói brincalhão.[60] É tarefa de

---

56. Desde *O nascimento da tragédia*, Nietzsche ataca a concepção aristotélica da tragédia-catarse. Assinala as duas interpretações possíveis de *catharsis*: sublimação moral, purgação médica (NT, 22). Mas, como quer que se a interprete, a catarse compreende o trágico como o exercício de paixões deprimentes e de sentimentos "reativos", cf. VP, IV, 460.

57. NT, 22.

58. VP, IV, 50.

59. EH, "O caso Wagner", I.

60. VP, III, 191, 220, 221; IV, 17-60.

Dioniso tornar-nos leves, ensinar-nos a dançar, dar-nos o instinto de jogo. Até mesmo um historiador hostil ou indiferente aos temas nietzscheanos reconhece a alegria, a leveza aérea, a mobilidade e a ubiquidade como aspectos particulares de Dioniso.[61] Dioniso leva Ariadne ao céu; as pedrarias da coroa de Ariadne são estrelas. Será este o segredo de Ariadne? A constelação que o famoso lance de dados irradia? É Dioniso quem lança os dados. É ele que dança e se metamorfoseia, que se chama *"Polygethes"*, o deus das mil alegrias.

A dialética, em geral, não é uma visão trágica do mundo, mas, ao contrário, a morte da tragédia, a substituição da visão trágica por uma concepção teórica (com Sócrates), ou melhor ainda, por uma concepção cristã (com Hegel). O que se descobriu nos escritos de juventude de Hegel é também a verdade final da dialética: a dialética moderna é a ideologia propriamente cristã. Ela quer justificar a vida e a submete ao trabalho do negativo. Entretanto, entre a ideologia cristã e o pensamento trágico há um problema comum: o do sentido da existência. "A existência tem um sentido?" é, segundo Nietzsche, a mais importante questão da filosofia, a mais empírica e até mesmo a mais "experimental", porque coloca ao mesmo tempo o problema da interpretação e da avaliação. Bem compreendida, ela significa: "O que é *a justiça?*", e Nietzsche pode dizer sem exagero que toda a sua obra é o esforço para bem compreendê-la. Há, portanto, maneiras ruins de compreender a questão. Há muito tempo, e até hoje, só se procurou o sentido da existência colocando-a como algo faltoso ou culpado, algo injusto que devia ser justificado. Precisava-se de um Deus para interpretar a existência. Precisava-se acusar a vida para redimi-la, redimi-la para justificá-la. Avaliava-se a existência, mas sempre se colocando do ponto de vista da má consciência. Esta é a inspiração cristã que

---

61. M. Jeanmaire. *Dionysos* (Payot): "A alegria que é um dos mais marcantes traços de sua personalidade, e que contribui para comunicar-lhe este dinamismo ao qual é sempre necessário voltar para conceber o poder de expansão de seu culto" (27); "Um traço essencial da concepção que se faz de Dioniso é aquele que desperta a ideia de uma divindade essencialmente móvel e em perpétuo deslocamento, mobilidade da qual participa um séquito que é, ao mesmo tempo, o modelo ou a imagem das congregações ou *thiases* [cortejos] nas quais se agrupam seus adeptos" (273-74); "Nascido de uma mulher, escoltado por mulheres que são os êmulos de suas amas míticas, Dioniso é um deus que continua a frequentar os mortais aos quais comunica o sentimento de sua presença imediata, que os eleva muito mais a si do que se abaixa em direção a eles etc." (339 ss.).

compromete a filosofia inteira. Hegel interpreta a existência do ponto de vista da consciência infeliz; mas a consciência infeliz é apenas a figura hegeliana da má consciência. Até mesmo Schopenhauer... Schopenhauer fez ressoar a questão da existência ou da justiça de maneira ainda inaudita, mas ele próprio encontrou no sofrimento um meio de negar a vida e, na negação da vida, o único meio de justificá-la. "Schopenhauer foi, como filósofo, o *primeiro* ateísta confesso e inabalável que nós, alemães, tivemos: esse era o pano de fundo de sua hostilidade a Hegel. A profanidade da existência era para ele algo dado, tangível, indiscutível... Ao assim rejeitarmos a interpretação cristã e condenarmos o seu 'sentido' como uma falsificação, aparece-nos de forma terrível a questão de Schopenhauer: *então a existência tem algum sentido?* – Essa questão que precisará de alguns séculos para simplesmente ser ouvida por inteiro e em toda a sua profundidade. A resposta do próprio Schopenhauer a essa questão foi – que isto me seja perdoado – um tanto precipitada, juvenil, apenas um compromisso, um modo de permanecer e se prender nas perspectivas morais cristão-ascéticas a cuja crença *se renunciara* juntamente com a fé em Deus..."[62] Qual é então a outra maneira de compreender a questão, maneira realmente trágica na qual a existência *justifica* tudo o que afirma, inclusive o sofrimento, em lugar de ela própria ser justificada pelo sofrimento, isto é, santificada e divinizada?

9. O problema da existência

É uma longa história, a do sentido da existência. Tem suas origens gregas, pré-cristãs. O sofrimento foi utilizado como um meio para provar a *injustiça* da existência, mas ao mesmo tempo como um meio para encontrar-lhe uma *justificação* superior e divina. (Ela é culpada, visto que sofre; mas porque sofre, ela expia e é redimida.) A existência como desmedida, a existência como *hybris* e como crime, é a maneira pela qual os gregos já a interpretavam e avaliavam. A imagem titânica ("a necessidade do crime se impõe ao indivíduo titânico") é, historicamente, o primeiro sentido que se atribui à existência. Interpretação tão sedutora que Nietzsche, em *O nascimento da tragédia*,

62. GC, 357.

não pode ainda resistir a ela e a atribui a Dioniso.[63] Mas bastará que descubra o verdadeiro Dioniso para ver a armadilha que ela oculta ou a finalidade à qual serve: ela faz da existência um fenômeno moral e religioso! Parece que se concede muito à existência quando se faz dela um crime, uma desmedida; a ela é conferida uma dupla natureza: a de uma injustiça desmedida e a de uma expiação justificadora; ela é titanizada pelo crime, divinizada pela expiação do crime.[64] Tudo isso não conduziria a uma maneira sutil de depreciá-la, de torná-la passível de julgamento, julgamento moral e, sobretudo, julgamento de Deus? Anaximandro foi, segundo Nietzsche, o filósofo que deu expressão perfeita a essa concepção da existência. Dizia: "Os seres pagam uns aos outros a pena e a reparação de sua injustiça, segundo a ordem do tempo". Isto quer dizer: 1) que o devir é uma injustiça (*adikía*) e a pluralidade das coisas que vêm à existência é uma soma de injustiças; 2) que elas lutam entre si e expiam mutuamente sua injustiça pela *phtora*; 3) que todas elas derivam de um ser original ("*Ápeiron*") que cai num devir, numa pluralidade, numa geração culpada, cuja injustiça ele redime as destruindo eternamente ("Teodiceia").[65]

Schopenhauer é uma espécie de Anaximandro moderno. O que agrada tanto a Nietzsche em um e em outro e explica que, em *O nascimento da tragédia*, ele ainda seja, de modo geral, fiel à interpretação de ambos? Provavelmente, é a diferença deles em relação ao cristianismo. Eles tornam a existência criminosa, portanto culpada, mas não ainda faltosa e responsável. Nem mesmo os Titãs conhecem a incrível invenção semítica e cristã, a má consciência, a falta e a responsabilidade. Desde *O nascimento da tragédia*, Nietzsche opõe o crime titânico e prometeico ao pecado original. Mas isso é feito em

---

63. NT, 9.

64. NT, 9: "E assim o primeiro problema filosófico estabelece imediatamente uma penosa e insolúvel contradição entre homem e deus, e a coloca como um bloco rochoso à porta de cada cultura. O melhor e o mais excelso do que é dado à humanidade participar, ela o consegue graças a um sacrilégio, e precisa agora aceitar de novo as suas consequências, isto é, todo o caudal de sofrimentos e pesares com que os ofendidos Celestes afligem o nobre gênero humano que aspira ao ascenso". Vê-se até que ponto Nietzsche é ainda "dialético" em *O nascimento da tragédia*: põe na conta de Dioniso os atos criminosos dos Titãs, de quem Dioniso é, no entanto, vítima. Da morte de Dioniso, faz uma espécie de crucificação.

65. FT.

termos obscuros e simbólicos, porque esta oposição é seu segredo negativo, assim como o mistério de Ariadne é seu segredo positivo. Nietzsche escreve: "o mito semítico do pecado original, em que a curiosidade, a ilusão mentirosa, a sedutibilidade, a cobiça, em suma, uma série de afecções particularmente femininas são vistas como a origem do mal... Assim, os árias (gregos) entendem o sacrilégio como homem e os semitas entendem o pecado como mulher".[66] Não há misoginia nietzscheana: Ariadne é o primeiro segredo de Nietzsche, a primeira potência feminina, a *Anima*, a noiva inseparável da afirmação dionisíaca.[67] Mas bem diferente é a potência feminina infernal, negativa e moralizante, a mãe terrível, a mãe do bem e do mal, aquela que deprecia e nega a vida. "Não há outro meio de salvar a honra da filosofia: é preciso começar por surpreender os moralistas. Enquanto falarem da felicidade e da virtude, eles só converterão à filosofia as velhas senhoras. Encarem todos esses sábios, ilustres há milênios: todos são velhas senhoras ou senhoras maduras, mães, para falar como Fausto. As mães, as mães! Palavra terrível!"[68] As mães e as irmãs: esta segunda potência feminina tem a função de nos acusar, de nos tornar responsáveis. É tua culpa, diz a mãe, tua culpa se não tenho um filho melhor, mais respeitador da mãe e mais consciente de seu crime. É tua culpa, diz a irmã, tua culpa se não sou mais bela, mais rica e mais amada. A imputação dos danos e das responsabilidades, a amarga recriminação, a perpétua acusação, *o ressentimento*, eis aí uma piedosa interpretação da existência. É tua culpa, é tua culpa, até que o acusado diga por sua vez "é minha culpa" e o mundo desolado ressoe com todas essas queixas e com seu eco. "Em toda parte onde se procurou responsabilidades, foi o instinto da vingança que as procurou. Este instinto da vingança apoderou-se de tal modo da humanidade, no curso dos séculos, que toda a metafísica, a psicologia, a história e sobretudo a moral trazem a sua marca. Desde que o homem pensa, introduziu nas coisas o bacilo da vingança."[69] No ressentimento (é tua culpa), na má consciência (é minha culpa) e em seu fruto comum

66. NT, 9.
67. EH, "Assim falou Zaratustra", 8; "Quem, além de mim, sabe o que é *Ariadne*!".
68. VP, III, 408.
69. VP, III, 458.

(a responsabilidade), Nietzsche não vê simples acontecimentos psicológicos, mas as categorias fundamentais do pensamento semita e cristão, nossa maneira de pensar e de interpretar a existência em geral. Um novo ideal, uma nova interpretação, uma outra maneira de pensar são as tarefas que Nietzsche propõe para si.[70] *"Dar à irresponsabilidade seu sentido positivo"*; "Eu quis conquistar os sentimentos de uma total irresponsabilidade, tornar-me independente do elogio e da reprovação, do presente e do passado".[71] A irresponsabilidade, o mais nobre e mais belo segredo de Nietzsche.

Em relação ao cristianismo, os gregos são crianças. Sua maneira de depreciar a existência, seu "niilismo", não tem a perfeição cristã. Eles julgam a existência culpada, mas não inventaram ainda o refinamento que consiste em julgá-la faltosa e responsável. Quando os gregos falam da existência como criminosa e "hybrica", pensam que os deuses deixaram os homens loucos; a existência é culpada, *mas são os deuses que assumem a responsabilidade da falta*. Esta é a grande diferença entre a interpretação grega do crime e a interpretação cristã do pecado. Esta é a razão pela qual, em *O nascimento da tragédia*, Nietzsche crê ainda no caráter criminoso da existência, visto que este crime, pelo menos, não implica a responsabilidade do criminoso: "'loucura', 'insensatez', um pouco de 'perturbação na cabeça', tudo isso *admitiam* de si mesmos até os gregos da era mais forte e mais valente, como motivo de muita coisa ruim e funesta – loucura e *não* pecado! Vocês compreendem?... 'Um *deus* deve tê-lo enlouquecido', dizia finalmente a si mesmo, balançando a cabeça... Dessa maneira os deuses serviam para, até certo ponto, justificar o homem também na ruindade; serviam como causas do mal – naquele tempo eles não tomavam a si o castigo, e sim, o que é *mais nobre*, a falta".[72] Mas Nietzsche perceberá que esta grande diferença diminui com a reflexão. Quando a existência é colocada como culpada, basta um passo para torná-la responsável, basta uma mudança de sexo, Eva em lugar dos Titãs, uma mudança nos deuses, um Deus único ator e justiceiro em lugar dos deuses espectadores e "juízes olímpicos". Ora um deus assume a

70. GM, III, 23.
71. VP, III, 383 e 465.
72. GM, II, 23.

responsabilidade da loucura que inspira aos homens, ora os homens são responsáveis pela loucura de um Deus que se põe na cruz, mas estas soluções não são ainda diferentes o bastante, embora a primeira seja incomparavelmente mais bela. Na verdade, a questão não é: a existência culpada é responsável ou não? E sim: *a existência é culpada... ou inocente?* Então, Dioniso encontrou sua verdade múltipla: a inocência, a inocência da pluralidade, a inocência do devir e de tudo que é.[73]

10. Existência e inocência

O que significa "inocência"? Quando denuncia nossa deplorável mania de acusar, de procurar responsáveis fora de nós ou mesmo em nós, Nietzsche funda sua crítica em cinco razões, das quais a primeira é que "nada existe fora do todo".[74] Mas a última, mais profunda, é que "não existe todo": "É preciso esfarelar o universo, perder o respeito pelo todo".[75] A inocência é a verdade do múltiplo. Ela decorre imediatamente dos princípios da filosofia da força e da vontade. Toda coisa se relaciona com uma força capaz de interpretá-la; toda força se relaciona com aquilo que pode, de que é inseparável. É esta maneira de se relacionar, de afirmar e de ser afirmado, que é particularmente inocente. O que não se deixa interpretar por uma força, nem avaliar por uma vontade, exige *uma outra* vontade capaz de avaliá-lo, *uma outra* força capaz de interpretá-lo. No entanto, preferimos salvar a interpretação que corresponde às nossas forças e negar a coisa que não corresponde à nossa interpretação. É grotesca a nossa representação da força e da vontade: separamos a força do que ela pode, colocando-a em nós como "meritória" porque se abstém do que ela não pode, mas

73. Se agruparmos as teses de *O nascimento da tragédia*, que Nietzsche abandonará ou transformará, veremos que são cinco: 1) o Dioniso interpretado nas perspectivas da contradição e de sua solução será substituído por um Dioniso afirmativo e múltiplo; 2) a antítese Dioniso-Apolo se atenuará em benefício da complementaridade Dioniso-Ariadne; 3) a oposição Dioniso-Sócrates será cada vez menos suficiente e preparará a oposição mais profunda, Dioniso-Crucificado; 4) a concepção dramática da tragédia dará lugar a uma concepção heroica; 5) a existência perderá seu caráter ainda criminoso para assumir um caráter radicalmente inocente.

74. VP, III, 458: "Não se pode julgar o todo, nem o medir, nem o comparar e muito menos negá-lo".

75. VP, III, 489.

"culpada" na coisa em que manifesta precisamente a força que tem. Desdobramos a vontade, inventamos um sujeito neutro, dotado de livre-arbítrio, ao qual emprestamos o poder de agir e de se conter.[76] Esta é a nossa situação em relação à existência: não reconhecemos nem a vontade capaz de avaliar a terra (de "pesá-la"), nem a força capaz de interpretar a existência. Negamos então a própria existência, substituímos a interpretação pela depreciação, inventamos a depreciação como maneira de interpretar e de avaliar. "Uma interpretação entre outras naufragou, mas como ela era considerada como única interpretação possível, parece que a existência não tem mais sentido, que tudo é vão."[77] *Infelizmente somos maus jogadores*. A inocência é o jogo da existência, da força e da vontade. A existência afirmada e apreciada, a força não separada, a vontade não desdobrada, eis a primeira aproximação da inocência.[78]

Heráclito é o pensador trágico. O problema da justiça atravessa sua obra. Heráclito é aquele para quem a vida é radicalmente inocente e justa. Compreende a existência a partir de um *instinto de jogo*, faz da existência um *fenômeno estético*, não um fenômeno moral ou religioso. Por isso Nietzsche o opõe ponto por ponto a Anaximandro, como o próprio Nietzsche se opõe a Schopenhauer.[79] Heráclito negou a dualidade dos mundos, "negou o próprio ser". Mais do que isso: *fez do devir uma afirmação*. Ora, é preciso refletir longamente para compreender o que significa fazer do devir uma afirmação. Talvez seja dizer, em primeiro lugar, que só há o devir. Talvez seja afirmar o devir. Mas afirma-se também o ser do devir, diz-se que o devir afirma o ser ou que o ser se afirma no devir. Heráclito tem dois pensamentos que são como cifras: de acordo com um deles, o ser não é, tudo está em devir; de acordo com o outro, o ser é o ser do devir como tal. Um pensamento operário que afirma o devir, um pensamento contemplativo que afirma o ser do devir. Estes dois pensamentos não são separáveis, são o pensamento de um mesmo elemento, como Fogo e como *Diké*, como *Physis* e *Logos*. Pois não há ser além do devir, não há uno além

76. GM, I, 13.
77. VP, III, 8.
78. VP, III, 457-96.
79. Para tudo que se segue, relativo a Heráclito, cf. FT.

do múltiplo; nem o múltiplo nem o devir são aparências ou ilusões. Mas também não há realidades múltiplas e eternas que seriam, por sua vez, como essências além da aparência. O múltiplo é a manifestação inseparável, a metamorfose essencial, o sintoma constante do único. O múltiplo é a afirmação do uno, o devir, a afirmação do ser. A própria afirmação do devir é o ser; a própria afirmação do múltiplo é o uno; a afirmação múltipla é a maneira pela qual o uno se afirma. "O uno é o múltiplo". Se o uno, *justamente*, não se afirmasse no múltiplo, como o múltiplo sairia do uno e continuaria a sair dele após uma eternidade de tempo? "Se Heráclito só percebe um elemento único, é, portanto, num sentido diametralmente oposto ao de Parmênides (ou de Anaximandro)... O único deve afirmar-se na geração e na destruição." Heráclito olhou profundamente, não viu nenhum castigo do múltiplo, nenhuma expiação do devir, nenhuma culpa da existência. Nada viu de negativo no devir, ao contrário, viu a dupla afirmação do devir e do ser do devir, em suma, a justificação do ser. Heráclito é o obscuro porque nos conduz às portas do obscuro: qual é o ser do devir? Qual é o ser inseparável do que está em devir? *Retornar é o ser do que se torna.* Revir é o ser do próprio devir,[80] o ser que se afirma no devir. O eterno retorno como lei do devir, como justiça e como ser.[81]

Daí se segue que a existência nada tem de responsável e nem mesmo de culpada. "Heráclito chegou mesmo a gritar: a luta dos seres inumeráveis não passa de pura justiça! E, aliás, o uno é o múltiplo." A correlação do múltiplo e do uno, do devir e do ser, forma um *jogo*. Afirmar o devir, afirmar o ser do devir são os dois tempos de um jogo que se compõem com um terceiro termo, o jogador, o artista ou a criança.[82] O jogador-artista-criança, Zeus-criança: Dioniso, que o

---

80. Em função da estranheza causada pela flexão do verbo *devir*, pouco usada na língua portuguesa, ocorre que *devenir*, verbo de uso corrente na língua francesa, seja traduzido por *tornar-se*. Além disso, para manter o jogo de palavras entre os verbos *devenir* e *revenir*, por vezes *revenir* é traduzido por *retornar*. [N.T.]

81. Nietzsche modifica sua interpretação matizando-a. Por um lado, Heráclito não se desprendeu completamente das perspectivas do castigo e da culpa (cf. sua teoria da combustão total pelo fogo). Por outro, ele apenas pressentiu o verdadeiro sentido do eterno retorno. Por isso, em FT, Nietzsche só fala do eterno retorno em Heráclito por alusões e, em EH ("O nascimento da tragédia", 3), seu julgamento não deixa de ser reticente.

82. FT: "A *Diké* ou *gnomè* imanente; o *Polemos* que é seu lugar, o conjunto visto como um jogo; e julgando o todo, o artista criador, ele próprio idêntico a sua obra".

mito nos apresenta rodeado por seus brinquedos divinos. O jogador se abandona temporariamente à vida e temporariamente nela fixa o olhar; o artista se coloca temporariamente em sua obra e temporariamente acima dela; a criança joga, retira-se do jogo e a ele volta. Ora, é o ser do devir que joga o jogo do devir consigo mesmo: o *Aiôn*, diz Heráclito, é uma criança que joga, que joga malha. O ser do devir, o eterno retorno, é o segundo tempo do jogo, mas também o terceiro termo idêntico aos dois tempos e que vale para o conjunto. Isto porque o eterno retorno é o retornar distinto do ir, a contemplação distinta da ação, mas também o retornar do próprio ir e o retorno da ação, simultaneamente momento e ciclo do tempo. Devemos compreender o segredo da interpretação de Heráclito: à *hybris*, ele opõe o instinto de jogo. "Não é um orgulho culpado, é o instinto do jogo sempre despertado que cria novos mundos." Não uma teodiceia, mas uma cosmodiceia; não uma soma de injustiças a serem expiadas, mas a justiça como lei deste mundo; não a *hybris*, mas o jogo, a inocência. "Esta palavra perigosa, a *hybris*, é a pedra de toque de todo heracliteano. É aí que ele pode mostrar se compreendeu ou não seu mestre."

11. O lance de dados

O jogo tem dois momentos que são os de um lance de dados: os dados lançados e os dados que caem. Nietzsche chega a apresentar o lance de dados como sendo jogado sobre duas mesas distintas, a terra e o céu. A terra onde se lançam os dados, o céu onde caem os dados: "Se algum dia joguei dados com deuses na divina mesa terrena, de modo que a terra tremeu, partiu-se e lançou rios de fogo: – pois uma mesa é a terra para os deuses, trêmula de novas palavras criadoras e lances de dados dos deuses…".[83] "Ó céu acima de mim, céu puro, elevado! Esta é para mim a tua pureza, não haver eterna aranha e teias de aranha da razão: – seres para mim um local de dança para divinos acasos, seres uma mesa divina para divinos dados e jogadores de dados…"[84] Mas essas duas mesas não são dois mundos. São as duas horas de um mesmo mundo, os dois momentos do mesmo mundo, meia-noite e

83. z, iii, "Os sete selos".
84. z, iii, "Antes do nascer do sol".

meio-dia, a hora em que se lançam os dados, a hora em que caem os dados. Nietzsche insiste nas duas mesas da vida que são também os dois tempos do jogador ou do artista: "Abandonarmo-nos temporariamente à vida para fixarmos temporariamente o olhar sobre ela". O lance de dados afirma o devir e afirma o ser do devir.

Não se trata de vários lances de dados que, devido a seu número, chegariam a reproduzir a mesma combinação. Ao contrário, trata-se de um só lance de dados que, devido ao número da combinação produzida, chega a reproduzir-se como tal. Não é um grande número de lances que produz a repetição de uma combinação, é o número da combinação que produz a repetição do lance de dados. Os dados lançados uma só vez são a afirmação do *acaso*, a combinação que formam ao cair é a afirmação da *necessidade*. A necessidade se afirma do acaso no sentido exato em que o ser se afirma do devir e o uno do múltiplo. Em vão dir-se-á que os dados, lançados ao acaso, não produzem necessariamente a combinação vitoriosa, o doze que relança o jogo de dados. É verdade, mas apenas na medida em que o jogador não soube inicialmente *afirmar* o acaso. Isto porque, do mesmo modo que o uno não suprime ou nega o múltiplo, a necessidade não suprime ou abole o acaso. Nietzsche identifica o acaso ao múltiplo, aos fragmentos, aos membros, ao caos: caos dos dados que agitamos e que lançamos. *Nietzsche faz do acaso uma afirmação*. O próprio céu é chamado de "céu Acaso", "céu Inocência";[85] o reino de Zaratustra é chamado de "grande acaso".[86] "*Por acaso*, esta é a mais antiga nobreza do mundo, eu a restituí a todas as coisas, eu as libertei da servidão da finalidade... Encontrei em todas as coisas esta certeza bem-aventurada de que elas preferem dançar sobre os pés do acaso"; "Minha palavra é: deixem vir a mim o acaso, ele é inocente como uma criancinha".[87] O que Nietzsche chama de *necessidade* (destino) nunca é, portanto, a abolição do acaso, mas sim sua própria combinação. A necessidade é afirmada do acaso desde que o próprio acaso seja afirmado. Pois há apenas uma única combinação do acaso como tal, uma

---

85. z, iii, "Antes do nascer do sol".
86. z, iv, "A oferenda do mel"; iii, "De velhas e novas tábuas": Zaratustra se nomeia "redentor do acaso".
87. z, iii, "Antes do nascer do sol" e "No monte das Oliveiras".

única maneira de combinar todos os membros do acaso, maneira que é como o uno do múltiplo, isto é, número ou necessidade. Há muitos números segundo probabilidades crescentes ou decrescentes, mas um único número do acaso como tal, um único número fatal que reúne todos os fragmentos do acaso, como o meio-dia reúne todos os membros esparsos de meia-noite. Por isso basta ao jogador afirmar o acaso uma só vez para produzir o número que relança o jogo de dados.[88]

Saber afirmar o acaso é saber jogar. Mas nós não sabemos jogar: "Tímidos, envergonhados, canhestros, semelhantes a um tigre cujo bote malogrou: assim, ó homens superiores, eu vos vi muitas vezes, esgueirando-vos para o lado. Um lance vos malogrou. Mas, ó lançadores de dados, que importa isso? Não aprendestes a jogar e zombar como se deve jogar e zombar!".[89] O mau jogador conta com vários lances de dados, com um grande número de lances; assim ele dispõe da causalidade e da probabilidade para produzir uma combinação que declara desejável; ele coloca essa própria combinação como um fim a ser obtido, escondido atrás da causalidade. É isso que Nietzsche quer dizer quando fala da eterna aranha, da teia de aranha da razão: "uma presumível aranha de propósito e moralidade por trás da grande tela e teia da causalidade – podemos dizer, como Carlos, o Temerário, em luta com Luís XI: '*je combats l'universelle araignée*' [eu combato a aranha universal]".[90] Abolir o acaso prendendo-o na pinça da causalidade e da finalidade; em lugar de afirmar o acaso, contar com a repetição dos lances; em lugar de afirmar a necessidade, contar com um *fim*: eis todas as operações do mau jogador. Elas têm sua raiz na razão, mas qual é a raiz da razão? O espírito de vingança, nada mais do que o espírito de vingança, a aranha![91] O ressentimento

---

88. Não se acreditará, portanto, que, segundo Nietzsche, o acaso seja *negado* pela necessidade. Numa operação como a transmutação, muitas coisas são negadas ou abolidas, por exemplo, o espírito de peso é negado pela dança. A fórmula geral de Nietzsche a esse respeito é a seguinte: É negado tudo o que *pode* ser negado (isto é, o próprio negativo, o niilismo e suas expressões). Mas o acaso não é, como o espírito de peso, uma expressão do niilismo; ele é objeto de afirmação pura. Na própria transmutação, existe uma *correlação* de afirmações: acaso e necessidade, devir e ser, múltiplo e uno. Não se confundirá o que é afirmado correlativamente com o que é negado ou suprimido pela transmutação.

89. z, iv, "Do homem superior".

90. gm, iii, 9.

91. z, ii, "Das tarântulas".

na repetição dos lances, a má consciência na crença em um fim. Mas assim só serão obtidos números relativos mais ou menos prováveis. A certeza necessária para se jogar bem é a de que o universo não tem finalidade: não existe fim a esperar, assim como não há causas a conhecer.[92] Perde-se o lance de dados porque não se afirmou *o suficiente* o acaso de uma vez. Ele não foi afirmado o suficiente para que se produzisse o número fatal que reúne necessariamente todos os seus fragmentos e que, necessariamente, relança o jogo de dados. Devemos, portanto, conceder a maior importância à seguinte conclusão: o par causalidade-finalidade, probabilidade-finalidade, a oposição e a síntese desses termos, a teia desses termos é substituída por Nietzsche pela correlação acaso-necessidade, pelo par dionisíaco acaso-destino. Não uma probabilidade repartida em muitas vezes, mas todo o acaso de uma só vez; não uma combinação final desejada, querida, aspirada, mas a combinação fatal, fatal e amada, o *amor fati*; não o retorno de uma combinação pelo número de lances, mas a repetição do lance de dados pela natureza do número obtido fatalmente.[93]

12. Consequências para o eterno retorno

Quando os dados lançados afirmam uma vez o acaso, os dados que caem afirmam necessariamente o número ou o destino que relança o jogo de dados. É neste sentido que o segundo tempo do jogo é também o conjunto dos dois tempos ou o jogador que vale pelo conjunto. O eterno retorno é o segundo tempo, o resultado do lance de dados, a afirmação da necessidade, o número que reúne todos os membros

---

92. VP, III, 465.

93. Em dois textos de *Vontade de potência*, Nietzsche apresenta o eterno retorno na perspectiva das probabilidades e como deduzindo-se de um grande número de lances: "Se se supõe uma massa enorme de casos, a repetição fortuita de um mesmo lance de dados é mais provável do que uma não identidade absoluta" (VP, II, 324); se o mundo fosse colocado como grandeza de força definida e o tempo como meio infinito, "toda combinação possível seria realizada pelo menos uma vez, ou melhor, seria realizada um número infinito de vezes" (VP, II, 329). Mas 1) estes textos dão uma exposição do eterno retorno apenas "hipotética"; 2) são "apologéticos", num sentido bastante próximo do que se atribuiu à aposta de Pascal. Trata-se de tomar ao pé da letra o mecanicismo, mostrando que ele desemboca numa conclusão que "não é necessariamente mecanicista"; 3) eles são "polêmicos": de modo agressivo, trata-se de vencer o *mau jogador* em seu próprio terreno.

do acaso, mas também o retorno do primeiro tempo, a repetição do lance de dados, a reprodução e a re-afirmação do próprio acaso. O destino no eterno retorno é também as "boas-vindas" ao acaso: "chego a cozinhar todo acaso em *minha* panela. E somente quando ele está bem cozido eu lhe dou boas-vindas, como *meu* alimento. E, em verdade, mais de um acaso me chegou imperiosamente: mas ainda mais imperiosamente lhe falou minha *vontade* – e logo estava ele de joelhos a suplicar – a suplicar abrigo e coração junto a mim e a dizer lisonjeiramente: 'Vê, Zaratustra, somente o amigo procura o amigo!'".[94] Isto quer dizer que existem muitos fragmentos do acaso que pretendem valer por si mesmos; eles invocam sua probabilidade, cada um solicita do jogador vários lances de dados; repartidos em vários lances, tornados simples probabilidades, os fragmentos do acaso são escravos que querem falar como senhores;[95] mas Zaratustra sabe que não é assim que se deve jogar nem se deixar jogar; é preciso, ao contrário, afirmar todo o acaso numa única vez (fazê-lo, portanto, ferver e cozinhar como o jogador que esquenta os dados em sua mão), para reunir todos os seus fragmentos e para afirmar o número que não é provável, mas fatal e necessário; somente então o acaso é um amigo que vem ver seu amigo e que este faz retornar, um amigo do destino, cujo próprio destino assegura o eterno retorno como tal.

Num texto mais obscuro, carregado de significação histórica, Nietzsche escreve: "O caos universal, que exclui toda atividade de caráter finalista, não é contraditório com a ideia do ciclo, pois esta ideia é apenas uma necessidade irracional".[96] Isso quer dizer: frequentemente o caos e o ciclo, o devir e o eterno retorno foram combinados, mas como se pusessem em jogo dois termos opostos. Assim, para Platão, o devir é ele próprio um devir ilimitado, um devir louco, um devir híbrido e culpado que, para ser colocado em círculo, precisa sofrer a ação de um demiurgo que o envergue pela força, que lhe imponha o limite ou o modelo da ideia; o devir ou o caos são repelidos para o lado de uma causalidade mecânica obscura e o ciclo é referido

---

94. z, iii, "Da virtude que apequena".

95. É somente neste sentido que Nietzsche fala dos "fragmentos" como "apavorantes acasos": z, ii, "Da redenção".

96. vp, ii, 326.

a uma espécie de finalidade que se impõe de fora; o caos não subsiste no ciclo, o ciclo expressa a submissão forçada do devir a uma lei que não é a sua. Heráclito era talvez o único, mesmo entre os pré-socráticos, que sabia que o devir não é "julgado", que não pode ser julgado e não é para ser julgado, que ele não recebe sua lei de fora, que é "justo" e possui em si mesmo sua própria lei.[97] Só Heráclito pressentiu que o caos e o ciclo em nada se opunham. E, na verdade, basta afirmar o caos (acaso e não causalidade) para afirmar ao mesmo tempo o número ou a necessidade que o relança (necessidade irracional e não finalidade). "Não houve inicialmente um caos, depois pouco a pouco um movimento regular e circular de todas as formas; tudo isso, ao contrário, é eterno, subtraído do devir; se algum dia houve um caos das forças era porque o caos era eterno e reapareceu em todos os ciclos. O *movimento circular* não se tornou, ele é a lei original, do mesmo modo que a *massa de força* é a lei original sem exceção, sem infração possível. Todo devir se passa no interior do ciclo e da massa de força."[98] Compreende-se que Nietzsche não reconheça de modo algum sua ideia do eterno retorno em seus predecessores antigos. Estes não viam no eterno retorno o ser do devir como tal, o uno do múltiplo, isto é, o número necessário, extraído necessariamente de todo o acaso. Eles aí viam até mesmo o oposto: uma submissão do devir, uma confissão de sua injustiça e a expiação desta injustiça. Com exceção de Heráclito, talvez, eles não tinham visto "a presença da lei no devir e a presença do jogo na necessidade".[99]

13. Simbolismo de Nietzsche

Quando os dados são lançados sobre a mesa da terra, esta "treme e se parte", pois o lance de dados é a afirmação múltipla, a afirmação do múltiplo. Mas todos os membros, todos os fragmentos são jogados em um lance: todo o acaso de uma só vez. Essa potência, não de suprimir o múltiplo, mas de afirmá-lo de uma só vez, é como o fogo: o fogo é o elemento que joga, o elemento das metamorfoses que não

97. FT.
98. VP, II, 325 (movimento circular = ciclo, massa de força = caos).
99. FT.

1. O trágico

tem contrário. A terra que se parte sob os dados projeta então "rios de fogo". Como diz Zaratustra, o múltiplo, o acaso só são bons cozidos e fervidos. Fazer ferver, pôr no fogo, não significa abolir o acaso, nem encontrar o uno por detrás do múltiplo. Ao contrário, a ebulição na panela é como o choque de dados na mão do jogador, o único meio de fazer do múltiplo ou do acaso uma afirmação. Os dados lançados formam então o número que relança o jogo de dados. Ao relançar o jogo de dados, o número recoloca o acaso no fogo, mantém o fogo que torna a cozinhar o acaso. O número é o ser, o uno e a necessidade, mas o uno afirmado do múltiplo como tal, o ser afirmado do devir como tal, o destino afirmado do acaso como tal. O número está presente no acaso como o ser e a lei estão presentes no devir. E este número presente que mantém o fogo, este uno afirmado do múltiplo quando o múltiplo é afirmado, é a estrela bailarina, ou melhor, a constelação extraída do lance de dados. A fórmula do jogo é a seguinte: dar à luz uma estrela bailarina com o caos que se traz em si.[100] E quando Nietzsche se interroga sobre as razões que o levaram a escolher o personagem de Zaratustra, encontra três, muito diversas e de valor desigual. A primeira é Zaratustra como profeta do eterno retorno;[101] mas Zaratustra não é o único profeta, nem mesmo aquele que melhor pressentiu a verdadeira natureza daquilo que anunciava. A segunda razão é polêmica: Zaratustra foi o primeiro a introduzir a moral na metafísica, fez da moral uma força, uma causa, um objetivo por excelência; portanto é ele quem está melhor colocado para denunciar a mistificação, o erro da própria moral.[102] (Mas uma razão análoga valeria para Cristo: quem melhor que Cristo está apto a desempenhar o papel do anticristo... e de Zaratustra em pessoa?)[103] A terceira razão, retrospectiva, mas a única suficiente, é a bela razão do acaso: "Hoje aprendi, por acaso, o que significa Zaratustra, a saber, estrela de ouro. Este acaso me encanta".[104]

---

100. z, Prólogo, 5.
101. vp, iv, 155.
102. eh, "Por que sou um destino", 3.
103. z, i, "Da morte voluntária": "Crede em mim, irmãos! Ele morreu cedo demais; ele próprio teria renegado sua doutrina, se tivesse alcançado a minha idade!".
104. Carta a Gast, 20 mai. 1883.

Este jogo de imagens caos-fogo-constelação reúne todos os elementos do mito de Dioniso. Ou melhor, estas imagens formam o jogo propriamente dionisíaco. Os *brinquedos* de Dioniso criança; a afirmação múltipla e os *membros ou fragmentos* de Dioniso lacerado; o *cozimento* de Dioniso ou o uno afirmando-se do múltiplo; a *constelação* levada por Dioniso, Ariadne no Céu como estrela bailarina; o *retorno* de Dioniso, Dioniso "senhor do eterno retorno". Teremos, por outro lado, a oportunidade de ver como Nietzsche concebia a ciência física, a energética e a termodinâmica de seu tempo. É claro, desde agora, que ele sonha com uma máquina de fogo, bem diferente da máquina a vapor. Nietzsche tem uma certa concepção da física, mas nenhuma ambição de físico. Concede-se o direito poético e filosófico de sonhar com máquinas que a ciência talvez um dia seja levada a realizar por seus próprios meios. A máquina de afirmar o acaso, de cozinhar o acaso, de compor o número que relança o jogo de dados, a máquina de desencadear forças imensas a partir de pequenas solicitações múltiplas, a máquina de brincar com os astros, em resumo, a máquina de fogo heraclitiana.[105]

Mas nunca um jogo de imagens substituiu para Nietzsche um jogo mais profundo, o dos conceitos e do pensamento filosófico. O poema e o aforismo são as duas expressões metafóricas de Nietzsche; mas estas expressões estão numa relação determinável com a filosofia. Um aforismo considerado formalmente se apresenta como um *fragmento*, é a forma do pensamento pluralista; e, em seu conteúdo, ele pretende dizer e formular um *sentido*. O sentido de um ser, de uma ação, de uma coisa é o objeto do aforismo. Apesar de sua admiração pelos autores de máximas, Nietzsche vê bem o que falta à máxima como gênero: ela só está apta a descobrir motivos, e por isso, em geral, só se refere aos fenômenos humanos. Ora, para Nietzsche, mesmo os motivos mais secretos não são apenas um aspecto antropomórfico das coisas, mas também um aspecto superficial da atividade humana.

---

105. VP, II, 38 (sobre a máquina a vapor); 50, 60, 61 (sobre os desencadeamentos de forças: "O homem testemunha forças inauditas que podem ser postas em ação por um pequeno ser de natureza compósita… *Seres que brincam com os astros*"; "No interior da molécula produzem-se explosões, mudanças de direção de todos os átomos e súbitos desencadeamentos de força. Todo nosso sistema solar poderia, num único e breve instante, sentir uma excitação comparável à que o nervo exerce sobre o músculo").

1. O trágico

Só o aforismo é capaz de dizer o sentido, o aforismo é a interpretação e a arte de interpretar. Do mesmo modo, o poema é a avaliação e a arte de avaliar: ele diz os *valores*. Precisamente, o valor e o sentido de noções tão complexas que o próprio poema deve ser avaliado e o aforismo, interpretado. O poema e o aforismo são, por sua vez, objetos de uma interpretação, de uma avaliação. "Bem cunhado e moldado, um aforismo não foi ainda 'decifrado' ao ser apenas lido: deve ter início, então, a sua *interpretação*."[106] Isto porque, do ponto de vista pluralista, um sentido remete ao elemento diferencial de que deriva sua significação, assim como os valores remetem ao elemento diferencial de que deriva seu valor. Esse elemento, sempre presente, mas também sempre implícito e oculto no poema ou no aforismo, é como que a segunda dimensão do sentido e dos valores. É desenvolvendo esse elemento e desenvolvendo-se nele que a filosofia, em sua relação essencial com o poema e com o aforismo, constitui a interpretação e a avaliação completas, isto é, a arte de pensar, a faculdade de pensar superior ou faculdade de "ruminar".[107] Ruminação e eterno retorno: dois estômagos não são demais para pensar. Existem duas dimensões da interpretação ou da avaliação, sendo a segunda também o retorno da primeira, o retorno do aforismo ou o ciclo do poema. Todo aforismo deve, portanto, ser lido duas vezes. Com o lance de dados, começa a interpretação do eterno retorno, mas ela apenas começa. É preciso ainda interpretar o próprio lance de dados ao mesmo tempo que ele retorna.

14. Nietzsche e Mallarmé

Não se pode exagerar as semelhanças evidentes entre Nietzsche e Mallarmé.[108] Elas concernem quatro pontos principais e põem em jogo todo o aparelho das imagens: 1) Pensar é emitir um lance de dados. Só um lance de dados, a partir do acaso, poderia afirmar a necessidade e produzir "o único número que não pode ser um outro".

---

106. GM, Prólogo, 8.
107. GM, Prólogo, 8.
108. Thibaudet, em *La poésie de Stéphane Mallarmé* (p. 424), assinala essa semelhança. Ele exclui, com razão, qualquer influência de um sobre o outro.

Trata-se de um único lance de dados, não de um êxito em vários lances; só a combinação vitoriosa em uma única vez pode garantir o retorno do lançar.[109] Os dados lançados são como o mar e as correntes (mas Nietzsche diria: como a terra e o fogo). Os dados que caem são uma constelação, seus pontos formam o número "êxito estelar". A mesa do lance de dados é, portanto, dupla, mar do acaso e céu da necessidade, meia-noite-meio-dia. Meia-noite, a hora em que se lançam os dados... 2) O homem não sabe jogar. Mesmo o homem superior é impotente para emitir o lance de dados. O senhor é velho, não sabe lançar os dados no mar e no céu. O velho senhor é "uma ponte", alguma coisa que deve ser ultrapassada. Uma "sombra pueril", pluma ou asa, fixa-se no gorro de um adolescente, "estatura frágil, tenebrosa em sua torsão de sereia", apto a retomar o lance de dados. Seria o equivalente de Dioniso-criança, ou mesmo das crianças das ilhas bem-aventuradas, filhos de Zaratustra? Mallarmé apresenta Igitur criança invocando seus ancestrais que não são o homem, mas os Elohim: raça que foi pura, que "tirou do absoluto sua pureza, para sê-lo e deixar apenas uma ideia ela própria atingindo a necessidade". 3) Não só o lançar dos dados é um ato insensato e irracional, absurdo e sobre-humano, mas constitui a tentativa trágica e o pensamento trágico por excelência. A ideia mallarmeana do teatro, as célebres correspondências e equações entre "drama", "mistério", "hino", "herói" são testemunhas de uma reflexão aparentemente comparável à de *O nascimento da tragédia*, pelo menos pela sombra eficaz de Wagner como predecessor comum. 4) O número-constelação é, ou seria, também o livro, a obra de arte, como coroamento e justificação do mundo. (Nietzsche escrevia, a propósito da justificação estética da existência: observa-se no artista "como a necessidade e o jogo, o conflito e a

---

109. Thibaudet, em uma estranha página (433), observa que o lance de dados, segundo Mallarmé, faz-se de uma só vez; mas parece lamentá-lo, achando mais claro o princípio de vários lances de dados: "Duvido muito que o desenvolvimento de sua meditação tê-lo-ia levado a escrever um poema sobre esse tema: vários lances de dados abolem o acaso. Entretanto, isto é certo e claro. Que seja lembrada a lei dos grandes números". É claro, sobretudo, que a lei dos grandes números não introduziria nenhum desenvolvimento na meditação, mas somente um contrassenso. Sr. Hyppolite tem uma visão mais profunda quando aproxima o lance de dados de Mallarmé não da lei dos grandes números, mas da máquina cibernética (cf. Études philosophiques, 1958). A mesma aproximação valeria para Nietzsche, de acordo com o que precede.

harmonia se casam para gerar a obra de arte").[110] Ora, o número fatal e sideral relança o jogo de dados de tal modo que o livro é, no mesmo tempo, único e móvel. A multiplicidade dos sentidos e das interpretações é explicitamente afirmada por Mallarmé, mas ela é o correlativo de uma outra afirmação, a da unidade do livro ou do texto "incorruptível como a lei". O livro é o ciclo e a lei presente no devir.

Por mais precisas que sejam, essas semelhanças permanecem superficiais. *Mallarmé sempre concebeu a necessidade como a abolição do acaso.* Mallarmé concebe o lance de dados de tal maneira que o acaso e a necessidade se opõem como dois termos, sendo que o segundo deve negar o primeiro e o primeiro pode apenas imobilizar o segundo. O lance de dados só tem êxito se o acaso é anulado; ele fracassa precisamente porque o acaso subsiste de algum modo: "pelo simples fato de se realizar (a ação humana) toma os seus meios de empréstimo ao acaso". Por isso o número saído do lance de dados é ainda acaso. Frequentemente observou-se que o poema de Mallarmé insere-se no velho pensamento metafísico de uma dualidade de mundos; o acaso é como a existência que deve ser negada, a necessidade é como a característica da ideia pura ou da essência eterna; de tal modo que a última esperança do lance de dados é a de encontrar seu modelo inteligível no outro mundo, uma constelação que se responsabilize por ele "sobre alguma superfície vacante e superior" onde o acaso não exista. Enfim, a constelação é menos o produto do lance de dados do que sua passagem ao limite ou para um outro mundo. Não perguntaremos que aspecto prepondera em Mallarmé, se a depreciação da vida ou a exaltação do inteligível. Numa perspectiva nietzscheana, os dois aspectos são inseparáveis e constituem o próprio "niilismo", isto é, a maneira pela qual a vida é acusada, julgada e condenada. Todo o resto decorre daí; a raça de Igitur não é o além-do-homem, mas uma emanação do outro mundo. A estatura frágil não é a das crianças das ilhas bem-aventuradas, mas a de Hamlet, "príncipe amargo do escolho", do qual Mallarmé diz em outro lugar "senhor latente que não pode devir". Herodíade não é Ariadne, e sim a fria criatura do ressentimento e da má consciência, o espírito que nega a vida, perdido em suas amargas reprovações à Ama de leite. A obra de arte em

110. FT.

Mallarmé é "justa", mas sua justiça não é a da existência, é ainda uma justiça acusatória que nega a vida, que supõe seu fracasso e sua impotência.[111] Até mesmo o ateísmo de Mallarmé é um curioso ateísmo que vai buscar na missa um modelo do teatro sonhado: a missa, não o mistério de Dioniso... Na verdade, raramente levou-se tão longe, em todas as direções, a eterna tarefa de depreciar a vida. Mallarmé é o lance de dados, mas revisto pelo niilismo, interpretado nas perspectivas da má consciência e do ressentimento. Ora, desligado de seu contexto afirmativo e apreciativo, desligado da inocência e da afirmação do acaso, o lance de dados não é mais nada. O lance de dados não é mais nada se nele o acaso é oposto à necessidade.

15. O pensamento trágico

Será somente uma diferença psicológica? Uma diferença de humor ou de tom? Devemos pôr um princípio do qual depende a filosofia de Nietzsche em geral: o ressentimento, a má consciência etc. não são determinações psicológicas. Nietzsche chama de niilismo o empreendimento de negar a vida, de depreciar a existência. Analisa as formas principais do niilismo: ressentimento, má consciência, ideal ascético. Chama de espírito de vingança o conjunto do niilismo e de suas formas. Ora, o niilismo e suas formas não se reduzem absolutamente a determinações psicológicas, tampouco a acontecimentos históricos ou a correntes ideológicas, nem mesmo a estruturas metafísicas.[112] Sem dúvida o espírito de vingança se expressa biologicamente, psicologicamente, historicamente e metafisicamente; o espírito de vingança é um tipo, não é separável de uma *tipologia*, peça central da filosofia nietzscheana. Mas todo o problema é saber qual o caráter desta tipologia. Longe de ser um traço psicológico, o espírito de vingança é o princípio do qual depende nossa psicologia. Não é o ressentimento

---

111. Quando Nietzsche falava da "justificação estética da existência", tratava-se, pelo contrário, da arte como "estimulante da vida": a arte afirma a vida, a vida se afirma na arte.

112. Heidegger insistiu nesses pontos. Por exemplo: "O niilismo move a história à maneira de um processo fundamental, apenas reconhecido na destinação dos povos do Ocidente. O niilismo não é, portanto, um fenômeno histórico entre outros, ou uma corrente espiritual que, no quadro da história ocidental, encontra-se ao lado de outras correntes espirituais..." (Holzwege, "Le mot de Nietzsche: Dieu est mort", trad. fr., *Arguments*, n. 15).

que é psicologia, mas toda nossa psicologia é, sem saber, a do ressentimento. Do mesmo modo, quando Nietzsche mostra que o cristianismo está cheio de ressentimento e de má consciência, ele não faz do niilismo um acontecimento histórico, mas antes o elemento da história como tal, o motor da história universal, o famoso "sentido histórico", ou "sentido da história", que encontra no cristianismo, num determinado momento, sua manifestação mais adequada. E quando Nietzsche realiza a crítica da metafísica, faz do niilismo o pressuposto de toda metafísica, e não a expressão de uma metafísica particular: não há *metafísica* que não julgue e não deprecie a existência em nome de um mundo *suprassensível*. Não se dirá nem mesmo que o niilismo e suas formas são categorias do pensamento, pois as categorias do pensamento como pensamento racional – a identidade, a causalidade, a finalidade – supõem, elas próprias, uma interpretação da força que é a interpretação do ressentimento. Por todas essas razões Nietzsche pode dizer: "O instinto da vingança se apoderou de tal modo da humanidade no curso dos séculos que toda a metafísica, a psicologia, a história e sobretudo a moral trazem a sua marca. No momento em que o homem começou a pensar, introduziu nas coisas o bacilo da vingança".[113] Devemos compreender que o instinto de vingança é a força que constitui a essência do que chamamos psicologia, história, metafísica e moral. O espírito de vingança é o elemento genealógico de *nosso* pensamento, o princípio transcendental de *nossa* maneira de pensar. A luta de Nietzsche contra o niilismo e o espírito de vingança significa, portanto, a derrubada da metafísica, fim da história como história do homem, transformação das ciências. E, na verdade, nem mesmo sabemos o que seria um homem desprovido de ressentimento. Um homem que não acusasse e não depreciasse a existência, seria ainda um homem, pensaria ainda como um homem? Já não seria algo distinto do homem, quase o além-do-homem? Ter ressentimento, não ter ressentimento: esta é a maior diferença, para além da psicologia, da história, da metafísica. É a verdadeira diferença ou tipologia transcendental: a diferença genealógica e hierárquica.

Nietzsche apresenta o objetivo de sua filosofia: liberar o pensamento do niilismo e de suas formas. Ora, isto envolve uma nova

113. VP, III, 458.

maneira de pensar, uma reviravolta no princípio do qual depende o pensamento, uma reorientação do próprio princípio genealógico, uma "transmutação". Há muito tempo, pensamos em termos de ressentimento e de má consciência. Não tivemos outro ideal além do ideal ascético. Opusemos o conhecimento à vida, para julgar a vida, para fazer dela algo culpado, responsável e errado. Fizemos da vontade uma coisa ruim, atingida por uma contradição original, dizíamos que era necessário retificá-la, refreá-la, limitá-la e até negá-la, suprimi-la. Só assim ela era boa. Nenhum filósofo, ao descobrir aqui ou ali a essência da vontade, deixou de gemer sobre sua própria descoberta e deixou de ver aí, como o adivinho temeroso, ao mesmo tempo o mau presságio para o futuro e a fonte dos males no passado. Schopenhauer leva às últimas consequências essa velha concepção: a prisão da vontade, diz ele, e a roda de Íxion. Nietzsche é o único que não geme sobre a descoberta da vontade, que não tenta conjurá-la, nem limitar seu efeito. "Nova maneira de pensar" significa um pensamento afirmativo, um pensamento que afirma a vida e a vontade da vida, um pensamento que expulsa enfim todo o negativo. Acreditar na inocência do futuro e do passado, acreditar no eterno retorno. Nem a existência é colocada como culpada nem a vontade se sente culpada por existir: é isto que Nietzsche chama sua *alegre mensagem*. "Vontade – eis o nome do libertador e mensageiro da alegria."[114] A alegre mensagem é o pensamento trágico, pois o trágico não está nas recriminações do ressentimento, nos conflitos da má consciência, nem nas contradições de uma vontade que se sente culpada e responsável. O trágico não está nem mesmo na luta contra o ressentimento, a má consciência ou o niilismo. Nunca se compreendeu, segundo Nietzsche, o que era o trágico: trágico = alegre. Outra maneira de colocar a grande equação: querer = criar. Não se compreendeu que o trágico era positividade pura e múltipla, alegria dinâmica. Trágica é a afirmação, porque afirma o acaso e, do acaso, a necessidade; porque afirma o devir e, do devir, o ser; porque afirma o múltiplo e, do múltiplo, o uno. Trágico é o lance de dados. Todo o resto é niilismo, *páthos* dialético e cristão, caricatura do trágico, comédia da má consciência.

114. z, ii, "Da redenção". eh, "Por que sou um destino", i: "Eu sou o oposto de um espírito negador. Sou um alegre mensageiro como jamais existiu".

16. A pedra de toque

Quando acontece de querermos comparar Nietzsche com outros autores que chamaram a si mesmos ou foram chamados "filósofos trágicos" (Pascal, Kierkegaard, Chestov), não devemos nos contentar com a palavra *tragédia*. Devemos levar em conta a última vontade de Nietzsche. Não basta perguntar: o que o outro pensa, é comparável com o que pensa Nietzsche? Mas sim: como pensa esse outro? Qual é, em seu pensamento, a parte remanescente do ressentimento e da má consciência? O ideal ascético, o espírito de vingança subsistem em sua maneira de compreender o trágico? Pascal, Kierkegaard, Chestov souberam genialmente levar a crítica mais longe do que se havia feito. Suspenderam a moral, derrubaram a razão. Mas, presos nas tramas do ressentimento, ainda tiravam suas forças do ideal ascético. Eram poetas deste ideal. O que eles opõem à moral, à razão, ainda é este ideal no qual a razão está mergulhada, esse corpo místico onde ela se enraíza, a *interioridade* – a aranha. Precisaram, para filosofar, de todos os recursos e do fio da interioridade, angústia, gemido, culpa, todas as formas do descontentamento.[115] Eles próprios se colocam sob o signo do ressentimento: Abraão e Jó, falta-lhes o senso da afirmação, o senso da exterioridade, a inocência e o jogo. "Não se deve esperar, diz Nietzsche, estar na infelicidade como pensam aqueles que fazem a filosofia derivar do descontentamento. É na felicidade que é preciso começar, em plena maturidade viril, no fogo desta alegria ardente, que é a da idade adulta e vitoriosa."[116] De Pascal a Kierkegaard aposta-se e salta-se. Mas estes não são os exercícios de Dioniso nem de Zaratustra: saltar não é dançar e apostar não é jogar. Observar-se-á como Zaratustra, sem ideia preconcebida, opõe *jogar* a *apostar* e *dançar* a *saltar*: é mau jogador quem aposta e é sobretudo o bufão quem salta, quem acredita que saltar significa dançar, superar, ultrapassar.[117]

---

115. VP, I, 406: "O que atacamos no cristianismo? É que ele queria quebrar os fortes, desencorajar sua coragem, utilizar seus maus momentos e suas fadigas, transformar em inquietude e em tormento de consciência sua arrogante segurança…: horrível desastre do qual Pascal é o mais ilustre exemplo".

116. FT.

117. Z, III. "De velhas e novas tábuas": "O homem é algo que deve ser superado. Há muitos caminhos e modos de superação: deves tu cuidar disso! Mas somente um bufão pensa:

Se invocamos a aposta de Pascal é para concluir finalmente que ela nada tem de comum com o lance de dados. Na aposta, não se trata absolutamente de afirmar o acaso, todo o acaso, mas, *ao contrário*, de fragmentá-lo em probabilidades, de trocá-lo por "acasos de ganho e de perda". Por isso é inútil perguntar se a aposta tem um sentido realmente teológico ou somente apologético. A aposta de Pascal não concerne em nada à existência ou à não existência de Deus. A aposta é antropológica, refere-se apenas a dois modos de existência do homem: a existência do homem que diz que Deus existe e a existência do homem que diz que Deus não existe. A existência de Deus, não sendo colocada em jogo, é, ao mesmo tempo, a perspectiva que a aposta supõe, o ponto de vista segundo o qual o acaso se fragmenta em acaso de ganho e acaso de perda. A alternativa está toda sob o signo do ideal ascético e da depreciação da vida. Nietzsche tem razão em opor seu próprio jogo à aposta de Pascal. "Sem a fé cristã, pensava Pascal, vocês serão para vocês mesmos como a natureza e a história, um monstro e um caos: *nós realizamos esta profecia*."[118] Nietzsche quer dizer: soubemos descobrir um outro jogo, uma outra maneira de jogar; descobrimos o além-do-homem para além de dois modos de existência humanos-demasiado humanos; soubemos afirmar todo o acaso, em vez de fragmentá-lo e deixar um fragmento falar como senhor; soubemos fazer do caos um objeto de afirmação, em vez de colocá-lo como algo a ser negado...[119] E todas às vezes que Nietzsche é comparado a Pascal (ou Kierkegaard, ou Chestov), impõe--se a mesma conclusão: a comparação só vale até certo ponto, isto é, abstraindo-se o que é essencial para Nietzsche, abstraindo-se a maneira de pensar. Abstraindo-se o pequeno bacilo, o espírito de vingança que Nietzsche diagnostica no universo. Nietzsche dizia: "A *hybris* é a pedra de toque de todo heraclitiano, é aí que ele pode mostrar se compreendeu ou não seu mestre". O ressentimento, a má consciência, o ideal ascético, o niilismo são a pedra de toque de todo nietzscheano. É aí que ele pode mostrar se compreendeu ou não o verdadeiro sentido do trágico.

'O homem também pode ser *saltado*'". z, Prólogo, 4: "Amo aquele que se envergonha quando o dado cai a seu favor, e que então pergunta: sou um jogador desleal?".

118. VP, III, 42.

119. "O movimento inaugurado por Pascal: um monstro e um caos, portanto, uma coisa que é preciso negar" (VP, III, 42).

2. ATIVO E REATIVO

1. O corpo

Espinosa abriu um caminho novo para as ciências e para a filosofia. Nem mesmo sabemos o que *pode* um corpo, dizia ele: falamos da consciência e do espírito, tagarelamos sobre tudo isso, mas não sabemos de que é capaz um corpo, quais são suas forças nem o que elas preparam.[1] Nietzsche sabe que chegou a hora: "Estamos na fase em que o consciente se torna modesto".[2] Chamar a consciência à modéstia necessária é tomá-la pelo que ela é: um sintoma, nada mais do que o sintoma de uma transformação mais profunda e da atividade de forças de uma ordem que não é espiritual. "Talvez se trate unicamente do corpo em todo desenvolvimento do espírito." O que é a consciência? Como Freud, Nietzsche pensa que a consciência é a região do eu afetada pelo mundo exterior.[3] Entretanto, a consciência é menos definida em relação à exterioridade, em termos de real, do que em relação à *superioridade*, em termos de valores. Essa diferença é essencial numa concepção geral do consciente e do inconsciente. Em Nietzsche, a consciência é sempre consciência de um inferior em relação ao superior ao qual ele se subordina ou "se incorpora". A consciência nunca é consciência de si, mas consciência de um eu em relação ao si que não é consciente. Não é consciência do senhor, mas consciência do escravo em relação a um senhor que não tem que ser consciente. "Habitualmente a consciência só aparece quando um todo quer subordinar-se a um todo superior... A consciência nasce em relação a um ser do qual nós poderíamos ser função."[4] Este é o servilismo da consciência: ela atesta apenas "a formação de um corpo superior".

O que é o corpo? Nós não o definimos dizendo que é um campo de forças, um meio nutridor disputado por uma pluralidade de forças. Com efeito, não há "meio", não há campo de forças ou de batalha. Não há quantidade de realidade; toda realidade já é quantidade de

---

1. Espinosa, Ética, III, 2, escólio: "Com efeito, ninguém até aqui determinou o que o Corpo pode, isto é, a ninguém até aqui a experiência ensinou o que o Corpo pode fazer só pelas leis da natureza enquanto considerada apenas corpórea, e o que não pode fazer senão determinado pela Mente" [trad. de Grupos de Estudos Espinosanos].

2. VP, II, 261.

3. VP, II, 253; GC, 357.

4. VP, II, 227.

força. Nada mais do que quantidades de força "em relação de tensão" umas com as outras.[5] Toda força está em relação com outras, quer para obedecer, quer para comandar. O que define um corpo é a relação entre forças dominantes e forças dominadas. Toda relação de forças constitui um corpo: químico, biológico, social, político. Duas forças quaisquer, sendo desiguais, constituem um corpo desde que entrem em relação; por isso o corpo é sempre o fruto do acaso, no sentido nietzscheano, e aparece como a coisa mais "surpreendente", muito mais surpreendente, na verdade, do que a consciência e o espírito.[6] Mas o acaso, relação da força com a força, é também a essência da força; não se perguntará então como nasce um corpo vivo, uma vez que todo corpo é vivo como produto "arbitrário" das forças que o compõem.[7] O corpo é fenômeno múltiplo, sendo composto por uma pluralidade de forças irredutíveis; sua unidade é a de um fenômeno múltiplo, "unidade de dominação". Em um corpo, as forças superiores ou dominantes são ditas *ativas*, as forças inferiores ou dominadas são ditas *reativas*. Ativo e reativo são precisamente as qualidades originais que expressam a relação da força com a força. As forças que entram em relação não têm uma quantidade sem que, ao mesmo tempo, cada uma tenha a qualidade que corresponde à sua diferença de quantidade como tal. Chamar-se-á de *hierarquia* a diferença das forças qualificadas conforme sua quantidade: forças ativas e reativas.

2. A distinção das forças

As forças inferiores, apesar de obedecerem, não deixam de ser forças, distintas das que comandam. Obedecer é uma qualidade da força como tal e remete à potência tanto quanto comandar: "Nenhuma força renuncia à sua própria potência. Do mesmo modo que o comando supõe uma concessão, admite-se que a força absoluta do adversário não é vencida, assimilada, dissolvida. Obedecer e comandar são as duas formas de um

5. VP, II, 373.
6. VP, II, 173: "O corpo humano é um pensamento mais surpreendente do que a alma de outrora"; II, 226: "O mais surpreendente é o corpo; não nos cansamos de maravilhar-nos com a ideia de que o corpo humano se tornou possível".
7. Sobre o falso problema de um começo da vida: VP, II, 66 e 68. Sobre o papel do acaso: VP, II, 25 e 334.

torneio".[8] As forças inferiores definem-se como reativas: nada perdem de sua força, de sua quantidade de força, elas a exercem assegurando os mecanismos e as finalidades, cumprindo as condições de vida e as funções, as tarefas de conservação, de adaptação e de utilidade. Este é o ponto de partida do conceito de reação cuja importância em Nietzsche nós veremos: as acomodações mecânicas e utilitárias, as *regulações* que expressam todo o poder das forças inferiores e dominadas. Ora, devemos constatar o gosto imoderado do pensamento moderno por este aspecto reativo das forças. Acredita-se sempre já se ter feito muito quando se compreende o organismo a partir de forças reativas. A natureza das forças reativas e sua agitação nos fascinam. Assim, na teoria da vida, mecanismo e finalidade se opõem, mas são duas interpretações que valem apenas para as próprias forças reativas. É verdade, pelo menos, que compreendemos o organismo a partir de forças. Mas é verdade também que só podemos apreender as forças reativas naquilo que são, isto é, como forças, e não como mecanismos ou finalidades, se as referirmos àquela que as domina e não é reativa: "com isto não se percebe a primazia fundamental das forças espontâneas, agressivas, expansivas, criadoras de novas formas, interpretações e direções, forças cuja ação necessariamente precede a adaptação; com isto se nega no próprio organismo o papel dominante dos mais altos funcionários".[9]

Sem dúvida, é mais difícil caracterizar essas forças ativas. Por natureza, elas escapam à consciência: "A grande atividade principal é inconsciente".[10] A consciência expressa apenas a relação de certas forças reativas com as forças ativas que as dominam. A consciência é essencialmente reativa;[11] por isso não sabemos o que pode um corpo, de que atividade é capaz. E o que dizemos da consciência devemos dizer também da memória e do hábito. Além disso, devemos ainda dizer da nutrição, da reprodução, da conservação, da adaptação. São funções reativas, especializações reativas, expressões de tais ou quais forças reativas.[12] É inevitável que a consciência veja o organismo de seu ponto de

8. VP, II, 91.
9. GM, II, 12.
10. VP, II, 227.
11. GC, 354.
12. VP, II, 43, 45, 187, 390.

vista e o compreenda à sua maneira, isto é, de forma reativa. E a ciência, por vezes, segue os caminhos da consciência, apoiando-se em *outras* forças reativas: o organismo é sempre visto pelo lado pequeno, pelo lado de suas reações. Segundo Nietzsche, o problema do organismo não diz respeito ao debate entre o mecanicismo e o vitalismo. O que vale o vitalismo enquanto crê descobrir a especificidade da vida em forças reativas, aquelas mesmas que o mecanicismo interpreta de um outro modo? O verdadeiro problema é a descoberta das forças ativas, sem as quais as próprias reações não seriam forças.[13] A atividade das forças, necessariamente inconsciente, é o que faz do corpo algo superior a todas as reações; em particular, a esta reação do eu que é chamada de consciência: "Todo esse fenômeno do corpo é, do ponto de vista intelectual, tão superior a nossa consciência, a nosso espírito, a nossas maneiras conscientes de pensar, de sentir e de querer, quanto a álgebra é superior à tabuada".[14] As forças ativas do corpo fazem do corpo um si e definem o si como superior e surpreendente: "um poderoso soberano, um sábio desconhecido – ele se chama Si-mesmo. Em teu corpo, habita ele, teu corpo é ele".[15] A verdadeira ciência é a da atividade, mas a ciência da atividade é também a ciência do inconsciente necessário. É absurda a ideia de que a ciência deva caminhar passo a passo com a consciência e nas mesmas direções. Nesta ideia, sente-se a moral despontando. De fato, só existe ciência onde não há e não pode haver consciência.

"O que é ativo? Tender à potência."[16] Apropriar-se, apoderar-se, subjugar, dominar são as características da força ativa. Apropriar-se quer dizer impor formas, criar formas explorando as circunstâncias.[17] Nietzsche critica Darwin porque este interpreta a evolução, e até mesmo o acaso na evolução, de maneira totalmente reativa.

---

13. O pluralismo de Nietzsche encontra aqui sua originalidade. Em sua concepção do organismo, ele não se limita a uma pluralidade de forças constituintes. O que lhe interessa é a diversidade das forças ativas e reativas, a busca das próprias forças ativas. Compare-se com o pluralismo admirável de Butler, que, no entanto, se contenta com a memória e com o hábito.

14. VP, II, 226.

15. Z, I, "Dos desprezadores do corpo".

16. VP, II, 43.

17. BM, 259 e VP, II, 63.

Admira Lamarck porque este pressentiu a existência de uma *força plástica* verdadeiramente ativa, primeira em relação às adaptações, uma força de metamorfose. Em Nietzsche, assim como na energética, chama-se "nobre" a energia capaz de se transformar. A potência de transformação, o poder dionisíaco, é a primeira definição da atividade. Mas cada vez que marcamos assim a nobreza da ação e sua superioridade sobre a reação, não devemos esquecer que a reação designa um tipo de forças tanto quanto a ação, com a ressalva de que as reações não podem ser apreendidas nem compreendidas cientificamente como forças, se não as relacionarmos com as forças superiores, que são precisamente de um outro tipo. Reativo é uma qualidade original da força, mas que só pode ser interpretada como tal em relação com o ativo, a partir do ativo.

3. Quantidade e qualidade

As forças têm uma quantidade, mas também a qualidade que corresponde à sua diferença de quantidade; ativo e reativo são as qualidades das forças. Pressentimos que o problema da medida das forças é delicado porque põe em jogo a arte das interpretações qualitativas. O problema coloca-se assim: 1) Nietzsche sempre acreditou que as forças eram quantitativas e deviam definir-se quantitativamente. "Nosso conhecimento", diz ele, "tornou-se científico na medida em que pôde usar o número e a medida. Seria preciso tentar ver se não se poderia edificar uma ordem científica dos valores segundo uma escala numeral e quantitativa da força. Todos os outros valores são preconceitos, ingenuidades, mal-entendidos. Em toda parte, eles são redutíveis a essa escala numeral e quantitativa."[18] 2) Entretanto, Nietzsche acreditou igualmente que uma determinação puramente quantitativa das forças permanecia ao mesmo tempo abstrata, incompleta, ambígua. A arte de medir as forças faz intervir toda uma interpretação e uma avaliação das qualidades: "A concepção mecanicista só quer admitir quantidades, mas a força reside na qualidade; o mecanicismo só pode descrever fenômenos, não pode esclarecê-los".[19] "Não seria possível

18. VP, II, 352.
19. VP, II, 46. Texto quase idêntico, II, 187.

que todas as quantidades fossem os sintomas da qualidade?... Querer reduzir todas as qualidades a quantidades é loucura."[20]

Existe contradição entre esses dois tipos de textos? Se uma força não é separável de sua quantidade, tampouco é separável das outras forças com as quais está em relação. *A própria quantidade não é, portanto, separável da diferença de quantidade.* A diferença de quantidade é a essência da força, a relação da força com a força. Sonhar com duas forças iguais, mesmo se lhes concedemos uma oposição de sentido, é um sonho aproximativo e grosseiro, sonho estatístico no qual está mergulhado o ser vivo, mas que a química dissipa.[21] Ora, cada vez que Nietzsche critica o conceito de quantidade, devemos compreender que a quantidade como conceito abstrato tende sempre e essencialmente a uma identificação, a uma igualação da unidade que a compõe, a uma anulação da diferença nesta unidade; o que Nietzsche censura em toda determinação puramente quantitativa das forças é que as diferenças de quantidade aí se anulam, se igualam ou se compensam. Ao contrário, toda vez que ele critica a qualidade, devemos compreender que as qualidades nada mais são do que a diferença de quantidade à qual correspondem numa relação de ao menos duas forças. Em suma, o que interessa a Nietzsche nunca é a irredutibilidade da quantidade à qualidade, ou melhor, isto só lhe interessa secundariamente e como sintoma. O que lhe interessa principalmente é, do ponto de vista da própria quantidade, a irredutibilidade da diferença de quantidade à igualdade. A qualidade distingue-se da quantidade, mas somente porque é o que há de inigualável na quantidade, de não anulável na diferença de quantidade. A diferença de quantidade é, pois, num sentido, o elemento irredutível *da* quantidade, e, num outro sentido, o elemento irredutível à própria quantidade. A qualidade não é senão a diferença de quantidade e corresponde a esta em cada força em relação. "Não nos podemos impedir de sentir simples diferenças de quantidade como alguma coisa de absolutamente

---

20. VP, II, 343.
21. VP, II, 86 e 87: "No mundo químico, reina a percepção mais aguda da diferença das forças. Mas um protoplasma, que é uma multiplicidade de forças químicas, tem apenas uma percepção incerta e vaga de uma realidade estranha"; "Admitir que há percepções no mundo inorgânico, e percepções de uma exatidão absoluta: aí reina a verdade! Com o mundo orgânico começa a imprecisão e a aparência".

diferente da quantidade, isto é, como qualidades que não são mais redutíveis umas às outras."[22] E o que ainda é antropomórfico nesse texto deve ser corrigido pelo princípio nietzscheano segundo o qual existe uma subjetividade do universo que, precisamente, não é mais antropomórfica, e sim cósmica.[23] "Querer reduzir todas as qualidades a quantidades é loucura..."

Com o acaso, nós afirmamos a relação de *todas* as forças. E, sem dúvida, afirmamos todo o acaso numa única vez no pensamento do eterno retorno. Mas, por sua própria conta, as forças não entram todas em relação ao mesmo tempo. Sua potência respectiva é preenchida, com efeito, na relação com um pequeno número de forças. O acaso é o contrário de um *continuum*.[24] Os encontros de forças de tal e qual quantidades são, portanto, as partes concretas do acaso, as partes afirmativas do acaso, e, como tais, estranhas a qualquer lei: os membros de Dioniso. Ora, é neste encontro que cada força recebe a qualidade que corresponde à sua quantidade, isto é, a afecção que preenche efetivamente sua potência. Nietzsche pode dizer, portanto, num texto obscuro, que o universo supõe "uma gênese absoluta de qualidades arbitrárias", mas que a própria gênese das qualidades supõe uma gênese (relativa) das quantidades.[25] A inseparabilidade das duas gêneses significa que não podemos calcular abstratamente as forças; devemos, em cada caso, avaliar concretamente a sua qualidade respectiva e a nuança dessa qualidade.

4. Nietzsche e a ciência

O problema das relações de Nietzsche com a ciência foi mal apresentado. Procede-se correntemente como se essas relações dependessem da teoria do eterno retorno, como se Nietzsche se interessasse pela ciência (e mesmo assim vagamente) apenas quando ela favorece o retorno eterno e se desinteressasse quando ela se opõe a ele. Não é bem assim. Devemos nos voltar para outra direção na busca pela origem

---

22. VP, II, 108.
23. VP, II, 15.
24. Sobre o *continuum*, cf. VP, II, 356.
25. VP, II, 334.

da posição crítica de Nietzsche em relação à ciência, embora esta direção nos abra um ponto de vista para o eterno retorno. É verdade que Nietzsche tem pouca competência e pouco gosto pela ciência. Mas o que o separa da ciência é uma tendência, uma maneira de pensar. Com ou sem razão, ele acredita que a ciência, em sua manipulação da quantidade, tende sempre a igualar as quantidades, a compensar as desigualdades. Nietzsche, crítico da ciência, jamais invoca os direitos da qualidade contra a quantidade; ele invoca os direitos da diferença de quantidade contra a igualdade, os direitos da desigualdade contra a igualação das quantidades. Nietzsche concebe uma "escala numeral e quantitativa", cujas divisões, todavia, não são os múltiplos ou divisores umas das outras. O que precisamente denuncia na ciência é a mania científica de procurar compensações, *o utilitarismo e o igualitarismo* propriamente científicos.[26] Por isso toda a sua crítica se dá em três planos: contra a identidade lógica, contra a igualdade matemática, contra o equilíbrio físico. *Contra as três formas do indiferenciado.*[27] Segundo Nietzsche, é inevitável que a ciência não alcance e comprometa a verdadeira teoria da força.

O que significa essa tendência a reduzir as diferenças de quantidade? Ela expressa, em primeiro lugar, a maneira pela qual a ciência participa do *niilismo* do pensamento moderno. O esforço em negar as diferenças faz parte desse empreendimento mais geral que consiste em negar a vida, em depreciar a existência, em prometer-lhe uma morte (calorífica ou outra), em que o universo se abisma no indiferenciado. O que Nietzsche censura nos conceitos físicos de matéria, peso, calor, é o fato de eles serem também os fatores de uma igualação das quantidades, os princípios de uma "adiaforia". É neste sentido que Nietzsche mostra que a ciência pertence ao ideal ascético e a ele serve à sua maneira.[28] Mas devemos também procurar na ciência qual é o instrumento deste pensamento niilista. A resposta é: a ciência, por vocação, compreende os fenômenos a partir das forças reativas e os interpreta deste ponto de vista. A física é reativa pela mesma razão que a biologia; as coisas são sempre vistas pelo lado pequeno,

26. Cf. as apreciações sobre Mayer, nas cartas a Gast.
27. Esses três temas têm um lugar essencial em VP, I e II.
28. GM, III, 25.

pelo lado das reações. O triunfo das forças reativas é o instrumento do pensamento niilista. E é também o princípio das manifestações do niilismo: a física reativa é uma física do ressentimento, como a biologia reativa é uma biologia do ressentimento. Mas não sabemos ainda por que é precisamente a consideração das forças reativas que acaba por negar a diferença na força, nem como ela serve de princípio para o ressentimento.

A ciência afirma ou nega o eterno retorno conforme o ponto de vista em que se situa. Mas a afirmação *mecanicista* do eterno retorno e sua negação *termodinâmica* têm algo em comum: trata-se da conservação da energia, sempre interpretada de tal maneira que as quantidades de energia não têm apenas uma soma constante, mas anulam suas diferenças. Nos dois casos, passa-se de um princípio de finitude (constância de uma soma) a um princípio "niilista" (anulação das diferenças de quantidades cuja soma é constante). A ideia mecanicista afirma o eterno retorno supondo, porém, que as diferenças de quantidade se compensam ou se anulam entre o estado inicial e o estado final de um sistema reversível. O estado final é idêntico ao estado inicial que se supõe indiferenciado em relação aos intermediários. A ideia termodinâmica nega o eterno retorno, mas porque descobre que as diferenças de quantidade se anulam somente no estado final do sistema, em função das propriedades do calor. A identidade é, então, colocada no estado final indiferenciado, oposta à diferenciação do estado inicial. As duas concepções comungam de uma mesma hipótese, que é a de um estado final ou terminal, estado terminal do devir. Ser ou nada, ser ou não-ser igualmente indiferenciados: as duas concepções se encontram na ideia de um devir que tem um estado final. "Em termos metafísicos, se o devir pudesse chegar ao ser ou ao nada..."[29] Por isso nem o mecanicismo chega a propor a existência do eterno retorno, nem a termodinâmica chega a negá-la. Ambos o ignoram, caem no indiferenciado, recaem no idêntico.

O eterno retorno, segundo Nietzsche, não é absolutamente um pensamento do idêntico, mas um pensamento sintético, pensamento do absolutamente diferente que exige um princípio novo fora da ciência. Esse princípio é o da reprodução do diverso como tal, o da repetição

29. VP, II, 329.

da diferença: o contrário da "adiaforia".[30] E, com efeito, não compreendemos o eterno retorno enquanto dele fazemos uma consequência ou uma aplicação da identidade. Não compreendemos o eterno retorno enquanto não o opomos de uma certa maneira à identidade. O eterno retorno não é a permanência do mesmo, o estado do equilíbrio, nem a morada do idêntico. No eterno retorno, não é o mesmo ou o uno que retornam, mas o próprio retorno é o uno que se diz somente do diverso e do que difere.

5. Primeiro aspecto do eterno retorno: como doutrina cosmológica e física

A exposição do eterno retorno, tal como o concebe Nietzsche, supõe a crítica do estado terminal ou estado de equilíbrio. Se o universo tivesse uma posição de equilíbrio, diz Nietzsche, se o devir tivesse um objetivo ou um estado final, ele já o teria atingido. Ora, o instante atual, como instante que passa, prova que ele não foi atingido; portanto, o equilíbrio das forças não é possível.[31] Mas por que o equilíbrio, o estado terminal, deveria ser atingido se fosse possível? Em virtude do que Nietzsche chama a infinidade do tempo passado. A infinidade do tempo passado significa apenas que o devir não pôde começar a devir, que ele não é algo que se tornou. Ora, não sendo algo que se tornou, tampouco é um tornar-se algo. Não sendo algo que se tornou, já seria aquilo que se torna, caso se tornasse algo. Isto é, o tempo passado sendo infinito, o devir teria atingido seu estado final, se tivesse um estado final. E, com efeito, é a mesma coisa dizer que o devir teria atingido o estado final se tivesse algum e que não teria saído do estado inicial se tivesse algum. Se o devir se torna alguma coisa, por que não acabou de tornar-se há muito tempo? Se ele é algo que se tornou, como pôde começar a tornar-se? "Se o universo fosse capaz de permanência e fixidez e se houvesse em todo seu curso um só instante de ser no sentido estrito, não poderia mais haver devir, portanto, não se poderia mais pensar nem observar um devir

---

30. VP, II, 374: "Não há adiaforia, se bem que se possa imaginá-la".
31. VP, II, 312, 322-24, 329-30.

qualquer."[32] Este é o pensamento que Nietzsche declara haver encontrado "em autores antigos".[33] Se tudo o que se torna, dizia Platão, jamais pode esquivar o presente, desde que aí está, para de tornar-se e é então aquilo que estava em vias de tornar-se.[34] Mas sobre esse pensamento antigo, Nietzsche comenta: cada vez que o encontrei, "ele era determinado por segundas intenções, geralmente teológicas". Isto porque, obstinando-se em perguntar como o devir pôde começar e por que ainda não terminou, os filósofos antigos são falsos trágicos, invocando a *hybris*, o crime, o castigo.[35] Com a exceção de Heráclito, eles não se põem em presença do pensamento do puro devir, nem da oportunidade desse pensamento. O instante atual não sendo um instante de ser ou de presente "no sentido estrito", sendo o instante que passa, *força*-nos a pensar o devir, e a pensá-lo precisamente como o que não pôde começar e o que não pode terminar de tornar-se.

Como o pensamento do puro devir funda o eterno retorno? Basta esse pensamento para parar de crer no ser distinto do devir, oposto ao devir; mas basta também esse pensamento para crer no ser do próprio devir. Qual é o ser do que se torna, do que nem começa nem termina de se tornar? *Retornar, o ser do que se torna.* "Dizer que tudo retorna é aproximar ao máximo o mundo do devir e o mundo do ser: cume da contemplação."[36] O problema da contemplação ainda deve ser formulado de outra maneira: como o passado pode se constituir no tempo? Como o presente pode passar? O instante que passa jamais poderia passar se já não fosse passado ao mesmo tempo que presente, ainda por vir ao mesmo tempo que presente. Se o presente não passasse por si mesmo, se fosse preciso esperar um novo presente para que este se tornasse passado, nunca o passado em geral se constituiria no tempo, nem esse presente passaria; não podemos esperar, é preciso que o

---

32. VP, II, 322. Texto análogo, II, 330.

33. VP, II, 329.

34. Platão, *Parmênides*, cf. segunda hipótese. Entretanto, Nietzsche pensa mais em Anaximandro.

35. FT: "Então coloca-se a Anaximandro este problema: Por que tudo o que se tornou não pereceu há muito tempo, visto que já se passou uma eternidade de tempo? De onde vem a torrente sempre renovada do devir? Ele só consegue escapar deste problema por novas hipóteses místicas".

36. VP, II, 170.

instante seja ao mesmo tempo presente e passado, presente e porvir para que ele passe (e passe em proveito de outros instantes). É preciso que o presente coexista consigo mesmo como passado e como porvir. É a relação sintética do instante consigo mesmo como presente, passado e por vir que funda sua relação com os outros instantes. O eterno retorno é, pois, resposta para o problema da *passagem*.[37] E, neste sentido, não deve ser interpretado como o retorno de algo que é, que é uno ou que é o mesmo. Na expressão "eterno retorno", cometemos um contrassenso quando compreendemos: retorno do mesmo. Não é o ser que retorna, mas o próprio retornar constitui o ser enquanto é afirmado do devir e daquilo que passa. Não é o uno que retorna, mas o próprio retornar é o uno afirmado do diverso ou do múltiplo. Em outros termos, a identidade no eterno retorno não designa a natureza do que retorna, mas, ao contrário, o fato de retornar para o que difere. Por isso o eterno retorno deve ser pensado como uma síntese: síntese do tempo e de suas dimensões, síntese do diverso e de sua reprodução, síntese do devir e do ser afirmado do devir, síntese da dupla afirmação. O próprio eterno retorno depende, então, de um princípio que não é a identidade, mas que deve, em todos esses aspectos, preencher as exigências de uma verdadeira razão suficiente.

Por que o mecanicismo é uma interpretação tão ruim do eterno retorno? Porque não implica nem necessariamente nem diretamente o eterno retorno. Porque acarreta somente a falsa consequência de um estado final. O estado final é colocado como idêntico ao estado inicial, e, nesta medida, conclui-se que o processo mecânico passa de novo pelas mesmas diferenças. Forma-se, assim, a hipótese cíclica tão criticada por Nietzsche.[38] Não compreendemos como esse processo tem possibilidade de sair do estado inicial, nem de sair de novo do estado final, nem de passar de novo pelas mesmas diferenças, não tendo nem mesmo o poder de passar uma única vez por diferenças quaisquer. Existem duas coisas das quais a hipótese cíclica é incapaz de prestar contas: a diversidade dos ciclos coexistentes e, sobretudo,

---

37. A exposição do eterno retorno em função do instante que passa acha-se em z, iii, "Da visão e enigma".

38. vp, ii, 325 e 334.

a existência do diverso no ciclo.[39] Por isso, só podemos compreender o próprio eterno retorno como a expressão de um princípio que é a razão do diverso e de sua reprodução, da diferença e de sua repetição. Tal princípio é apresentado por Nietzsche como uma das descobertas mais importantes de sua filosofia. Ele lhe dá um nome: *vontade de potência*. Por vontade de potência, "expresso o caráter que não pode ser eliminado da ordem mecânica sem eliminar esta própria ordem".[40]

6. O que é a vontade de potência?

Um dos textos mais importantes que Nietzsche escreveu para explicar o que entendia por vontade de potência é o seguinte: "Este conceito *vitorioso* da força, graças ao qual nossos físicos criaram Deus e o universo, precisa de um *complemento*; é preciso *atribuir*-lhe um querer *interno* que chamarei de vontade de potência".[41] A vontade de potência é, portanto, atribuída à força, mas de um modo muito particular: ela é, ao mesmo tempo, um complemento da força *e* algo interno. Ela não lhe é atribuída à maneira de um predicado. Com efeito, se fazemos a questão "Quem?", não podemos dizer que a força seja *quem* quer. Só a vontade de potência é quem quer, ela não se deixa delegar nem alienar num outro sujeito, mesmo que este seja a força.[42] Mas, então, como pode ser "atribuída"? Lembremo-nos de que a força está em relação essencial com a força. Lembremo-nos de que a essência da força é sua diferença de quantidade com outras forças e que esta diferença se expressa como qualidade da força. Ora, a diferença de quantidade, assim compreendida, remete necessariamente a um elemento diferencial das forças em relação, que é também o elemento genético das qualidades dessas forças. A vontade de potência é, então,

---

39. VP, II, 334: "De onde viria a diversidade no interior de um ciclo?... Admitindo-se que existisse uma energia de concentração igual em todos os centros de forças do universo, pergunta-se de onde poderia ter nascido a menor suspeita de diversidade...".

40. VP, II, 374.

41. VP, II, 309. Na edição crítica de Colli e Montinari consta 'mundo interno' (*innere Welt*), e não 'querer interno' (*innere Wille*). A versão de *La volonté de puissance* consultada por Deleuze trazia esse erro, presente também na edição alemã. [N.E.]

42. VP, I, 204. II, 54: "Quem então quer a potência? Questão absurda se o ser é por ele mesmo vontade de potência...".

o elemento genealógico da força, ao mesmo tempo diferencial e genético. *A vontade de potência é o elemento do qual decorrem, ao mesmo tempo, a diferença de quantidade das forças postas em relação e a qualidade que, nessa relação, cabe a cada força.* A vontade de potência revela aqui sua natureza: ela é princípio para a síntese das forças. É nesta síntese, que se relaciona com o tempo, que as forças passam de novo pelas mesmas diferenças ou que o diverso se reproduz. A síntese é a das forças, de sua diferença e de sua reprodução; o eterno retorno é a síntese cujo princípio é a vontade de potência. Ninguém se espantará com a palavra "vontade": *quem*, senão a vontade, é capaz de servir de princípio a uma síntese de forças, ao determinar a relação da força com a força? Mas em que sentido é preciso compreender "princípio"? Nietzsche censura os princípios por serem sempre muito gerais em relação ao que condicionam, por terem sempre as malhas muito frouxas em relação ao que pretendem capturar ou regular. Ele gosta de opor a vontade de potência ao querer-viver schopenhaueriano, a começar pela extrema generalidade deste último. Se a vontade de potência, ao contrário, é um bom princípio, se reconcilia o empirismo com os princípios, se constitui um empirismo superior, é porque ela é um princípio essencialmente *plástico*, que não é mais amplo do que aquilo que condiciona, que se metamorfoseia com o condicionado, que em cada caso se determina com o que determina. A vontade de potência nunca é, na verdade, separável de tais ou quais forças determinadas, de suas quantidades, de suas qualidades, de suas direções; nunca é superior às determinações que ela opera numa relação de forças, sempre plástica e em metamorfose.[43]

Inseparável não significa idêntico. A vontade de potência não pode ser separada da força sem cair na abstração metafísica. Mas confundir força e vontade é um risco ainda maior: não se compreende mais a força como força, se recai no mecanicismo, se esquece a diferença das forças que constitui seu ser, se ignora o elemento do qual deriva sua gênese recíproca. A força é o que pode, a vontade de potência é

---

43. VP, II, 23: "Meu princípio é o de que a vontade dos psicólogos anteriores é uma generalização injustificada, que essa vontade *não existe*, que, em lugar de conceber as diversas expressões de uma vontade *determinada* sob diversas formas, apagou-se o caráter da vontade, amputando-a de seu conteúdo, de sua direção; é eminentemente o caso de Schopenhauer; o que ele chama de vontade é apenas uma fórmula vazia".

o que quer. O que significa esta distinção? O texto citado anteriormente convida-nos a comentar cada palavra. O conceito de força é, por natureza, *vitorioso*, porque a relação da força com a força, tal como é compreendida no conceito, é a da dominação: entre duas forças em relação, uma é dominante, a outra é dominada. (Mesmo Deus e o universo estão numa relação de dominação, por mais discutível que seja, neste caso, a interpretação desta relação.) Entretanto, esse conceito vitorioso da força precisa de um *complemento*, e este complemento é algo *interno*, um querer interno. Ele não seria vitorioso sem este acréscimo, porque as relações de forças permanecem indeterminadas enquanto à própria força não se acrescenta um elemento capaz de determiná-las de um duplo ponto de vista. As forças em relação remetem a uma dupla gênese simultânea: gênese recíproca de sua diferença de quantidade, gênese absoluta de sua qualidade respectiva. A vontade de potência acrescenta-se, portanto, à força, mas como o elemento diferencial e genético, como o elemento interno de sua produção. Ela nada tem de antropomórfico em sua natureza. Mais precisamente, ela se acrescenta à força como o princípio interno da determinação de sua qualidade numa relação $(x + dx)$, e como o princípio interno da determinação quantitativa desta própria relação (dy/dx). A vontade de potência deve ser considerada, ao mesmo tempo, como elemento genealógico da força *e* das forças. Portanto, é sempre pela vontade de potência que uma força prevalece sobre outras, as domina ou as comanda. Além disso, é ainda a vontade de potência (dy) que faz com que uma força obedeça numa relação; é pela vontade de potência que ela obedece.[44]

Encontramos, de algum modo, a relação do eterno retorno com a vontade de potência, mas não a elucidamos nem a analisamos. A vontade de potência é, ao mesmo tempo, o elemento genético da força e o princípio da síntese das forças. Mas ainda não temos meios para compreender que esta síntese forma o eterno retorno, que as

---

44. z, ii, "Da superação de si mesmo": "Mas como acontece isto?, perguntei a mim mesmo. O que persuade o vivente a obedecer, ordenar e, ordenando, também exercer a obediência? Escutai agora minhas palavras, ó sábios entre todos! Examinai cuidadosamente se não penetrei no coração da vida e até nas raízes de seu coração! Onde encontrei seres vivos, encontrei vontade de potência; e ainda na vontade do servente encontrei a vontade de ser senhor" (cf. vp, ii, 91).

forças nesta síntese, e de acordo com seu princípio, reproduzem-se necessariamente. Por outro lado, a existência deste problema revela um aspecto historicamente importante da filosofia de Nietzsche: sua situação complexa em relação ao kantismo. O conceito de síntese está no centro do kantismo, é sua descoberta própria. Ora, sabe-se que os pós-kantianos censuraram Kant por ter comprometido esta descoberta a partir de dois pontos de vista: o do princípio que rege a síntese e o da reprodução dos objetos na própria síntese. Exigia-se um princípio que não fosse somente condicionante em relação aos objetos, mas verdadeiramente genético e produtor (princípio de diferença ou de determinação interna); denunciava-se, em Kant, a sobrevivência de harmonias miraculosas entre termos que permaneciam exteriores. A um princípio de diferença ou de determinação interna, pedia-se uma razão não somente para a síntese, mas para a reprodução do diverso na síntese enquanto tal.[45] Ora, se Nietzsche se insere na história do kantismo, é pela maneira original pela qual participa destas exigências pós-kantianas. Fez da síntese uma síntese de forças, porque a síntese não sendo percebida como síntese de forças, seu sentido, sua natureza e seu conteúdo permaneciam desconhecidos. Nietzsche compreendeu a síntese de forças como o eterno retorno; encontrou, portanto, no coração da síntese, a reprodução do diverso. Estabeleceu o princípio da síntese, a vontade de potência, e determinou esta última como o elemento diferencial e genético das forças em presença. Embora mais tarde tenhamos talvez que verificar melhor essa suposição, acreditamos que não há somente, em Nietzsche, uma descendência kantiana, mas uma rivalidade meio confessa, meio oculta. Nietzsche não tem, em relação a Kant, a mesma posição que Schopenhauer; não tenta, como Schopenhauer, uma interpretação que se propõe a arrancar o kantismo de seus avatares dialéticos e abrir-lhe novos caminhos. Isto porque, para Nietzsche, os avatares dialéticos não vêm de fora e têm, como causa primeira, as insuficiências da crítica. Uma transformação radical do kantismo, uma reinvenção da crítica que Kant traía ao mesmo tempo que a concebia, uma

---

45. Sobre esses problemas que se colocam depois de Kant, cf. M. Guéroult, *La philosophie transcendantale de Salomon Maïmon*, *La doctrine de la science chez Fichte*; e M. Vuillemin, *L'héritage kantien et la révolution copernicienne*.

retomada do projeto crítico em novas bases e com novos conceitos, é o que Nietzsche parece ter procurado (e ter encontrado no "eterno retorno" e na "vontade de potência").

7. A terminologia de Nietzsche

Chegou a hora de fixar certos pontos da terminologia de Nietzsche, mesmo que se antecipem análises que ainda devem ser feitas. Disso depende todo o rigor dessa filosofia, de cuja precisão sistemática desconfia-se erradamente, quer seja para alegrar-se com ela, quer seja para lamentá-la. Na verdade, Nietzsche emprega novos termos muito precisos para novos conceitos muito precisos:

1) Ele chama vontade de potência o elemento genealógico da força. Genealógico quer dizer diferencial e genético. A vontade de potência é o elemento diferencial das forças, isto é, o elemento de produção da diferença de quantidade entre duas ou várias forças que se supõem em relação. A vontade de potência é o elemento genético da força, isto é, o elemento de produção da qualidade que cabe a cada força nessa relação. A vontade de potência como princípio não suprime o acaso, mas, ao contrário, implica-o, porque, sem ele, não teria nem plasticidade nem metamorfose. O acaso é o que põe as forças em relação; a vontade de potência, o princípio determinante dessa relação. A vontade de potência acrescenta-se necessariamente às forças, mas só pode acrescentar-se a forças relacionadas pelo acaso. A vontade de potência compreende o acaso em seu âmago, só ela é capaz de afirmar todo o acaso.

2) Da vontade de potência como elemento genealógico decorrem, ao mesmo tempo, a diferença de quantidade das forças em relação e a qualidade respectiva dessas forças. Segundo sua diferença de quantidade, as forças são ditas dominantes ou dominadas. Segundo sua qualidade, são ditas ativas ou reativas. Existe vontade de potência na força reativa ou dominada, assim como na força ativa ou dominante. Ora, a diferença de quantidade sendo irredutível em cada caso, é inútil querer medi-la se não se interpreta as qualidades das forças em presença. As forças são essencialmente diferençadas e qualificadas. Expressam sua diferença de quantidade pela qualidade que cabe a cada uma. É este o problema da interpretação: sendo dado um

fenômeno, um acontecimento, estimar a qualidade da força que lhe dá um sentido e, a partir daí, medir a relação das forças em presença. Não esqueçamos que, em cada caso, a interpretação encontra todo tipo de dificuldades e de problemas delicados. Necessita-se aí de uma percepção "extremamente fina" do gênero daquela que se acha nos corpos químicos.

3) As qualidades das forças têm seu princípio na vontade de potência. E se nós perguntamos: "Quem interpreta?", respondemos: *a vontade de potência*; é a vontade de potência que interpreta.[46] Mas, para estar assim na fonte das qualidades da força, é preciso que a própria vontade de potência tenha qualidades particularmente fluentes, ainda mais sutis que as da força. "Quem reina é a qualidade totalmente momentânea da vontade de potência."[47] As qualidades da vontade de potência, que se referem, pois, imediatamente, ao elemento genético ou genealógico, esses elementos qualitativos fluentes, primordiais, seminais, não devem ser confundidas com as qualidades da força. Por isso, é essencial insistir nos termos empregados por Nietzsche: *ativo* e *reativo* designam as qualidades originais da força, mas *afirmativo* e *negativo* designam as qualidades primordiais da vontade de potência. Afirmar e negar, apreciar e depreciar expressam a vontade de potência, assim como agir e reagir expressam a força. (E assim como as forças reativas também são forças, a vontade de negar, o niilismo são vontade de potência: "uma *vontade de nada*, uma aversão à vida, uma revolta contra os mais fundamentais pressupostos da vida, mas é e continua sendo uma vontade!".[48]) Ora, se devemos atribuir a maior importância à distinção entre duas espécies de qualidades, é porque ela se encontra sempre no centro da filosofia de Nietzsche; entre a ação e a afirmação, entre a reação e a negação, há uma afinidade profunda, uma cumplicidade, mas nenhuma confusão. Além disso, a determinação dessas afinidades põe em jogo toda a arte da filosofia. Por um lado, é evidente que há afirmação em toda ação, que há negação em toda reação. Mas, por outro lado, a ação e a reação são meios, meios ou instrumentos da vontade de potência que afirma e que nega: as forças reativas, instrumentos

46. VP, I, 204 e II, 130.
47. VP, II, 39.
48. GM, III, 28.

do niilismo. A ação e a reação necessitam da afirmação e da negação como algo que as ultrapassa, mas que é necessário para que realizem seus próprios objetivos. Enfim, mais profundamente, a afirmação e a negação transbordam a ação e a reação porque são as qualidades imediatas do próprio devir: a afirmação não é a ação, mas a potência de se tornar ativo, o *devir ativo* em pessoa; a negação não é a simples reação, mas um *devir reativo*. Tudo se passa como se a afirmação e a negação fossem ao mesmo tempo imanentes e transcendentes em relação à ação e à reação; elas constituem a corrente do devir com a trama das forças. É a afirmação que nos faz entrar no mundo glorioso de Dioniso, o ser do devir; é a negação que nos precipita no fundo inquietante de que saem as forças reativas.

4) Por todas essas razões, Nietzsche pode dizer que a vontade de potência não é apenas o que interpreta, mas o que avalia.[49] Interpretar é determinar a força que dá um sentido à coisa. Avaliar é determinar a vontade de potência que dá um valor à coisa. Os valores não se deixam, pois, abstrair do ponto de vista de onde tiram seu valor, assim também como o sentido não se deixa abstrair do ponto de vista de onde tira sua significação. É da vontade de potência, como elemento genealógico, que derivam a significação do sentido e o valor dos valores. Era dela que falávamos, sem nomeá-la, no início do capítulo precedente. A significação de um sentido consiste na qualidade da força que se expressa na coisa: esta força é ativa ou reativa, e de que nuança? O valor de um valor consiste na qualidade da vontade de potência que se expressa na coisa correspondente: a vontade de potência é afirmativa ou negativa, e de que nuança? A arte da filosofia é ainda mais complicada porquanto esses problemas de interpretação e de avaliação remetem um ao outro, prolongam-se um no outro. O que Nietzsche chama de *nobre, alto, senhor* é ora a força ativa, ora a vontade afirmativa. O que ele chama de *baixo, vil, escravo* é ora a força reativa, ora a vontade negativa. Compreenderemos mais tarde o porquê desses termos. Mas um valor tem sempre uma genealogia da qual dependem a nobreza e a baixeza daquilo em que ele nos convida a acreditar, daquilo que nos convida a sentir e a pensar. Só o genealogista está apto a descobrir que baixeza pode encontrar sua

---

49. VP, II, 29: "Toda vontade implica uma avaliação".

expressão num valor, que nobreza pode encontrar a sua num outro, porque ele sabe manejar o elemento diferencial, é o mestre da crítica dos valores.[50] A noção de valor perde todo seu sentido se não vemos nos valores receptáculos que é preciso perfurar, estátuas que é preciso quebrar para encontrar o que contêm de mais nobre ou de mais baixo. Assim como os membros esparsos de Dioniso, só as estátuas de nobreza se reformam. Falar da nobreza dos valores em geral dá testemunho de um pensamento que tem excessivo interesse em ocultar sua própria baixeza, como se valores inteiros não tivessem como sentido e, precisamente, como valor, servir de refúgio e de manifestação a tudo o que é baixo, vil, escravo. Nietzsche, criador da filosofia dos valores, se tivesse vivido mais tempo, teria visto a noção mais crítica se transformar e servir ao conformismo ideológico mais banal, mais baixo; as marteladas da filosofia dos valores se tornarem bajulações; a polêmica e a agressividade, substituídas pelo ressentimento, guardião minucioso da ordem estabelecida, cão de guarda dos valores em curso; a genealogia, assumida pelos escravos: o esquecimento das qualidades, o esquecimento das origens.[51]

8. Origem e imagem invertida

Na origem, existe a diferença entre as forças ativas e as reativas. A ação e a reação não estão numa relação de sucessão, mas de coexistência na própria origem. De resto, a cumplicidade das forças ativas com a afirmação, das forças reativas com a negação, revela-se no seguinte princípio: o negativo já está inteiramente do lado da reação. Inversamente, só a força ativa se afirma, ela afirma sua diferença, faz de sua diferença um objeto de gozo e de afirmação. A força reativa, mesmo quando obedece, limita a força ativa, impõe-lhe limitações e

---

50. GM, Introdução, 6: "Necessitamos de uma crítica dos valores morais, e *o próprio valor desses valores deverá ser colocado em questão*".

51. Quanto mais a teoria dos valores perde de vista o principio avaliar = criar, mais distancia-se de suas origens. A inspiração nietzschiana revive especialmente em pesquisas como as de Sr. Polin, concernentes à criação dos valores. Entretanto, do ponto de vista de Nietzsche, o correlativo da criação dos valores não pode ser, em nenhum caso, sua contemplação, mas deve ser a crítica radical de todos os valores "em curso".

restrições parciais, já está possuída pelo espírito do negativo.[52] Por isso, a própria origem comporta, de algum modo, uma imagem invertida de si mesma: visto do lado das forças reativas, o elemento diferencial genealógico aparece invertido; a diferença tornou-se negação, a afirmação tornou-se contradição. Uma imagem invertida da origem acompanha a origem: o que é "sim" do ponto de vista das forças ativas torna-se "não" do ponto de vista das forças reativas, o que é afirmação de si torna-se negação do outro. A isto, Nietzsche denomina "a inversão do olhar que estabelece os valores".[53] As forças ativas são nobres, mas encontram-se diante de uma imagem plebeia refletida pelas forças reativas. A genealogia é a arte da diferença ou da distinção, a arte da nobreza, mas se vê invertida no espelho das forças reativas. Sua imagem aparece então como a de uma "evolução". E esta evolução é compreendida ora à maneira alemã, como uma evolução dialética e hegeliana, como o desenvolvimento da contradição, ora à maneira inglesa, como uma derivação utilitária, como o desenvolvimento do lucro e dos juros. Mas sempre a verdadeira genealogia encontra sua caricatura na imagem que dela faz o evolucionismo essencialmente reativo: inglês, alemão, o evolucionismo é a imagem reativa da genealogia.[54] Assim, é próprio das forças reativas negarem, desde a origem, a diferença que as constitui na origem, inverterem o elemento diferencial do qual derivam, darem a ele uma imagem deformada. *"Différence engendre haine* [diferença engendra ódio]."[55] Por essa razão, elas não se compreendem como forças e preferem voltar-se contra si mesmas a compreenderem-se como tais e aceitarem a diferença. A "mediocridade" de pensamento que Nietzsche denuncia remete sempre à mania de interpretar ou de avaliar os fenômenos a partir de forças reativas, e cada espécie de pensamento nacional escolhe as suas. Mas esta própria mania tem sua origem na origem, na

---

52. GM, II, II.

53. GM, I, 10. (Em vez de afirmarem a si mesmas e de negarem por simples consequência, as forças reativas começam por negar o que é diferente delas, opõem-se inicialmente ao que não faz parte delas mesmas.)

54. Sobre a concepção inglesa da genealogia como evolução: GM, Introdução, 7, e I, 1-4. Sobre a mediocridade desse pensamento inglês: BM, 253. Sobre a concepção alemã da genealogia como evolução e sobre sua mediocridade: GC, 357 e BM, 244.

55. BM, 263.

imagem invertida. A consciência e as consciências, simples ampliação desta imagem reativa...

Avancemos: suponhamos que, com a ajuda de circunstâncias favoráveis externas ou internas, as forças reativas prevaleçam e neutralizem a força ativa. Saímos da origem: não se trata mais de uma imagem invertida, e sim de um desenvolvimento desta imagem, de uma inversão dos próprios valores;[56] o baixo se pôs no alto, as forças reativas triunfaram. Se elas triunfam, é pela vontade negativa, pela vontade de nada que desenvolve a imagem, mas seu triunfo não é mais imaginário. A questão é: como as forças reativas triunfam? Ou seja, as forças reativas, quando prevalecem sobre as forças ativas, tornam-se elas próprias dominantes, agressivas e subjugadoras? Todas elas, em conjunto, formam uma força maior que, por sua vez, seria ativa? Nietzsche responde que, mesmo se unindo, as forças reativas não compõem uma força maior que seria ativa. Procedem de modo totalmente diferente: elas decompõem, *separam a força ativa do que ela pode*, subtraem, da força ativa, uma parte ou quase todo o seu poder, e, assim, não se tornam ativas, mas, ao contrário, fazem com que a força ativa se junte a elas, torne-se, ela própria, reativa num novo sentido. Pressentimos que, a partir de sua origem e ao desenvolver-se, o conceito de reação muda de significação: uma força ativa *torna-se reativa* (num novo sentido) quando forças reativas (no primeiro sentido) separam-na do que ela pode. Nietzsche analisará, em detalhe, como tal separação é possível. Mas já é preciso constatar que, cuidadosamente, ele nunca apresenta o triunfo das forças reativas como a composição de uma força superior à força ativa, e sim como uma subtração ou uma divisão. Nietzsche dedicará um livro inteiro à análise das figuras do triunfo reativo no mundo humano: o ressentimento, a má consciência, o ideal ascético. Mostrará, em cada caso, que as forças reativas não triunfam compondo uma força superior, mas "separando" a força ativa.[57] E, em cada caso, essa separação repousa em uma ficção, em uma mistificação ou falsificação. É a vontade de nada que desenvolve a imagem negativa e invertida, é ela que faz a subtração. Ora, na operação de subtração, há sempre algo imaginário atestado pela

56. Cf. GM, I, 7.
57. Cf. as três dissertações de GM.

utilização negativa do número. Se queremos, então, dar uma transcrição numérica da vitória das forças reativas, não devemos apelar para uma adição pela qual as forças reativas, todas juntas, tornar-se-iam mais fortes do que a força ativa, mas para uma subtração que separa a força ativa do que ela pode, que nega sua diferença, para fazer dela uma força reativa. Não basta, desde então, que a reação vença para que deixe de ser uma reação. Ao contrário. A força ativa é separada do que ela pode por uma ficção, nem por isso deixa de tornar-se realmente reativa, é exatamente por este meio que ela se torna realmente reativa. Daí decorre, em Nietzsche, o emprego das palavras "vil", "ignóbil", "escravo". Estas palavras designam o estado das forças reativas que se colocam no alto, que atraem a força ativa para uma armadilha, substituindo os senhores por escravos que não deixam de ser escravos.

9. Problema da medida das forças

Por isso, não podemos medir as forças com uma unidade abstrata, nem determinar sua quantidade e qualidade respectivas tomando como critério o estado real das forças num sistema. Dizíamos que as forças ativas são as forças superiores, as forças dominantes, as forças mais fortes. Mas as forças inferiores podem prevalecer sem deixarem de ser inferiores em quantidade, sem deixarem de ser reativas em qualidade, sem deixarem de ser escravas à sua maneira. Uma das maiores asserções de *Vontade de potência* é: "Sempre se tem que defender os fortes contra os fracos".[58] Não é possível se apoiar no estado de fato de um sistema de forças, nem no resultado da luta entre elas, para concluir: estas são ativas, aquelas são reativas. Contra Darwin e o evolucionismo, Nietzsche observa: "supondo que haja essa luta – e, de fato, ela ocorre –, infelizmente ela resulta no contrário do que deseja a escola de Darwin, do que talvez se *poderia* desejar juntamente com ela: ou seja, em detrimento dos fortes, dos privilegiados, das felizes exceções".[59] É neste sentido, em primeiro lugar, que a interpretação é uma arte tão difícil: devemos julgar se as forças que prevalecem são inferiores ou superiores, reativas ou ativas; se elas

58. VP, I, 395.
59. Cr. Id., "Incursões de um extemporâneo", 14.

2. Ativo e reativo

77

prevalecem enquanto *dominadas* ou dominantes. Neste domínio, não há fatos, somente interpretações. Não se deve conceber a medida das forças como um procedimento de física abstrata, mas como o ato fundamental de uma física concreta; não como uma técnica indiferente, mas como a arte de interpretar a diferença e a qualidade independentemente do estado de fato. (Nietzsche diz às vezes: "Fora da ordem social existente".)[60]

Esse problema desperta uma antiga polêmica, uma discussão célebre entre Cálicles e Sócrates. A que ponto Nietzsche nos parece próximo de Cálicles, e Cálicles imediatamente completado por Nietzsche! Cálicles se esforça por distinguir a natureza e a lei. Chama de lei tudo o que separa uma força do que ela pode; a lei, neste sentido, expressa o triunfo dos fracos sobre os fortes. Nietzsche acrescenta: triunfo da reação sobre a ação. Na verdade, é reativo tudo o que separa uma força; é reativo ainda o estado de uma força separada do que ela pode. Ao contrário, é ativa toda força que vai até o limite de seu poder. Para uma força, ir até o limite não é uma lei, é até mesmo o contrário da lei.[61] Sócrates responde a Cálicles que não há razão para distinguir natureza e lei, pois se os fracos vencem é porque formam, reunidos, uma força mais forte do que a do forte; a lei triunfa do ponto de vista da própria natureza. Cálicles não se queixa por não ter sido compreendido, mas recomeça: o escravo não deixa de ser escravo ao triunfar; quando os fracos triunfam, não é formando uma força maior, mas separando a força do que ela pode. Não se deve comparar as forças abstratamente; a força concreta, do ponto de vista da natureza, é aquela que vai até as últimas consequências, até o limite da potência ou do desejo. Sócrates objeta uma segunda vez: o que conta para ti, Cálicles, é o prazer... Defines todo bem pelo prazer...

Observaremos o que se passa entre o sofista e o dialético, de que lado está a boa-fé e também o rigor do raciocínio. Cálicles é agressivo, mas não tem ressentimento. Prefere renunciar a falar; é claro que, na primeira vez, Sócrates não compreende, e que, na segunda,

---

60. VP, III, 8.

61. VP, II, 85: "Constata-se que, em química, todo corpo expande sua potência o tanto quanto pode"; II, 374: "Não há lei: toda potência acarreta, a todo instante, suas últimas consequências"; II, 369: "Evito falar de leis químicas, pois a palavra tem um ranço moral. Trata-se, antes, de constatar, de maneira absoluta, relações de potência".

fala de outra coisa. Como explicar a Sócrates que o "desejo" não é a associação de um prazer e de uma dor, dor de senti-lo, prazer de satisfazê-lo? Que o prazer e a dor são somente reações, propriedades das forças reativas, atestados de adaptação ou de desadaptação? E como fazê-lo entender que os fracos não compõem uma força mais forte? Por um lado, Sócrates não compreendeu, por outro, não ouviu, excessivamente animado pelo ressentimento dialético e pelo espírito de vingança. Logo ele, tão exigente para com os outros, tão minucioso quando lhe respondem...

10. A hierarquia

Nietzsche também encontra seus Sócrates. São os livres-pensadores. Eles dizem: "De que você se queixa? Como os fracos triunfariam se não formassem uma força superior?". "Sujeitemo-nos aos fatos."[62] Este é o positivismo moderno: pretende-se realizar a crítica dos valores, pretende-se recusar todo apelo aos valores transcendentes, declara-se que estão fora de moda, mas apenas para reencontrá-los, como forças que conduzem o mundo atual. Igreja, moral, Estado etc.: só se discute seu valor para admirar sua força humana e seu conteúdo humano. O livre-pensador tem a mania singular de querer recuperar todos os conteúdos, todo o positivo, mas sem jamais se interrogar sobre a natureza desses conteúdos ditos positivos, nem sobre a origem ou a qualidade das forças humanas correspondentes. É o que Nietzsche chama o "*faitalisme*".[63] O livre-pensador quer recuperar o conteúdo da religião, mas nunca se pergunta se a religião não contém precisamente as forças mais baixas do homem, as quais se deveria desejar que permanecessem no exterior. Por isso, não é possível confiar no ateísmo de um livre-pensador, mesmo que seja democrata e socialista: "A Igreja é que nos repugna, *não* o seu veneno...".[64] O que caracteriza essencialmente o positivismo e o humanismo do livre-pensador é o *faitalisme*, a impotência para interpretar, a ignorância das qualidades da força.

---

62. GM, I, 9.
63. GM, III, 24. [N.T.: em francês no original. *Faitalisme* é uma palavra-valise, envolvendo os termos *fait* (fato) e *fatalisme* (fatalismo).]
64. GM, I, 9.

Desde que algo aparece como uma força humana ou como um fato humano, o livre-pensador aplaude, sem se perguntar se essa força não é de baixa extração e esse fato o contrário de um fato elevado: "Humano, demasiado humano". Por não levar em conta as qualidades das forças, o livre pensamento está, por vocação, a serviço das forças reativas e traduz seu triunfo. O fato é sempre o dos fracos contra os fortes; "o fato é sempre estúpido, tendo desde sempre se assemelhado mais a um bezerro do que a um deus".[65] Ao livre-pensador, Nietzsche opõe o *espírito livre*, o próprio espírito de interpretação que julga as forças do ponto de vista de sua origem e de sua qualidade: "Não há fatos, nada além de interpretações".[66] A crítica do livre-pensamento é um tema fundamental na obra de Nietzsche. Provavelmente porque essa crítica descobre um ponto de vista segundo o qual ideologias diferentes podem ser atacadas ao mesmo tempo: o positivismo, o humanismo, a dialética. O gosto pelo fato no positivismo, a exaltação do fato humano no humanismo, a mania de recuperar os conteúdos humanos na dialética.

A palavra *hierarquia*, em Nietzsche, tem dois sentidos. Significa, inicialmente, a diferença entre forças ativas e reativas, a superioridade das forças ativas sobre as forças reativas. Nietzsche pode, então, falar de uma "hierarquia inata e inalterável";[67] e o problema da hierarquia é ele próprio o problema dos espíritos livres.[68] Mas hierarquia designa também o triunfo das forças reativas, o contágio das forças reativas e a organização complexa que daí resulta, na qual os fracos venceram, na qual os fortes são contaminados, na qual o escravo, que não deixou de ser escravo, vence um senhor que deixou de ser senhor: o reino da lei e da virtude. Nesse segundo sentido, a moral e a religião ainda são teorias da hierarquia.[69] Se os dois sentidos são comparados, vê-se que o segundo é como que o inverso do primeiro. Fazemos da Igreja, da moral e do Estado os senhores ou detentores de toda hierarquia. Temos a hierarquia que merecemos, nós que somos essencialmente

65. Co. In., ii, "Da utilidade e desvantagem da história para a vida", 8.
66. vp, ii, 133.
67. bm, 263.
68. hh, Prefácio, 7.
69. vp, iii, 385 e 391.

reativos, nós que tomamos os triunfos da reação por uma metamorfose da ação e os escravos por novos senhores, nós que só reconhecemos a hierarquia invertida.

Não é ao menos forte que Nietzsche chama de fraco ou escravo, mas àquele que, qualquer que seja sua força, está separado do que pode. O menos forte é tão forte quanto o forte se vai ao limite, porque a astúcia, a sutileza, a espiritualidade, até mesmo o charme com os quais completa sua força menor pertencem precisamente a essa força e fazem com que ela não seja menor.[70] A medida das forças e sua qualificação não dependem em nada da quantidade absoluta, e sim da efetuação relativa. Não se pode julgar a força ou a fraqueza usando como critério o resultado da luta e o sucesso. Isto porque, repetimos, é um fato que os fracos triunfam, é até mesmo a essência do fato. Só se pode julgar as forças caso se leve em conta, em primeiro lugar, sua qualidade: ativo ou reativo; em segundo lugar, a afinidade dessa qualidade com o polo correspondente da vontade de potência: afirmativo ou negativo; em terceiro lugar, a nuança de qualidade que a força apresenta em tal ou qual momento de seu desenvolvimento em relação com sua afinidade. Por conseguinte, a força reativa é: 1) força utilitária, de adaptação e de limitação parcial; 2) força que separa a força ativa do que ela pode, que nega a força ativa (triunfo dos fracos ou dos escravos); 3) força separada do que ela pode, que nega a si mesma ou se volta contra si (reino dos fracos ou dos escravos). E, paralelamente, a força ativa é: 1) força plástica, dominante e subjugadora; 2) força que vai ao limite do que ela pode; 3) força que afirma sua diferença, que faz de sua diferença um objeto de gozo e de afirmação. As forças só são determinadas concreta e completamente caso se leve em conta esses três pares de caracteres ao mesmo tempo.

11. Vontade de potência e sentimento de potência

Sabemos o que é a vontade de potência: o elemento diferencial, o elemento genealógico que determina a relação da força com a força e que produz a qualidade da força. Assim, a vontade de potência

---

70. Os dois animais de Zaratustra são a águia e a serpente: a águia é forte e altiva, mas a serpente não é menos forte ao ser astuta e charmosa; cf. Prólogo, 10.

deve *se manifestar* na força como tal. O estudo das manifestações da vontade de potência deve ser feito com o maior cuidado porque dele depende inteiramente o dinamismo das forças. Mas o que significa dizer que a vontade de potência se manifesta? A relação das forças é determinada, em cada caso, na medida em que uma força é *afetada* por outras, inferiores ou superiores. Daí se segue que a vontade de potência se manifesta como um poder de ser afetado. Esse poder não é uma possibilidade abstrata: é necessariamente preenchido e efetuado, a cada instante, pelas outras forças com as quais a força está em relação. Não nos espantaremos com o duplo aspecto da vontade de potência: ela determina a relação das forças entre si, do ponto de vista da gênese e da produção das forças; mas é determinada pelas forças em relação, do ponto de vista de sua própria manifestação. Por isso, a vontade de potência é sempre determinada ao mesmo tempo que determina, qualificada ao mesmo tempo que qualifica. Em primeiro lugar, portanto, a vontade de potência manifesta-se como o poder de ser afetado, como o poder determinado da força de ser ela própria afetada. É difícil, aqui, negar, em Nietzsche, uma inspiração espinosista. Espinosa, numa teoria extremamente profunda, queria que a toda quantidade de força correspondesse um poder de ser afetado. Um corpo teria tanto mais força quanto maior o número de maneiras pelas quais pudesse ser afetado. Esse era o poder que media a força de um corpo, ou que expressava sua potência. Por um lado, esse poder não era uma simples possibilidade lógica: era, a cada instante, efetuado pelos corpos com os quais o corpo estava em relação. Por outro lado, não era uma passividade física: só eram passivas as afecções das quais o corpo considerado não era causa adequada.[71]

O mesmo se dá em Nietzsche: o poder de ser afetado não significa necessariamente passividade, mas *afetividade*, sensibilidade, sensação. É neste sentido que Nietzsche, antes mesmo de ter elaborado o conceito de vontade de potência e de ter-lhe dado toda sua significação, já falava de um *sentimento de potência*; a potência foi tratada por ele

---

71. Se nossa interpretação está correta, Espinosa viu antes de Nietzsche que uma força não é separável de um poder de ser afetado e que este poder expressa sua potência. Nietzsche nem por isso deixa de criticar Espinosa, mas a respeito de outro ponto: Espinosa não soube elevar-se até a concepção de uma *vontade* de potência, confundiu a potência com a simples força e concebeu a força de maneira reativa (cf. o *conatus* e a conservação).

como uma questão de sentimento e de sensibilidade, antes de ser tratada como uma questão de vontade. Mas, quando elaborou o conceito completo de vontade de potência, essa primeira característica não desapareceu de modo algum, mas se tornou a manifestação da vontade de potência. Eis por que Nietzsche não para de dizer que a vontade de potência é "a forma afetiva primitiva", aquela da qual derivam todos os outros sentimentos.[72] Ou melhor: "A vontade de potência não é um ser nem um devir, é um *páthos*".[73] Isto é, a vontade de potência manifesta-se como a sensibilidade da força; o elemento diferencial das forças manifesta-se como sua sensibilidade diferencial. "O fato é que a vontade de potência reina mesmo no mundo inorgânico, ou melhor, não há mundo inorgânico. Não se pode eliminar a ação à distância: uma coisa atrai outra, uma coisa sente-se atraída. Eis o fato fundamental... *Para que a vontade de potência possa manifestar-se, ela precisa perceber as coisas que vê, ela sente a aproximação do que lhe é assimilável.*"[74] As afecções de uma força são ativas na medida em que ela se apodera daquilo que lhe opõe resistência, na medida em que se faz obedecer por forças inferiores. Inversamente, elas são submetidas, ou melhor, agidas, quando a força é afetada por forças superiores às quais obedece. Mesmo assim, obedecer ainda é uma manifestação da vontade de potência. Mas uma força inferior pode acarretar a desagregação de forças superiores, sua cisão, a explosão da energia que haviam acumulado; neste sentido, Nietzsche gosta de aproximar os fenômenos de desagregação do átomo, de cisão do protoplasma e de reprodução do ser vivo.[75] Desagregar, cindir, separar expressam sempre a vontade de potência, tanto quanto ser desagregado, ser cindido, ser separado: "A divisão aparece como a consequência da vontade de potência".[76] Dadas duas forças, uma superior e outra inferior, vê-se como o poder de ser afetado de cada uma é necessariamente preenchido. Mas esse poder de ser afetado não é preenchido sem que a própria força correspondente entre numa história ou num devir sensível:

72. VP, II, 42.
73. VP, II, 311.
74. VP, II, 89.
75. VP, II, 45, 77, 187.
76. VP, II, 73.

1) força ativa, potência de agir ou de comandar; 2) força reativa, potência de obedecer ou de ser agido; 3) força reativa desenvolvida, potência de cindir, dividir, separar; 4) força ativa tornada reativa, potência de ser separado, de voltar-se contra si.[77]

Toda a sensibilidade é apenas um devir das forças: há um ciclo da força no curso do qual a força "se torna" (por exemplo, a força ativa se torna reativa). Há até mesmo vários devires de forças que podem lutar uns contra os outros.[78] Assim, não basta comparar nem opor as características respectivas da força ativa e da força reativa. Ativo e reativo são as qualidades da força que decorrem da vontade de potência. Mas a própria vontade de potência tem qualidades, *sensibilia*, que são como os devires de forças. A vontade de potência manifesta-se, em primeiro lugar, como sensibilidade das forças; e, em segundo lugar, como devir sensível das forças: o *páthos* é o fato mais elementar do qual resulta um devir.[79] O devir das forças geralmente não deve ser confundido com as qualidades das forças: é o devir dessas próprias qualidades, a qualidade da vontade de potência em pessoa. Mas, justamente, não se poderá nem abstrair as qualidades da força de seu devir, nem a força da vontade de potência: o estudo concreto das forças implica necessariamente uma dinâmica.

12. O devir-reativo das forças

Mas, na verdade, a dinâmica das forças nos conduz a uma conclusão desoladora. Quando a força reativa separa a força ativa do que ela pode, esta última torna-se, por sua vez, reativa. *As forças ativas tornam-se reativas*. E a palavra devir deve ser tomada no sentido mais forte: o devir das forças aparece como um devir-reativo. Não há outros devires? Fato é que nós não sentimos, não experimentamos, não conhecemos outro devir, a não ser o devir-reativo. Não constatamos apenas a existência de forças reativas; constatamos, em toda parte,

---

77. VP, II, 171: "Essa força em seu máximo que, voltando-se contra si mesma, uma vez que nada mais tem a organizar, emprega sua força em desorganizar".

78. VP, II, 170: "Em vez da causa e do efeito, a luta dos diversos devires; frequentemente, o adversário é tragado; os devires não são em número constante".

79. VP, II, 311.

seu triunfo. Por meio de que elas triunfam? Pela vontade de nada, graças à afinidade da reação com a negação. O que é a negação? É uma qualidade da vontade de potência; é ela que qualifica a vontade de potência como niilismo ou vontade de nada, é ela que constitui o devir-reativo das forças. Não se deve dizer que a força ativa se torna reativa porque as forças reativas triunfam; ao contrário, elas triunfam porque, ao separarem a força ativa do que ela pode, a entregam à vontade de nada, a um devir-reativo mais profundo do que elas mesmas. Por isso, as figuras do triunfo das forças reativas (ressentimento, má consciência, ideal ascético) são, antes de mais nada, as formas do niilismo. O devir-reativo da força, o devir niilista, é o que parece essencialmente compreendido na relação da força com a força. Existe um outro devir? Talvez tudo nos convide a "pensá-lo". Mas seria preciso uma outra sensibilidade, uma outra maneira de sentir, como diz Nietzsche com frequência. Não podemos responder ainda essa questão; mal podemos vislumbrá-la. Mas podemos perguntar por que só sentimos e só conhecemos um devir-reativo. Será que o homem é essencialmente reativo? Será que o devir-reativo é constitutivo do homem? O ressentimento, a má consciência, o niilismo não são traços de psicologia, mas como que o fundamento da humanidade no homem. São o princípio do ser humano como tal. O homem, "doença de pele" da terra, reação da terra...[80] É neste sentido que Zaratustra fala do "grande desprezo" dos homens, e do "grande nojo". Uma outra sensibilidade, um outro devir, seriam ainda do homem?

Essa condição do homem é da maior importância para o eterno retorno. Ela parece comprometê-lo ou contaminá-lo tão gravemente que ele próprio se torna objeto de angústia, de repulsa e de nojo. Mesmo se as forças ativas voltarem, voltarão reativas, eternamente reativas. Mais do que o eterno retorno das forças reativas: o retorno do devir-reativo das forças. Zaratustra não apresenta o pensamento do eterno retorno apenas como misterioso e secreto, mas como nauseante, difícil de suportar.[81] À primeira exposição do eterno retorno, sucede uma estranha visão: a de um pastor "contorcendo-se, sufocando, estremecendo, com o rosto deformado e uma negra, pesada

80. z, ii, "Dos grandes acontecimentos".
81. Cf. também vp, iv, 235 e 246.

serpente que lhe saía da boca".[82] Mais tarde, o próprio Zaratustra explica a visão: "O grande fastio pelo homem – *isso* me sufocou, me havia entrado pela garganta... 'Eternamente ele retorna, o homem de que estás cansado, o pequeno homem'... 'Ah, o homem retorna eternamente!'... E eterno retorno inclusive do menor! – Esse era o meu fastio por tudo que existe! Ah, nojo! Nojo! Nojo!".[83] O eterno retorno do homem pequeno, mesquinho, reativo não faz apenas do pensamento do eterno retorno algo insuportável; faz do próprio eterno retorno algo impossível, põe a contradição no eterno retorno. A serpente é um animal do eterno retorno, mas a serpente se desenrola, torna-se uma "negra, pesada serpente" e sai da boca que se preparava para falar, na medida em que o eterno retorno é o das forças reativas. Como, pois, o eterno retorno, ser do devir, poderia afirmar-se de um devir niilista? Para afirmar o eterno retorno, é preciso cortar e cuspir a cabeça da serpente. Então, o pastor não é mais nem homem nem pastor: "um transformado, um iluminado que ria! Jamais, na terra, um homem riu como ele ria!".[84] Um outro devir, uma outra sensibilidade: o além-do-homem.

13. Ambivalência do sentido e dos valores

Um devir diferente do que conhecemos: um devir-ativo das forças, um devir-ativo das forças reativas. A avaliação desse devir levanta várias questões e deve nos servir uma última vez para provar a coerência sistemática dos conceitos nietzscheanos na teoria da força. Uma primeira hipótese intervém. Nietzsche chama de força ativa aquela que vai às últimas consequências. Uma força ativa separada do que pode pela força reativa torna-se, então, reativa. Mas esta própria força reativa não irá, a seu modo, ao limite do que pode? Se a força ativa, estando separada, torna-se reativa, a força reativa, que separa, não se tornará, inversamente, ativa? Não seria essa a sua maneira de ser ativa? Concretamente, não há uma baixeza, uma vilania, uma besteira etc. que se tornam ativas quando vão ao limite do que podem? "Extrema e

82. z, iii, "Da visão e enigma".
83. z, iii, "O convalescente".
84. z, iii, "Da visão e enigma".

grandiosa estupidez...", escreverá Nietzsche.[85] Essa hipótese lembra a objeção socrática, mas, de fato, dela se distingue. Não se diz mais, como Sócrates, que as forças inferiores só triunfam formando uma força maior; diz-se que as forças reativas só triunfam indo às últimas consequências, formando, portanto, uma força ativa.

É certo que uma força reativa pode ser considerada de pontos de vista diferentes. A doença, por exemplo, me separa do que posso: força reativa, me torna reativo, reduz minhas possibilidades e me condena a um meio diminuído ao qual desejo apenas me adaptar. Mas, de outro modo, ela me revela uma nova potência, dota-me de uma nova vontade que posso fazer minha, indo ao limite de um estranho poder. (Esse poder extremo põe em jogo muitas coisas, entre as quais a seguinte: "Da ótica do doente ver conceitos e valores mais sãos...".)[86] Reconhece-se uma ambivalência cara a Nietzsche: todas as forças cujo caráter reativo ele denuncia exercem sobre ele, conforme confessa algumas páginas ou algumas linhas adiante, um fascínio, e são sublimes pelo ponto de vista que nos abrem e pela inquietante vontade de potência de que dão testemunho. Elas nos separam de nosso poder, mas nos dão, ao mesmo tempo, um outro poder, quão "perigoso", quão "interessante". Trazem novas afecções, ensinam novas maneiras de ser afetado. Há algo admirável no devir-reativo das forças, admirável e perigoso. Não apenas o homem doente, mas também o homem religioso apresentam esse duplo aspecto: por um lado, homem reativo; por outro, homem de uma nova potência.[87] "A história humana seria uma besteira, sem o espírito que os impotentes lhe trouxeram."[88] Cada vez que Nietzsche falar de Sócrates, de Cristo, do judaísmo, do cristianismo, de uma forma

---

85. BM, 188.

86. EH, "Por que sou tão sábio", 1.

87. GM, I, 6: "Somente no âmbito dessa forma *essencialmente perigosa* de existência humana, a sacerdotal, é que o homem se tornou um *animal interessante*, apenas então a alma humana ganhou *profundidade* no sentido superior, e tornou-se *má*". Sobre a ambivalência do sacerdote, GM, III, 15: "Ele próprio tem de ser doente, tem de ser aparentado aos doentes e malogrados desde a raiz, para entendê-los – para com eles se entender; mas também tem de ser forte, ainda mais senhor de si do que dos outros, inteiro em sua vontade de potência, para que tenha a confiança e o temor dos doentes".

88. GM, I, 7.

2. Ativo e reativo

de decadência ou de degenerescência, descobrirá essa mesma ambivalência das coisas, dos seres e das forças.

Todavia é exatamente a mesma a força que me separa do que posso e a que me dota de um novo poder? É a mesma doença, é o mesmo doente que é escravo de sua doença e o que dela se serve como de um meio para explorar, para dominar, para ser poderoso? É a mesma a religião, a dos fiéis, que são como cordeiros balindo, e a de certos sacerdotes, que são como novas "aves de rapina"? De fato, as forças reativas não são as mesmas e mudam de nuança conforme desenvolvam mais ou menos seu grau de afinidade com a vontade de nada. Uma força reativa que, ao mesmo tempo, obedece e resiste; uma força reativa que separa a força ativa do que ela pode; uma força reativa que contamina a força ativa, que a arrasta ao limite do devir-reativo, na vontade de nada; uma força reativa que foi inicialmente ativa, mas que se tornou reativa, separada de seu poder, depois foi arrastada para o abismo e voltou-se contra si: eis aí nuanças diferentes, afecções diferentes, tipos diferentes que o genealogista deve interpretar e que ninguém mais sabe interpretar. "Necessito dizer, após tudo isso, que sou *experimentado* em questões de *décadence*? Conheço-a de trás para frente. Inclusive aquela arte de filigrana do prender e do apreender, aqueles dedos para *nuances*, aquela psicologia do 'ver além do ângulo', e o que mais me seja próprio..."[89] Problema da interpretação: interpretar, em cada caso, o estado das forças reativas, isto é, o grau de desenvolvimento que elas atingiram na relação com a negação, com a vontade de nada. O mesmo problema de interpretação colocar-se-ia para as forças ativas. Em cada caso, interpretar sua nuança ou seu estado, isto é, o grau de desenvolvimento da relação entre a ação e a afirmação. Há forças reativas que se tornam grandiosas e fascinantes de tanto seguirem a vontade de nada; mas há forças ativas que são derrubadas porque não sabem seguir as potências de afirmação (veremos que este é o problema do que Nietzsche chama "a cultura" ou "o homem superior"). Enfim, a avaliação apresenta ambivalências ainda mais profundas do que as da interpretação. Julgar a própria afirmação do ponto de vista da própria negação e a negação do ponto de vista da afirmação; julgar a vontade afirmativa do ponto de vista

89. EH, "Por que sou tão sábio", I.

da vontade niilista e a vontade niilista do ponto de vista da vontade que afirma: esta é a arte do genealogista, e o genealogista ó médico. "Da ótica do doente ver conceitos e valores mais sãos, e, inversamente, da plenitude e certeza da vida *rica* descer os olhos ao secreto lavor do instinto de *décadence*..."

Porém, qualquer que seja a ambivalência do sentido e dos valores, não podemos concluir que uma força reativa se torna ativa indo ao limite do que ela pode. Pois "ir ao limite", "ir às últimas consequências", tem dois sentidos, conforme se afirme ou se negue, conforme se afirme sua própria diferença ou se negue o que difere. Quando uma força reativa desenvolve suas últimas consequências, é em relação com a negação, com a vontade de nada que lhe serve de motor. O devir-ativo, ao contrário, supõe a afinidade da ação com a afirmação; para tornar-se ativa, não basta que uma força vá ao limite do que ela pode, é preciso que faça daquilo que ela pode um objeto de afirmação. O devir-ativo é afirmador e afirmativo, assim como o devir-reativo é negador e niilista.

14. Segundo aspecto do eterno retorno: como pensamento ético e seletivo

Um devir-ativo, não sendo nem sentido nem conhecido, só pode ser pensado como o produto de uma *seleção*. Dupla seleção simultânea: da atividade da força e da afirmação na vontade. Mas quem pode operar a seleção? Quem serve de princípio seletivo? Nietzsche responde: o eterno retorno. O eterno retorno, após ter sido objeto de nojo, supera o nojo e faz de Zaratustra um "convalescente", um "consolado".[90] Mas em que sentido o eterno retorno é seletivo? Primeiro porque, na qualidade de pensamento, dá uma regra prática à vontade.[91] O eterno retorno dá à vontade uma regra tão rigorosa quanto a regra kantiana. Havíamos observado que o eterno retorno como doutrina física era a nova formulação da síntese especulativa. Como pensamento ético, o eterno retorno é a nova formulação da síntese prática: *O que quer que queira, queira de tal maneira que queira também o seu eterno retorno.*

90. z, iii, "O convalescente".
91. vp, iv, 229, 231: "O grande *pensamento* seletivo".

"Se, em tudo o que quiser fazer, você começar por se perguntar: é certo que eu queira fazer isso um número infinito de vezes?; isto será para você o centro de gravidade mais firme."[92] Uma coisa no mundo enoja Nietzsche: as pequenas compensações, os pequenos prazeres, as pequenas alegrias, tudo aquilo que é concedido uma vez, uma só vez. Tudo o que só se pode voltar a fazer no dia seguinte com a condição de se ter dito na véspera: amanhã não o farei mais; todo o cerimonial do obsessivo. E nós também somos como as velhas senhoras que se permitem um excesso apenas uma vez, agimos como elas e pensamos como elas. "Ah, se afastásseis de vós todo *meio* querer e vos tornásseis decididos à indolência tanto quanto à ação! Ah, se compreendêsseis minhas palavras: 'Fazei então o que quiserdes – mas primeiramente sede *capazes de querer!*'"[93] Uma preguiça que desejasse seu eterno retorno, uma besteira, uma baixeza, uma covardia, uma maldade que desejasse seu eterno retorno, não seria mais a mesma preguiça, não seria mais a mesma besteira... Vejamos melhor como o eterno retorno opera aqui a seleção. É o *pensamento* do eterno retorno que seleciona. Faz do querer algo completo. O pensamento do eterno retorno elimina do querer tudo o que cai fora do eterno retorno, faz do querer uma criação, efetua a equação querer = criar.

É claro que tal seleção permanece inferior às ambições de Zaratustra. Ela se contenta em eliminar certos estados reativos, certos estados de forças reativas entre os menos desenvolvidos. Mas as forças reativas que vão ao limite do que podem à sua maneira, e que encontram na vontade niilista um motor poderoso, resistem à primeira seleção. Em vez de cair fora do eterno retorno, entram no eterno retorno e parecem retornar com ele. É preciso, por isso, esperar uma segunda seleção, muito diferente da primeira. Mas essa segunda seleção põe em causa as partes mais obscuras da filosofia de Nietzsche e forma um elemento quase iniciático na doutrina do eterno retorno. Devemos, portanto, apenas recensear os temas nietzscheanos, deixando para mais tarde uma explicação conceitual detalhada: 1) Por que se diz que

---

92. VP, IV, 242.

93. Z, III, "Da virtude que apequena". II, "Dos compassivos": "O pior, no entanto, são os pensamentos mesquinhos. Em verdade, é ainda melhor agir mal do que pensar mesquinhamente! Certamente direis: 'O prazer nas pequenas maldades nos poupa de alguns grandes malefícios'. Mas nisso não se deve querer poupar".

o eterno retorno é "a forma extrema do niilismo"?[94] E, se o eterno retorno é a forma extrema do niilismo, este, por seu lado, separado ou abstraído do eterno retorno, é sempre um "niilismo incompleto",[95] por mais longe que vá, por mais poderoso que seja. Só o eterno retorno faz da vontade niilista uma vontade completa e inteira. 2) É que a vontade de nada, tal como a estudamos até agora, sempre nos apareceu em sua aliança com as forças reativas. Era essa a sua essência: ela negava a força ativa, levava a força ativa a se negar, a se voltar contra si mesma. Mas, ao mesmo tempo, fundava assim a conservação, o triunfo e o contágio das forças reativas. A vontade de nada era o devir-reativo universal, o devir-reativo das forças. Eis, portanto, em que sentido o niilismo, por si mesmo, é sempre incompleto: até mesmo o ideal ascético é o contrário do que se acredita, "é um artifício para a *preservação* da vida"; o niilismo é o princípio de conservação de uma vida fraca, diminuída, reativa; a depreciação da vida, a negação da vida, formam o princípio à sombra do qual a vida reativa se conserva, sobrevive, triunfa e se torna contagiosa.[96] 3) O que ocorre quando a vontade de nada é referida ao eterno retorno? É somente aí que ela rompe sua aliança com as forças reativas. Somente o eterno retorno faz do niilismo um niilismo completo, *porque faz da negação uma negação das próprias forças reativas.* O niilismo, pelo e no eterno retorno, não se expressa mais como a conservação e a vitória dos fracos, mas como a destruição dos fracos, sua *autodestruição.* "Esse desaparecimento apresenta-se sob o aspecto de uma destruição, de uma seleção instintiva da força destrutiva… A vontade de destruir, expressão de um instinto ainda mais profundo, expressão da vontade de se destruir: a vontade do nada."[97] Por isso, desde o prólogo, Zaratustra canta "aquele que quer o seu próprio declínio": "pois ele quer perecer", "não mais viver", "assim passa de bom grado sobre a ponte".[98] O prólogo de Zaratustra contém como que o segredo prematuro do eterno retorno. 4) Não se confundirá o voltar-se contra si mesmo com a destruição de

94. VP, III, 8.
95. VP, III, 7.
96. GM, III, 13.
97. VP, III, 8.
98. Z, Prólogo, 4.

si, a autodestruição. No voltar-se contra si, processo da reação, a força ativa torna-se reativa. Na autodestruição, as próprias forças reativas são negadas e conduzidas ao nada. Por isso diz-se que a autodestruição é uma operação ativa, uma "*destruição ativa*".[99] É ela, e somente ela, que expressa o devir-ativo das forças: as forças tornam-se ativas na medida em que as forças reativas se negam, se suprimem em nome do princípio que ainda há pouco assegurava sua conservação e seu triunfo. A negação ativa, a destruição ativa, é o estado dos espíritos fortes que destroem o que neles há de reativo, submetendo isso à prova do eterno retorno e submetendo-se a si mesmos a esta prova, mesmo com o risco de quererem seu próprio declínio; "é o estado dos espíritos fortes e das vontades fortes, não lhes é possível fixar-se num juízo negativo, a *negação ativa* resulta de sua natureza profunda".[100] Esta é a única maneira pela qual as forças reativas *tornam-se ativas*. Na verdade, e além disso, a negação fazendo-se negação das próprias forças reativas não é apenas ativa, ela é como que *transmutada*. Ela expressa a afirmação, expressa o devir-ativo como potência de afirmar. Nietzsche fala então da "eterna alegria do devir – essa alegria que traz em si também a alegria de destruir"; "A afirmação do fluir e *do destruir*, o decisivo numa filosofia dionisíaca...".[101] 5) A segunda seleção no eterno retorno consiste então no seguinte: o eterno retorno produz o devir-ativo. Basta referir a vontade de nada ao eterno retorno para aperceber-se de que as forças reativas não retornam. Por mais longe que elas vão e por mais profundo que seja o devir-reativo das forças, as forças reativas não retornarão. O homem pequeno, mesquinho, reativo não voltará. Pelo e no eterno retorno, a negação como qualidade da vontade de potência transmuta-se em afirmação, torna-se uma afirmação da própria negação, uma potência de afirmar, uma potência afirmativa. É isto que Nietzsche apresenta como a cura de Zaratustra e também como o segredo de Dioniso: "O niilismo vencido por si mesmo", graças ao eterno retorno.[102] Ora, esta segunda seleção é muito diferente da primeira: não se trata mais de eliminar

99. VP, III, 8; EH, "Por que escrevo tão bons livros", I.
100. VP, III, 102.
101. EH, "O nascimento da tragédia", 3.
102. VP, III.

do querer, pelo simples pensamento do eterno retorno, o que cai fora desse pensamento; trata-se de fazer, pelo eterno retorno, entrar no ser o que nele não pode entrar sem mudar de natureza. Não se trata mais de um pensamento seletivo, mas sim do ser seletivo, pois o eterno retorno é o ser, e o ser é seleção. (Seleção = hierarquia.)

15. O problema do eterno retorno

Tudo isso deve ser considerado como um simples recenseamento de textos. Esses textos só serão elucidados em função dos seguintes pontos: a relação das duas qualidades da vontade de potência, a negação e a afirmação; a relação da própria vontade de potência com o eterno retorno; a possibilidade de uma transmutação como nova maneira de sentir, de pensar e, sobretudo, como nova maneira de ser (o além-do-homem). Na terminologia de Nietzsche, *inversão* dos valores significa o ativo no lugar do reativo (na verdade, é a inversão de uma inversão, visto que o reativo havia começado por tomar o lugar da ação); mas *transmutação* dos valores ou *transvaloração* significa a afirmação em lugar da negação, e, além disso, a negação transformada em potência de afirmação, suprema metamorfose dionisíaca. Todos esses pontos, ainda não analisados, formam o ápice da doutrina do eterno retorno.

Mal vislumbramos, ao longe, onde está esse ápice. O eterno retorno é o ser do devir. Mas o devir é duplo: devir-ativo e devir-reativo, devir-ativo das forças reativas e devir-reativo das forças ativas. Ora, só o devir-ativo tem um ser; seria contraditório que o ser do devir fosse afirmado de um devir-reativo, isto é, de um devir ele próprio niilista. O eterno retorno tornar-se-ia contraditório se fosse o retorno das forças reativas. O eterno retorno nos ensina que o devir-reativo não tem ser. E, até mesmo, que é ele que nos ensina a existência de um devir-ativo. Ele produz necessariamente o devir-ativo ao reproduzir o devir. Por isso a afirmação é dupla: não se pode afirmar plenamente o ser do devir sem afirmar a existência do devir-ativo. O eterno retorno tem, portanto, um duplo aspecto: é o ser universal do devir, mas o ser universal do devir se diz de um só devir. Somente o devir-ativo tem um ser, que é o ser do devir inteiro. Retornar é o todo, mas o todo se afirma de um só momento. À medida que o eterno retorno é afirmado como o ser universal do devir, à medida que, além disso, o devir-ativo é afirmado como o sintoma e o produto do eterno retorno universal, a afirmação muda de nuança e torna-se cada vez mais profunda. O eterno retorno como doutrina física afirma o ser do devir. Mas, enquanto ontologia seletiva, afirma o ser do devir como "afirmando-se" do devir-ativo. Vê-se que, no seio da conivência que une Zaratustra e seus animais, emerge um mal-entendido, como um problema que os animais não compreendem, não conhecem, mas que é o problema do nojo e da cura do próprio Zaratustra: "Ó bufões e realejos que sois!, respondeu Zaratustra novamente sorrindo... vós já fizestes disso um refrão?".[103] O refrão é o ciclo e o todo, o ser universal. Mas a fórmula completa da afirmação é: o todo, sim, o ser universal, sim, mas o ser universal se diz de um só devir, o todo se diz de um só momento.

---

103. z, iii, "O convalescente".

3. A CRÍTICA

1. Transformações das ciências do homem

O inventário das ciências parece triste a Nietzsche: em toda parte o predomínio de conceitos *passivos, reativos, negativos*. Em toda parte, o esforço para interpretar os fenômenos a partir das forças reativas. Já vimos isto na física e na biologia. Mas, à medida que mergulhamos nas ciências do homem, assistimos ao desenvolvimento da interpretação reativa e negativa dos fenômenos: "a utilidade", "a adaptação", "a regulação", até mesmo "o esquecimento" servem de conceitos explicativos.[1] Em toda parte, nas ciências do homem e até mesmo nas ciências da natureza, aparece a ignorância das origens e da genealogia das forças. Dir-se-ia que o cientista tomou por modelo o triunfo das forças reativas e a ele quer subjugar o pensamento. Invoca seu respeito pelo fato e seu amor pela verdade. Mas o fato é uma interpretação: que tipo de interpretação? A verdade expressa uma vontade: quem quer a verdade? E o que quer aquele que diz: Eu procuro a verdade? Nunca se viu, como hoje, a ciência levar tão longe, num certo sentido, a exploração da natureza e do homem, mas também nunca se viu a ciência levar tão longe a submissão ao ideal e à ordem estabelecidos. Os cientistas, mesmo democratas e socialistas, não estão desprovidos de piedade; só que inventaram uma teologia que não depende mais do coração.[2] "Considerem-se os períodos da história de um povo nos quais o cientista ganha evidência: são épocas de cansaço, muitas vezes de crepúsculo, decadência."[3]

O desconhecimento da ação, de tudo o que é ativo, irrompe nas ciências do homem. Por exemplo, julga-se a ação por sua *utilidade*. Não nos apressemos em dizer que o utilitarismo é hoje uma doutrina ultrapassada. Antes de mais nada, se for, é em parte graças a Nietzsche. Ademais, ocorre que uma doutrina só se deixe ultrapassar com a condição de estender seus princípios, de fazer deles postulados que se ocultam melhor nas doutrinas que a ultrapassam. Nietzsche pergunta: a que remete o conceito de utilidade? Isto é, *para quem* uma ação é útil ou nociva? *Quem*, por conseguinte, considera a ação do ponto de vista de

---

1. GM, I, 2.

2. GM, III, 23-25. Sobre a psicologia do cientista: BM, 206-7.

3. GM, III, 25.

sua utilidade ou de sua nocividade, do ponto de vista de seus motivos e de suas consequências? Não aquele que age; este não "considera" a ação. Mas um terceiro, paciente ou espectador. É ele que considera a ação que não realiza, precisamente porque não a realiza, como algo a ser avaliado do ponto de vista da vantagem que tira ou pode tirar dela: ele, que não age, estima possuir um direito natural sobre a ação, merecer extrair dela uma vantagem ou um lucro.[4] Pressentimos a fonte da "utilidade": é a fonte de todos os conceitos passivos em geral, o ressentimento, nada mais do que as exigências do ressentimento. A utilidade serve-nos aqui de exemplo. Mas o que parece de qualquer modo pertencer à ciência, e também à filosofia, é o gosto por substituir as relações reais de forças por uma relação abstrata que se supõe expressar todas elas como uma "medida". A este respeito, o espírito objetivo de Hegel não é melhor do que a utilidade, não menos "objetiva". Ora, qualquer que seja a relação abstrata, sempre se é levado a substituir as atividades reais (criar, falar, amar etc.) pelo ponto de vista de um terceiro sobre essas atividades: confunde-se a essência da atividade com o lucro de um terceiro e pretende-se que este deva lucrar com ela ou que tenha direito aos seus efeitos (Deus, o espírito objetivo, a humanidade, a cultura ou até mesmo o proletariado...).

Vejamos um outro exemplo, o da linguística. Existe o hábito de julgar a linguagem do ponto de vista de quem ouve. Nietzsche sonha com uma outra filologia, uma filologia ativa. O segredo da palavra não está do lado de quem ouve, assim como o segredo da vontade não está do lado de quem obedece, ou o segredo da força do lado de quem reage. A filologia ativa de Nietzsche só tem um princípio: uma palavra só quer dizer alguma coisa na medida em que aquele que a diz *quer* alguma coisa ao dizê-la. E uma só regra: tratar a fala como uma atividade real, colocar-se do ponto de vista de quem fala. "O direito senhorial de dar nomes vai tão longe, que nos permitiríamos conceber a própria origem da linguagem como expressão de poder dos senhores: eles dizem 'isto é isto', marcam cada coisa e acontecimento com um som, como que se apropriando assim das coisas."[5] A linguística ativa procura descobrir quem fala e quem nomeia. Quem se serve de tal palavra, a quem ele

4. GM, I, 2 e 10; BM, 260.
5. GM, I, 2.

a aplica inicialmente – a si mesmo, a alguém que ouve, a alguma outra coisa –, e com que intenção? O que ele quer ao dizer tal palavra? A transformação do sentido de uma palavra significa que um outro (uma outra força e uma outra vontade) dela se apodera, a aplica a outra coisa porque quer algo diferente. Toda a concepção nietzscheana da etimologia e da filologia, muitas vezes mal compreendida, depende deste princípio e desta regra. Nietzsche fará uma brilhante aplicação disso em *Genealogia da moral*, em que se interroga sobre a etimologia da palavra "bom", sobre o sentido dessa palavra, sobre a transformação deste sentido: como a palavra "bom" foi criada inicialmente pelos senhores, que a aplicavam a si mesmos, e posteriormente apreendida pelos escravos, que a tiravam da boca de seus senhores, a respeito de quem diziam, ao contrário: "são maus".[6]

O que seria uma ciência verdadeiramente ativa, permeada de conceitos ativos, como essa nova filologia? Só uma ciência ativa é capaz de descobrir as forças ativas, mas também de reconhecer as forças reativas como o que elas são, isto é, como forças. Só uma ciência ativa é capaz de interpretar as atividades reais, mas também as relações reais entre as forças. Ela se apresenta então em três formas. Uma *sintomatologia*, visto que interpreta os fenômenos tratando-os como sintomas cujo sentido é preciso procurar nas forças que os produzem. Uma *tipologia*, visto que interpreta as próprias forças do ponto de vista de sua qualidade, ativo ou reativo. Uma *genealogia*, visto que avalia a origem das forças do ponto de vista de sua nobreza ou de sua baixeza, visto que encontra a ascendência delas na vontade de potência e na qualidade dessa vontade. As diferentes ciências, mesmo as ciências da natureza, têm sua unidade nesta concepção. Além disso, a filosofia e a ciência têm sua unidade.[7] Quando a ciência deixa de utilizar conceitos passivos, ela deixa de ser um positivismo, mas a filosofia deixa de ser uma utopia, um devaneio sobre a atividade que compensa esse positivismo. A filosofia como tal é sintomatologista, tipologista, genealogista. Reconhece-se a trindade nietzscheana do "filósofo do futuro": *filósofo médico* (é o médico que interpreta os sintomas), *filósofo artista* (é o artista que modela os tipos), *filósofo legislador* (é o legislador que determina a posição, a genealogia).[8]

6. GM, I, 4, 5, 10, 11.
7. GM, I, Nota Final.
8. Cf. FT; VP, IV.

2. A fórmula da questão em Nietzsche

A metafísica formula a questão da essência da seguinte forma: O que é…? Talvez nos tenhamos habituado a considerar óbvia essa questão; de fato, nós a devemos a Sócrates e a Platão. É preciso voltar a Platão para ver a que ponto a questão "O que…?" supõe um modo particular de pensar. Platão pergunta: o que é o belo, o que é o justo etc.? Preocupa-se em opor qualquer outra forma de questão a essa forma. Opõe Sócrates ora a pessoas bem jovens, ora a velhos teimosos, ora aos famosos sofistas. Parece comum a todos responderem à pergunta citando *o que* é justo, *o que* é belo: uma jovem virgem, uma égua, uma panela… Sócrates triunfa: não se responde à pergunta "O que é o belo?" citando *o que* é belo. Daí a distinção, cara a Platão, entre as coisas belas, que são belas só por exemplo, acidentalmente e segundo o devir; e o Belo que é apenas belo, necessariamente belo, *o que é o belo* segundo o ser e a essência. Por isso, em Platão, a oposição entre a essência e a aparência, entre o ser e o devir, depende inicialmente de um modo de questionar, de uma forma de questão. Entretanto, cabe perguntar se o triunfo de Sócrates, uma vez mais, é merecido. Não parece que o método socrático seja frutífero; precisamente porque ele domina os diálogos ditos aporéticos nos quais reina o niilismo. Talvez seja uma besteira citar o que é belo quando se pergunta "o que é o belo?". Mas tampouco é certo que a própria pergunta "O que é o belo?" não seja uma besteira. Não é certo que ela seja legítima e bem colocada, mesmo (e sobretudo) em função de uma essência a ser descoberta. Às vezes, nos diálogos, brilha um lampejo logo apagado, que nos indica, por um instante, qual era a ideia dos sofistas. Misturar os sofistas com os velhos e os garotos é um procedimento de amálgama. O sofista Hípias não era uma criança que se contentava em responder "quem" quando se lhe perguntava "o que". Ele pensava que a questão "*Quem?*" era melhor enquanto questão, a mais apta a determinar a essência. Ela não remetia, como acreditava Sócrates, a exemplos isolados, mas à continuidade dos objetos concretos tomados em seu devir, no devir-belo de todos os objetos citáveis ou citados como exemplos. Perguntar quem é belo, quem é justo, e não o que é o belo, o que é o justo, era então o fruto de um método elaborado que implicava uma concepção da essência original e toda uma arte sofística que se opunha à dialética. Uma arte empirista e pluralista. "O quê então? gritei com curiosidade. – *Quem então?* deverias perguntar! Assim falou Dioniso, depois calou-se da maneira que lhe é peculiar, isto é, como sedutor."[9] A questão "Quem?", segundo Nietzsche, significa o seguinte: considerando-se uma determinada coisa, quais são as forças que dela se apoderam, qual é a vontade que a possui? Quem se expressa, se manifesta, e mesmo se oculta nela? Só somos conduzidos à essência pela questão "Quem?". Pois *a essência é somente o sentido e o valor da coisa*; a essência é determinada pelas forças em afinidade com a coisa e pela vontade em afinidade com essas forças. Além disso, quando colocamos a questão "O que...?", além de cairmos na pior metafísica, de fato apenas colocamos a questão "*Quem?*" de um modo inábil, cego, inconsciente e confuso. "A questão 'O que é?' é um modo de colocar um sentido, visto de um outro ponto de vista. A essência, o ser, é uma realidade perspectiva e supõe uma pluralidade. No fundo, permanece a questão 'O que é *para mim?*' (para nós, para tudo o que vive etc.)."[10] Quando perguntamos o que é o belo, perguntamos de que ponto de vista as coisas aparecem como belas; e o que assim não nos aparece como belo, de que outro ponto de vista se tornaria belo? E com respeito a determinada coisa, quais são as forças que a tornam ou a tornariam bela ao se apropriarem dela, quais são as outras forças que se submetem às primeiras ou, ao contrário, lhes resistem? A arte pluralista não nega a essência: ela a faz depender em cada caso de uma afinidade de fenômenos e de forças, de uma coordenação de força e de vontade. A essência de uma coisa é descoberta na força que a possui e que nela se expressa, desenvolvida nas forças em afinidade com ela, comprometida ou destruída pelas forças que nela se opõem e que podem prevalecer: a essência é sempre o sentido e o valor. E, assim, a questão "Quem?" ressoa para todas as coisas e sobre todas as coisas: que forças, que vontade? É a questão *trágica*. De forma mais profunda, ela tende inteiramente para Dioniso, pois Dioniso é o deus que se esconde e se manifesta, Dioniso é querer, Dioniso é quem... A questão "Quem?" encontra sua instância suprema em Dioniso ou na vontade de potência; Dioniso, a vontade

---

9. AS, projeto de prefácio, 10 (trad. de Albert, II, p. 226).
10. VP, I, 204.

de potência, é quem aparece todas as vezes em que a questão é colocada. Não se perguntará "quem quer?", "quem interpreta?", "quem avalia?", pois sempre e em toda parte a vontade de potência é *quem*.[11] Dioniso é o deus das metamorfoses, o uno do múltiplo, o uno que afirma o múltiplo e se afirma do múltiplo. "Quem então?": é sempre ele. Por isso Dioniso se cala como sedutor: o tempo de se ocultar, de tomar uma outra forma e mudar de forças. Na obra de Nietzsche, o admirável poema "O lamento de Ariadne" expressa uma relação fundamental entre um modo de questionar e o personagem divino presente sob todas as questões – entre a questão pluralista e a afirmação dionisíaca ou trágica.[12]

3. O método de Nietzsche

Desta forma de questão deriva um método. Sendo dados um conceito, um sentimento, uma crença, eles serão tratados como os sintomas de uma vontade que quer alguma coisa. O que quer *quem* diz isso, quem pensa ou experimenta aquilo? Trata-se de mostrar que ele não poderia dizê-lo, pensá-lo ou senti-lo se não tivesse tal vontade, tais forças, tal maneira de ser. O que quer quem fala, quem ama ou quem cria? E, inversamente, o que quer quem pretende o lucro de uma ação que não faz, quem apela para o "desinteresse"? E mesmo o homem ascético? E os utilitaristas com seu conceito de utilidade? E Schopenhauer, quando forma o estranho conceito de *negação da vontade*? Seria a verdade? Mas o que querem enfim os que buscam a verdade, aqueles que dizem: eu busco a verdade?[13] Querer não é um ato como os demais. Querer é a instância ao mesmo tempo genética e crítica de todas as nossas ações, sentimentos e pensamentos. O método consiste no seguinte: referir um conceito à vontade de potência para dele fazer o sintoma de uma vontade sem a qual ele não poderia nem mesmo ser pensado (nem o sentimento ser experimentado, nem a ação ser empreendida). Tal método corresponde à questão trágica.

11. VP, I, 204.
12. DD, "O lamento de Ariadne".
13. É o método constante de Nietzsche em todos os seus livros, que vemos presente de maneira especialmente sistemática em GM.

Ele próprio é o *método trágico*. Ou, mais precisamente, se tiramos do termo "drama" todo o *páthos* dialético e cristão que compromete seu sentido, é o método de *dramatização*. "O que queres?", pergunta Ariadne a Dioniso. O que quer uma vontade, eis o conteúdo latente da coisa correspondente.

Não nos devemos enganar com a expressão: *o que* a vontade quer. O que uma vontade quer não é um objeto, um objetivo, um fim. Os fins e os objetos, até mesmo os motivos, são ainda sintomas. O que uma vontade quer, segundo sua qualidade, é afirmar sua diferença ou negar o que difere. O que se quer são sempre qualidades: o pesado, o leve... O que uma vontade quer é sempre sua própria qualidade e a qualidade das forças correspondentes. Como diz Nietzsche, a respeito da alma nobre, afirmativa e leve: "alguma certeza fundamental que a alma nobre tem a respeito de si, algo que não se pode buscar, nem achar, e talvez tampouco perder".[14] Portanto, quando perguntamos "o que quer quem pensa isso?", não nos afastamos da questão fundamental "Quem?", apenas lhe damos uma regra e um desenvolvimento metódicos. Pedimos, com efeito, que se responda à pergunta não por meio de *exemplos*, mas pela determinação de um *tipo*. Ora, um tipo é constituído precisamente pela qualidade da vontade de potência, pela nuança dessa qualidade e pela relação de forças correspondentes; todo o resto é sintoma. O que uma vontade quer não é um objeto, mas um tipo, o tipo de quem fala, de quem pensa, de quem age, de quem não age, de quem reage etc. Só se define um tipo determinando o que quer a vontade nos exemplares desse tipo. O que quer aquele que procura a verdade? Essa é a única maneira de saber *quem* procura a verdade. O método de dramatização apresenta-se assim como o único adequado ao projeto de Nietzsche e à forma das questões que ele põe: método diferencial, tipológico e genealógico.

É verdade que esse método deve superar uma segunda objeção: seu caráter antropológico. Mas nos basta considerar qual é o *tipo* do próprio homem. Se é verdade que o triunfo das forças reativas é constitutivo do homem, todo o método de dramatização tende para a descoberta de outros tipos que expressam outras relações de forças, para a descoberta de uma outra qualidade da vontade de potência

14. BM, 287.

capaz de transmutar suas nuanças demasiado humanas. Nietzsche diz: o inumano e o além-do-homem. Uma coisa, um animal, um deus não são menos dramatizáveis do que um homem ou do que determinações humanas. Eles também são as metamorfoses de Dioniso, os sintomas de uma vontade que quer alguma coisa. Também expressam um tipo, um tipo de forças desconhecido do homem. Por todo lado, o método de dramatização ultrapassa o homem. Uma vontade da terra: o que seria uma vontade capaz de afirmar a terra? O que quer essa vontade na qual a própria terra permanece um contrassenso? Qual é a sua qualidade, que se torna também a qualidade da terra? Nietzsche responde: "A Leve".[15]

4. Contra seus predecessores

O que quer dizer "vontade de potência"? Acima de tudo, não que a vontade queira a potência, que ela deseje ou busque a potência como um fim, nem que a potência seja seu móvel. A expressão "desejar a potência" é tão absurda quanto a expressão "querer viver": "Não acertou na verdade aquele que lhe atirou a expressão 'vontade de existência': tal vontade – não existe! Pois o que não é não pode querer; mas o que se acha em existência, como poderia ainda querer a existência?"; "Ânsia de domínio: mas quem chamaria 'ânsia'…?".[16] Por isso, apesar das aparências, Nietzsche estima que a vontade de potência é um conceito inteiramente novo que ele próprio criou e introduziu na filosofia. Ele diz, com a modéstia necessária: "Compreendê-la [a psicologia] como morfologia e *teoria da evolução da vontade de potência*, tal como faço – isto é algo que ninguém tocou sequer em pensamento: na medida em que é permitido ver, no que foi até agora escrito, um sintoma do que foi até aqui silenciado".[17] Entretanto, não faltam autores que, antes de Nietzsche, falaram de uma vontade de potência ou de algo análogo; não faltam autores que, depois de Nietzsche,

---

15. z, Prólogo, 3: "O além-do-homem é o sentido da terra. Que nossa vontade diga: o além-do-homem *seja* o sentido da terra". iii, "Do espírito de gravidade": "Quem um dia ensinar os homens a voar, deslocará todos os marcos de limite; os marcos mesmos voarão pelos ares, e esse alguém batizará de novo a terra – de '*a Leve*'".

16. z, ii. "Da superação de si mesmo"; iii, "Dos três males".

17. BM, 23.

tornaram a falar disso. Mas estes não são os discípulos de Nietzsche, assim como aqueles não são seus mestres. Falaram disso sempre no sentido formalmente condenado por Nietzsche: como se a potência fosse o objetivo último da vontade e também seu motivo essencial. *Como se a potência fosse o que a vontade quisesse.* Ora, tal concepção implica pelo menos três contrassensos que comprometem a filosofia da vontade em seu conjunto:

1) Interpreta-se então a potência como o objeto de uma *representação*. Na expressão "a vontade quer a potência ou deseja a dominação", a relação da representação com a potência é de tal forma íntima que toda potência é representação, e toda representação é a da potência. O objetivo da vontade é também o objeto da representação, e vice-versa. Em Hobbes, o homem no estado de natureza quer ver sua superioridade representada e reconhecida pelos outros; em Hegel, a consciência quer ser reconhecida por um outro e representada como consciência de si; em Adler, trata-se da representação de uma superioridade que compensa, caso necessário, a existência de uma inferioridade orgânica. Em todos esses casos, a potência é sempre objeto de uma representação, de uma *recognição*, que supõe materialmente uma comparação das consciências. Portanto, é necessário que à vontade de potência corresponda um motivo que sirva também de motor à comparação: a vaidade, o orgulho, o amor-próprio, a ostentação, ou mesmo um sentimento de inferioridade. Nietzsche pergunta: *Quem* concebe a vontade de potência como uma vontade de ser reconhecido? Quem concebe a potência como o objeto de uma recognição? Quem quer essencialmente representar-se como superior e até mesmo representar sua inferioridade como uma superioridade? É o doente quem quer "representar a superioridade de uma forma qualquer".[18] "É o 'escravo'... que procurava *sedutoramente* obter boas opiniões sobre si; é também o escravo que em seguida se prosterna perante essas opiniões, como se jamais as tivesse provocado. – Seja dito mais uma vez: a vaidade é um atavismo."[19] O que nos é apresentado

---

18. GM, III, 14.

19. BM, 261. Sobre "o empenho por distinção", cf. A, 113: "O empenho por distinção tem o outro constantemente sob os olhos e quer saber como se sente: mas a empatia e a curiosidade que esse impulso necessita para a sua gratificação estão longe de serem inócuas, compassivas ou bondosas. Queremos, isto sim, perceber ou intuir como o outro nos *sofre*

como a própria potência é apenas a representação da potência que o escravo cria para si mesmo. O que nos é apresentado como o senhor é a ideia que dele tem o escravo, é a ideia que o escravo tem de si mesmo quando se imagina no lugar do senhor, é o escravo tal como é quando triunfa efetivamente: "esse necessitar do que é nobre é radicalmente distinto das necessidades da alma nobre mesma, e inclusive um sintoma eloquente e perigoso da sua ausência".[20] Por que os filósofos aceitaram essa falsa imagem do senhor que se assemelha apenas ao escravo triunfante? Tudo está pronto para um truque eminentemente dialético: tendo colocado o escravo no senhor, percebe-se que a verdade do senhor está no escravo. Certamente tudo se passou entre escravos, vencedores ou vencidos. A mania de representar, de ser representado, de se fazer representar, de ter representantes e representados, é a mania comum a todos os escravos, a única relação que concebem entre si, a relação que impõem com eles, seu triunfo. A noção de representação envenena a filosofia: ela é o produto direto do escravo e da relação entre escravos, constitui a pior interpretação da potência, a mais medíocre e a mais baixa.[21]

2) Em que consiste esse primeiro erro da filosofia da vontade? Quando fazemos da potência um objeto de representação, necessariamente fazemos com que ela dependa do fator segundo o qual uma coisa é representada ou não, reconhecida ou não. Ora, somente valores já em curso, somente valores admitidos dão critérios para a recognição. Compreendida como vontade de ser reconhecido, a vontade de potência é necessariamente vontade de que lhe sejam atribuídos valores em curso numa dada sociedade (dinheiro, honras, poder, reputação).[22] Ainda assim, quem conhece o poder como a aquisição

---

externamente ou internamente, como perde o controle sobre si mesmo e cede à impressão que lhe produz nossa mão ou simplesmente nosso olhar".

20. BM, 287.

21. VP, III, 254.

22. VP, IV, 522: "Até onde vai a impossibilidade de um demagogo de representar claramente o que é uma *natureza superior*. Como se o traço essencial e o valor verdadeiro dos homens superiores consistissem em sua aptidão a levantar as massas, em suma, no efeito que eles produzem. Mas a natureza superior do grande homem reside em ser diferente dos outros. Incomunicável, de uma outra posição". (Efeito que eles produzem = representação demagógica que se faz deles = valores estabelecidos que lhes são atribuídos).

de valores atribuíveis? "O homem comum era somente aquilo pelo qual era *tido* – jamais habituado a estabelecer valores por si mesmo, tampouco se atribuía outro valor que não o atribuído por seus senhores",[23] ou mesmo aquele pelo qual almejava ser reconhecido. Rousseau criticava Hobbes por ter feito do homem em estado de natureza um retrato que supunha a *sociedade*. Num sentido muito diferente, Nietzsche faz uma crítica análoga: toda a concepção da vontade de potência, de Hobbes a Hegel, pressupõe a existência de valores estabelecidos que as vontades apenas procuram fazer com que sejam atribuídos a elas. Eis o que parece sintomático nessa filosofia da vontade: o conformismo, o desconhecimento absoluto da vontade de potência como *criação* de valores novos.

3) Devemos ainda perguntar: como os valores estabelecidos são atribuídos? É sempre ao fim de um combate, de uma luta, qualquer que seja sua forma, secreta ou aberta, leal ou sorrateira. De Hobbes a Hegel, a vontade de potência está engajada num combate precisamente porque o combate determina aqueles que receberão o benefício dos valores em curso. É próprio dos valores estabelecidos serem postos em jogo numa luta, mas é próprio da luta referir-se sempre a valores estabelecidos: luta pela potência, luta pelo reconhecimento ou luta pela vida, o esquema é sempre o mesmo. Ora, nunca é demais insistir no seguinte ponto: *quão estranhas são a Nietzsche e à sua concepção da vontade de potência as noções de luta, de guerra, de rivalidade ou mesmo de comparação.* Não que ele negue a existência da luta, mas esta de modo algum lhe parece criadora de valores. Pelo menos, os únicos valores que ela cria são os do escravo que triunfa; a luta não é o princípio ou o motor da hierarquia, mas o meio pelo qual o escravo inverte a hierarquia. A luta nunca é a expressão ativa das forças, nem a manifestação de uma vontade de potência que afirma; assim como seu resultado não expressa o triunfo do senhor ou do forte. Ao contrário, a luta é o meio pelo qual os fracos prevalecem sobre os fortes porque são a maioria. É por isso que Nietzsche se opõe a Darwin: Darwin confundiu luta e seleção, não viu que a luta tinha o resultado contrário àquele em que acreditava, que ela selecionava, mas só selecionava os

---

23. BM, 261.

fracos e assegurava seu triunfo.[24] Demasiado polido para lutar, diz Nietzsche sobre si mesmo.[25] E, a respeito da vontade de potência, diz ainda: "Abstração feita da luta".[26]

5. Contra o pessimismo e contra Schopenhauer

Esses três contrassensos nada seriam se não introduzissem na filosofia da vontade um "tom", uma tonalidade afetiva extremamente lamentável. A essência da vontade é sempre descoberta com tristeza e desânimo. Todos os que descobrem a essência da vontade numa vontade de potência, ou em alguma coisa análoga, não param de gemer sobre a descoberta, como se devessem derivar daí a estranha resolução de evitá-la ou de conjurar seu efeito. Tudo se passa como se a essência da vontade nos colocasse numa situação que não pode ser vivida, insuportável e enganadora. E isso se explica facilmente: ao fazerem da vontade uma vontade de potência no sentido de "desejo de dominar", os filósofos se dão conta do infinito nesse desejo; ao fazerem da potência o objeto de uma representação, se dão conta do caráter irreal de tal representado; ao engajarem a vontade de potência num combate, se dão conta da contradição na própria vontade. Hobbes declara que a vontade de potência está como num sonho do qual só o temor da morte pode tirá-la. Hegel insiste sobre o irreal na situação do senhor, pois este depende do escravo para ser reconhecido. Todos colocam a contradição na vontade e também a vontade na contradição. A potência representada é apenas aparência; a essência da vontade não se coloca no que ela quer sem se perder na aparência. Assim os filósofos prometem à vontade uma *limitação*, limitação racional ou contratual que é a única que poderá torná-la passível de ser vivida e resolver a contradição.

Em todos esses pontos de vista, Schopenhauer não instaura uma nova filosofia da vontade; ao contrário, sua genialidade consiste em

24. VP, I, 395; Cr. Id.
25. EH, "Por que sou tão inteligente", 9: "Nenhum traço de *luta* pode ser apontado em minha vida, sou o oposto de uma natureza heroica. 'Querer' algo, 'empenhar-se' por algo, ter em vista um 'fim', um 'desejo' – nada disso conheço por experiência própria".
26. VP, II, 72.

extrair as consequências extremas da antiga, em levá-la a suas últimas consequências. Schopenhauer não se contenta com uma essência da vontade, faz da vontade a essência das coisas, "o mundo visto de dentro". A vontade tornou-se a essência em geral e em si. A partir de então, o que ela quer (sua objetivação) tornou-se a representação, a aparência em geral. Sua contradição torna-se a contradição original: como essência, ela quer a aparência na qual se reflete. "A sorte que espera a vontade no mundo em que ela se reflete" é precisamente o sofrimento dessa contradição. Esta é a fórmula do querer-viver: o mundo como vontade *e* como representação. Reconhecemos aqui o desenvolvimento de uma mistificação que começou com Kant. Ao fazer da vontade a essência das coisas ou o mundo visto de dentro, recusa-se, em princípio, a distinção de dois mundos: o mesmo mundo é sensível e suprassensível. Mas, embora negando essa distinção dos mundos, o que se faz é apenas substituí-la pela distinção entre o interior e o exterior que se ligam como a essência e a aparência, isto é, como os dois mundos se ligavam. Ao fazer da vontade a essência do mundo, Schopenhauer continua a compreender o mundo como uma ilusão, uma aparência, uma representação.[27] Uma limitação da vontade não bastará, portanto, para Schopenhauer. É necessário que a vontade seja negada, que ela própria se negue. A escolha schopenhaueriana: "Somos seres estúpidos ou, na melhor hipótese, seres que suprimem a si mesmos".[28] Schopenhauer nos ensina que uma limitação racional ou contratual da vontade não é o suficiente, que é preciso chegar à supressão mística. E o que se conservou de Schopenhauer, o que Wagner, por exemplo, conserva, não é a sua crítica da metafísica, "seu sentido cruel da realidade", seu anticristianismo, suas análises profundas da mediocridade humana, a maneira pela qual mostrava que os fenômenos são os sintomas de uma vontade, mas sim, ao contrário, a maneira pela qual tornou a vontade cada vez menos suportável, cada vez menos passível de ser vivida, ao mesmo tempo que a batizava de querer-viver...[29]

27. BM, 36; VP, I, 216; III, 325.
28. VP, III, 40.
29. GC, 99.

3. A crítica

6. Princípios para a filosofia da vontade

A filosofia da vontade, segundo Nietzsche, deve substituir a antiga metafísica: ela a destrói e a ultrapassa. Nietzsche acredita ter feito a primeira filosofia da vontade; todas as outras eram os últimos avatares da metafísica. Tal como a concebe, a filosofia da vontade tem dois princípios que formam a alegre mensagem: querer = criar, vontade = alegria. "Meu querer sempre vem como meu libertador e portador de alegria. Querer liberta: eis a verdadeira doutrina da vontade e da liberdade – assim Zaratustra a ensina a vós"; "Vontade – eis o nome do libertador e mensageiro da alegria: assim vos ensinei eu, meus amigos! E agora aprendei também isto: a própria vontade é ainda prisioneira. Querer liberta";[30] "A menos que a vontade finalmente redimisse a si própria e o querer se tornasse não querer –: mas vós conheceis, irmãos, essa cantiga fabulosa do delírio! Eu vos levei para bem longe dessas cantigas fabulosas, quando vos ensinei que 'a vontade é criadora'"; "o autêntico *direito senhorial* é criar valores".[31] Por que Nietzsche apresenta esses dois princípios, criação e alegria, como o essencial no ensino de Zaratustra, como os dois lados de um martelo que deve cravar e arrancar? Esses princípios podem parecer vagos ou indeterminados, eles adquirem uma significação extremamente precisa se compreendemos seu aspecto crítico, isto é, a maneira pela qual se opõem às concepções anteriores sobre a vontade. Nietzsche afirma: concebeu-se a vontade de potência como se a vontade quisesse a potência, como se a potência fosse o que a vontade quisesse; a partir de então, fez-se da potência algo representado; a partir de então, fez-se da potência uma ideia de escravo e de impotente; a partir de então, julgou-se a potência de acordo com a atribuição de valores estabelecidos já prontos; a partir de então, não se concebeu a vontade de potência independentemente de um combate no qual o que era posto em jogo eram os valores estabelecidos; a partir de então, identificou-se a vontade de potência com a contradição e com a dor da contradição. Contra esse *aprisionamento* da vontade, Nietzsche anuncia que querer *libera*; contra a *dor* da vontade, Nietzsche anuncia que a vontade

---

30. z, ii, "Nas ilhas bem-aventuradas"; ii, "Da redenção".
31. z, ii, "Da redenção"; bm, 261.

é *alegre*. Contra a imagem de uma vontade que sonha com que se atribuam a ela valores estabelecidos, Nietzsche anuncia que querer é *criar* os valores novos.

Vontade de potência não quer dizer que a vontade queira a potência. Vontade de potência não implica nenhum antropomorfismo nem em sua origem, nem em sua significação, nem em sua essência. Vontade de potência deve interpretar-se de modo totalmente diverso: a potência é *quem* quer na vontade. A potência é o elemento genético e diferencial na vontade. Por isso a vontade de potência é essencialmente criadora. Por isso também, a potência nunca tem como medida a representação: ela nunca é representada, não é sequer interpretada ou avaliada, ela é "quem" interpreta, "quem" avalia, "quem" quer. Mas o que ela quer? Ela quer precisamente o que deriva do elemento genético. O elemento genético (potência) determina a relação da força com a força e qualifica as forças em relação. Elemento plástico, ela se determina ao mesmo tempo que determina e se qualifica ao mesmo tempo que qualifica. O que a vontade de potência quer é tal relação de forças, tal qualidade de forças. E também tal qualidade de potência: afirmar, negar. Esse complexo, variável em cada caso, forma um tipo ao qual correspondem fenômenos dados. Todo fenômeno expressa relações de forças, qualidades de força e de potência, nuanças dessas qualidades, em suma, um tipo de forças e de querer. Devemos dizer, de acordo com a terminologia de Nietzsche: todo fenômeno remete a um tipo que constitui seu sentido e seu valor, mas também à vontade de potência como ao elemento do qual derivam a significação de seu sentido e o valor de seu valor. É assim que a vontade de potência é essencialmente criadora e doadora: ela não aspira, não busca, não deseja, sobretudo não deseja a potência. Ela *dá*: a potência é, na vontade, algo inominável (móvel, variável, plástico); a potência é, na vontade, como a "virtude dadivosa"; a vontade, pela potência, é ela própria doadora de sentido e de valor.[32] A questão de saber se a vontade de potência, afinal de contas, é uma ou múltipla não deve ser colocada; ela daria testemunho de um contrassenso geral sobre a filosofia de

---

32. z, iii, "Dos três males": "Ânsia de domínio: mas quem chamaria 'ânsia'...? Oh, quem encontraria o nome certo de virtude para batizar essa ânsia? 'Virtude dadivosa' – assim denominou Zaratustra um dia o inominável".

Nietzsche. A vontade de potência é plástica, inseparável de cada caso no qual se determina; assim como o eterno retorno é o ser, mas o ser que se afirma do devir, a vontade de potência é o uno, mas o uno que se afirma do múltiplo. Sua unidade é a do múltiplo e só se diz do múltiplo. O monismo da vontade de potência é inseparável de uma tipologia pluralista.

O elemento criador do sentido e dos valores define-se necessariamente também como o elemento *crítico*. Um tipo de forças não significa somente uma qualidade de forças, mas também uma relação entre forças qualificadas. O tipo ativo não designa somente forças ativas, mas um conjunto hierarquizado no qual as forças ativas preponderam sobre as forças reativas e no qual as forças reativas são agidas; inversamente, o tipo reativo designa um conjunto no qual as forças reativas triunfam e separam as forças ativas do que elas podem. É nesse sentido que o tipo implica a qualidade de potência pela qual certas forças preponderam sobre outras. *Alto* e *nobre* designam para Nietzsche a superioridade das forças ativas, sua afinidade com a afirmação, sua tendência para subir, sua leveza. *Baixo* e *vil* designam o triunfo das forças reativas, sua afinidade com o negativo, seu peso. Ora, muitos fenômenos só podem ser interpretados como expressando esse triunfo pesado das forças reativas. Não seria o caso do fenômeno humano em seu conjunto? Há coisas que só podem existir pelas forças reativas e por sua vitória. Há coisas que só podem ser ditas, sentidas, pensadas, valores nos quais só se pode crer quando se é animado pelas forças reativas. Nietzsche precisa: quando se tem a alma pesada e baixa. Para além do erro, para além da própria besteira, uma certa baixeza da alma.[33] É nisto que a tipologia das forças e a doutrina da vontade de potência, por sua vez, não são separáveis de uma crítica apta a determinar a genealogia dos valores, sua nobreza ou baixeza. É verdade que se perguntará em que sentido e por que o nobre "vale mais" do que o vil, ou o alto, mais do que o baixo. Com que direito? Nada permite responder essa questão enquanto consideramos a vontade de potência nela mesma, ou abstratamente, como dotada apenas de duas qualidades contrárias, afirmação e negação. Por que a afirmação

---

33. Cf. As apreciações de Nietzsche sobre Flaubert: ele descobriu a besteira, mas não a baixeza da alma que esta supõe (BM, 218).

valeria mais do que a negação?[34] Veremos que a solução só pode ser dada pela prova do eterno retorno: "vale mais" e vale absolutamente o que retorna, o que suporta retornar, o que quer retornar. Ora, a prova do eterno retorno não deixa subsistirem as forças reativas nem a potência de negar. O eterno retorno transmuta o negativo: faz do pesado algo leve, faz passar o negativo para o lado da afirmação, faz da negação uma potência de afirmar. Mas, precisamente, a crítica é a negação sob essa forma nova: destruição tornada ativa, agressividade profundamente ligada à afirmação. A crítica é a destruição como alegria, a agressividade do criador. O criador dos valores não é separável de um destruidor, de um criminoso e de um crítico: crítico dos valores estabelecidos, crítico dos valores reativos, crítico da baixeza.[35]

7. Plano de *Genealogia da moral*

Genealogia da moral é o livro mais sistemático de Nietzsche. Seu interesse é duplo. Por um lado, não se apresenta nem como um conjunto de aforismos, nem como um poema, mas como uma chave para a interpretação dos aforismos e para a avaliação do poema.[36] Por outro lado, analisa detalhadamente o tipo reativo, a maneira pela qual as forças reativas triunfam e o princípio sob o qual triunfam. A primeira dissertação trata do ressentimento, a segunda, da má consciência, a terceira, do ideal ascético: ressentimento, má consciência, ideal ascético são as figuras do triunfo das forças reativas e também as formas do niilismo. Esse duplo aspecto de *Genealogia da moral*, chave para a interpretação em geral e análise do tipo reativo em particular, não se deve ao acaso. Com efeito, o que é que põe obstáculos à arte da interpretação e da avaliação, o que é que desnatura a genealogia e inverte a hierarquia, senão a pressão das próprias forças reativas? Os dois aspectos de *Genealogia da moral* formam, então, a

---

34. Não pode haver valores preestabelecidos que decidam quanto ao que *vale mais* – cf. vp, ii, 530: "Distingo um tipo de vida ascendente e um tipo de decadência, de decomposição, de fraqueza. Acreditar-se-ia que a questão da primazia entre esses dois tipos ainda está na balança".

35. z, Prólogo, 9: "Quebrador, infrator: – mas é esse o que cria"; i, 15: "Quem tem de ser um criador sempre destrói".

36. gm, Prefácio, 8.

crítica. Mas ainda é preciso analisar o que é a crítica e em que sentido a filosofia é uma crítica.

Sabemos que as forças reativas triunfam apoiando-se numa ficção. Sua vitória repousa sempre no negativo como em algo imaginário: elas separam a força ativa do que esta pode. A força ativa torna-se então realmente reativa, mas sob o efeito de uma mistificação. 1) Desde a primeira dissertação, Nietzsche apresenta o ressentimento como a *"mais espiritual vingança"*, "uma vingança imaginária".[37] Além disso, a constituição do ressentimento implica um *paralogismo* que Nietzsche analisa detalhadamente: paralogismo da força separada do que ela pode.[38] 2) A segunda dissertação sublinha, por sua vez, que a má consciência não é separável "de acontecimentos ideais e imaginosos".[39] A má consciência é, por natureza, *antinômica*, expressando uma força que se volta contra si mesma.[40] Nesse sentido, ela está na origem do que Nietzsche chamará "o mundo invertido".[41] Observar-se-á, em geral, o quanto Nietzsche gosta de sublinhar a insuficiência da concepção kantiana das antinomias. Kant não compreendeu nem sua fonte, nem sua verdadeira extensão[42]. 3) O ideal ascético remete finalmente à mais profunda mistificação, a do *Ideal*, que compreende todas as outras, todas as ficções da moral e do conhecimento. *Elegantia syllogismi*, diz Nietzsche.[43] Trata-se, desta vez, de uma vontade que quer o nada, "mas é e continua sendo uma *vontade*".[44]

Procuramos apenas destacar a estrutura formal de *Genealogia da moral*. Se renunciamos à ideia de que a organização das três dissertações é fortuita, precisamos concluir que Nietzsche, em *Genealogia da moral*, quis refazer a *Crítica da razão pura*. Paralogismo da alma, antinomia do mundo, mistificação do ideal: Nietzsche acredita que

---

37. GM, I, 7 e 10.

38. GM, I, 13.

39. GM, II, 18.

40. GM, II, 18: "noções contraditórias como *ausência de si, abnegação, sacrifício...* este prazer vem da crueldade".

41. GM, III, 14.

42. A fonte da antinomia é a má consciência (GM, II). A antinomia expressa-se como oposição entre moral e vida (VP, I, 304; FT, II; GM, III).

43. GM, III, 25.

44. GM, III, 28.

a ideia crítica e a filosofia são a mesma coisa, mas Kant, justamente, deixou escapar essa ideia, a comprometeu e estragou, não apenas na sua aplicação, mas em seu próprio princípio. Chestov se comprazia em encontrar em Dostoiévski, nas *Memórias do subsolo*, a verdadeira *Crítica da razão pura*. A ideia de que Kant não tenha realizado a crítica é, inicialmente, uma ideia nietzscheana. Mas Nietzsche não confia em ninguém além dele próprio para conceber e realizar a verdadeira crítica. E esse projeto é de grande importância para a história da filosofia, pois não se volta apenas contra o kantismo, com o qual rivaliza, mas contra a descendência kantiana, à qual se opõe com violência. O que a crítica se tornou depois de Kant, de Hegel a Feuerbach, passando pela famosa "crítica crítica"? Uma arte por meio da qual o espírito, a consciência de si, o próprio crítico se apropriavam das coisas e das ideias; ou, ainda, uma arte segundo a qual o homem se reapropriava das determinações de que, dizia-se, havia sido privado: em resumo, a dialética. Mas essa dialética, essa nova crítica, evita cuidadosamente colocar a questão prévia: *Quem* deve conduzir a crítica, quem está apto a conduzi-la? Falam-nos da razão, do espírito, da consciência de si, do homem, mas *de quem* se trata em todos esses conceitos? Não nos dizem quem é o homem, quem é o espírito. O espírito parece esconder forças prestes a se reconciliarem com qualquer poder, Igreja ou Estado. Quando o homem pequeno se reapropria das coisas pequenas, quando o homem reativo se reapropria das determinações reativas, acredita-se que a crítica tenha feito grandes progressos, que ela tenha, por isso mesmo, provado sua atividade? Se o homem é o ser reativo, com que direito ele conduziria a crítica? Ao recuperarmos a religião, deixamos de ser homens religiosos? Ao fazermos da teologia uma antropologia, ao colocarmos o homem no lugar de Deus, suprimimos o essencial, isto é, o lugar? Todas essas ambiguidades têm seu ponto de partida na crítica kantiana;[45] a crítica, em Kant, não soube descobrir a instância realmente ativa, capaz de conduzi-la. Esgota-se em compromissos: nunca nos faz superar as forças reativas que se expressam

---

45. AC, 10: "Entre os alemães compreende-se de imediato, quando digo que a filosofia está corrompida pelo sangue dos teólogos. O pastor protestante é o avô da filosofia alemã, o protestantismo mesmo é o seu *peccatum originale*... O sucesso de Kant é apenas um sucesso de teólogo".

no homem, na consciência de si, na razão, na moral, na religião. Tem mesmo o resultado inverso: faz dessas forças algo ainda um pouco mais "nosso". Finalmente, com Nietzsche em relação a Kant se dá o mesmo que com Marx em relação a Hegel: trata-se, para Nietzsche, de recolocar a crítica de pé, como, para Marx, a dialética. Mas essa analogia, longe de aproximar Marx e Nietzsche, os separa ainda mais profundamente. Isto porque a dialética nasceu da crítica kantiana tal qual era. Nunca teria havido a necessidade de recolocar a dialética de pé, nem de modo algum de "fazer dialética", se a própria crítica não estivesse inicialmente de cabeça para baixo.

8. Nietzsche e Kant do ponto de vista dos princípios

Kant foi o primeiro filósofo a compreender a crítica como devendo ser total e positiva enquanto crítica: total porque "nada deve escapar a ela"; positiva, afirmativa, porque não restringe a potência de conhecer sem liberar outras potências até então negligenciadas. Mas quais são os resultados de um projeto tão grande? Será que o leitor acredita seriamente que, na *Crítica da razão pura*, "a *vitória* de Kant sobre a dogmática dos conceitos teológicos ('Deus', 'alma', 'liberdade', 'imortalidade') tenha causado prejuízo a esse ideal", e será que se pode mesmo acreditar que Kant tenha tido a intenção de atacá-lo?[46] Quanto à *Crítica da razão prática*, Kant não confessa, desde as primeiras páginas, que ela não é absolutamente uma crítica? Parece que Kant confundiu a positividade da crítica com um humilde reconhecimento dos direitos do criticado. Nunca se viu crítica total mais conciliatória, nem crítico mais respeitoso. Ora, essa oposição entre o projeto e os resultados (e, mais do que isso, entre o projeto geral e as intenções particulares) explica-se facilmente. Kant nada mais fez do que levar até o limite uma concepção muito velha da crítica. Concebeu a crítica como uma força que devia incidir sobre todas as pretensões ao conhecimento e à verdade, mas não sobre o próprio conhecimento, não sobre a própria verdade; como uma força que devia incidir sobre todas as pretensões à moralidade, mas não sobre a própria moral. Por conseguinte, a crítica total se transforma em política de compromisso:

46. GM, III, 25.

antes de partir para a guerra, já se repartem as esferas de influência. Distinguem-se três ideais: o que posso saber; o que devo fazer; o que tenho a esperar? Os limites de cada um são estabelecidos, os maus usos e sobreposições são denunciados, mas o caráter incriticável de cada ideal permanece no âmago do kantismo como o verme na fruta: o verdadeiro conhecimento, a verdadeira moral, a verdadeira religião. O que Kant, em sua linguagem, ainda chama de um fato: o fato da moral, o fato do conhecimento... O gosto kantiano por delimitar os domínios aparece enfim livremente, funcionando por si mesmo, na *Crítica do juízo*; aprendemos aí o que sabíamos desde o início: a crítica de Kant não tem outro objeto a não ser justificar, ela começa por acreditar no que critica.

Será esta a grande política anunciada? Nietzsche constata que ainda não houve "grande política". A crítica nada é e nada diz enquanto se contenta em dizer: a verdadeira moral zomba da moral. A crítica nada faz enquanto não incidir sobre a própria verdade: sobre o verdadeiro conhecimento, sobre a verdadeira moral, sobre a verdadeira religião.[47] Cada vez que Nietzsche denuncia a virtude, não são as falsas virtudes que denuncia, nem os que se servem da virtude como de uma máscara. É a própria virtude, nela mesma, isto é, a pequenez da verdadeira virtude, a inacreditável mediocridade da verdadeira moral, a baixeza de seus valores autênticos. "Zaratustra não deixa nisso dúvidas: diz haver sido precisamente o conhecimento dos bons, dos 'melhores', que lhe inspirou o horror ao homem; *desta* repulsa lhe teriam crescido asas."[48] Enquanto criticarmos a falsa moral ou a falsa religião, seremos pobres críticos, oposição à sua majestade, tristes apologistas. É uma crítica de juiz de paz. Criticamos os pretendentes, condenamos as sobreposições de domínios, mas os próprios domínios nos parecem sagrados. O mesmo se dá com o conhecimento: uma crítica digna desse nome não deve incidir sobre o pseudoconhecimento do incognoscível, mas, antes de mais nada,

---

47. GC, 345: "O erro dos mais sutis dentre eles consiste em desnudar e criticar as opiniões talvez insensatas de um povo sobre a moral, ou dos homens sobre toda a moral humana, ou seja, sobre a sua origem, sanção religiosa, a superstição do livre-arbítrio e coisas assim, e com isso supor haver criticado essa moral mesma".

48. EH, "Por que sou um destino", 5.

sobre o verdadeiro conhecimento do que pode ser conhecido.[49] Por isso Nietzsche, nesse domínio tanto quanto nos outros, pensa ter encontrado o único princípio possível de uma crítica total no que chama de seu "perspectivismo". Não há fato nem fenômeno moral, mas sim uma interpretação moral dos fenômenos.[50] Não há ilusões do conhecimento, mas o próprio conhecimento é uma ilusão: o conhecimento é um erro, pior ainda, uma falsificação.[51] (Nietzsche deve essa última proposição a Schopenhauer. Era assim que Schopenhauer interpretava o kantismo, o transformando radicalmente, num sentido oposto àquele dos dialéticos. Schopenhauer soube, portanto, preparar o princípio da crítica, mas tropeçou na moral, seu ponto fraco.)

9. Realização da crítica

A genialidade de Kant, na *Crítica da razão pura*, foi a de conceber uma crítica imanente. A crítica não devia ser uma crítica da razão pelo sentimento, pela experiência, por qualquer instância exterior. E tampouco o criticado era exterior à razão: não se devia procurar na razão erros vindos de fora, corpo, sentidos, paixões, e sim ilusões provenientes da razão como tal. Ora, limitado por essas duas exigências, Kant concluiu que a crítica devia ser uma crítica da razão pela própria razão. Não é essa a contradição kantiana: fazer da razão ao mesmo tempo o tribunal e o acusado, constituí-la como juiz e parte, julgadora e julgada?[52] Faltava a Kant um método que permitisse julgar a razão de dentro, sem lhe confiar, entretanto, o cuidado de ser juiz de si mesma. E, de fato, Kant não realiza seu projeto de crítica imanente. A filosofia transcendental descobre condições que permanecem ainda exteriores ao condicionado. Os princípios transcendentais são princípios de condicionamento, e não de gênese interna. Nós pedimos uma gênese da própria razão e também uma gênese do entendimento e de suas categorias: quais são as forças da razão e do entendimento? Qual é a vontade que se esconde e que se expressa na razão? Quem se

49. VP, I, 189.
50. VP, II, 550.
51. VP, I e II (cf. o conhecimento definido como "erro que se torna orgânico e organizado").
52. VP, I, 185.

esconde atrás da razão, dentro da própria razão? Com a vontade de potência e o método que dela decorre, Nietzsche dispõe do princípio de uma gênese interna. Quando comparávamos a vontade de potência a um princípio transcendental, quando comparávamos o niilismo na vontade de potência com uma estrutura *a priori*, desejávamos antes de tudo marcar sua diferença em relação às determinações psicológicas. É verdade, no entanto, que os princípios em Nietzsche nunca são princípios transcendentais; estes últimos são precisamente substituídos pela genealogia. Só a vontade de potência como princípio genético e genealógico, como princípio legislador, é capaz de realizar a crítica interna. Só ela torna possível uma transmutação.

O *filósofo-legislador*, em Nietzsche, aparece como o filósofo do futuro; legislação significa criação de valores. "Mas os autênticos filósofos são comandantes e legisladores."[53] Essa inspiração nietzscheana anima textos admiráveis de Chestov: "Todas as verdades para nós decorrem do *parere* [obedecer], mesmo as verdades metafísicas. E, no entanto, a única fonte das verdades metafísicas é o *jubere* [ordenar], e, enquanto os homens não participarem do *jubere*, lhes parecerá que a metafísica é impossível". "Os gregos sentiam que a submissão, a aceitação obediente de tudo o que se apresenta escondem do homem o ser verdadeiro. Para atingir a verdadeira realidade, é preciso considerar-se como o senhor do mundo, é preciso aprender a comandar e a criar... Lá onde falta a razão suficiente e onde, segundo nós, cessa toda possibilidade de pensar, eles viam o começo da verdadeira metafísica."[54] Não se quer dizer com isso que o filósofo deva acrescentar às suas atividades a do legislador por estar melhor posicionado para isso, como se sua própria submissão à sabedoria o habilitasse a descobrir as melhores leis possíveis às quais os homens, por sua vez, deveriam ser submetidos. O que se quer dizer é algo bem diverso: que o filósofo, enquanto filósofo, *não é* um sábio, que o filósofo, enquanto filósofo, para de obedecer, substitui a velha sabedoria pelo comando, destrói os antigos valores e cria os valores novos, que toda sua ciência é legisladora nesse sentido. "Seu 'conhecer' é criar, seu criar é legislar, sua vontade

---

53. BM, 211. VP, IV, 104.
54. Chestov, *La seconde dimension de la pensée*, NRF., set. 1932.

de verdade é – vontade de potência."[55] Ora, se é verdade que essa ideia do filósofo tem raízes pré-socráticas, parece que seu reaparecimento no mundo moderno é kantiano e crítico. *Jubere* em lugar de *parere*: não é essa a essência da revolução copernicana e a maneira pela qual a crítica se opõe à velha sabedoria, à submissão dogmática ou teológica? A ideia da *filosofia legisladora enquanto filosofia* é a ideia que vem completar a da crítica interna enquanto crítica: as duas juntas formam a principal contribuição do kantismo, sua contribuição liberadora.

Ainda assim, é preciso perguntar de que modo Kant compreende sua ideia de filosofia-legislação. Por que Nietzsche, no exato momento em que parece retomar e desenvolver a ideia kantiana, situa Kant entre os "operários da filosofia", aqueles que se contentam em inventariar os valores em curso, o contrário dos filósofos do futuro?[56] Com efeito, para Kant, quem legisla (num domínio) é sempre uma das nossas faculdades: o entendimento, a razão. Nós mesmos somos legisladores desde que observemos o bom uso dessa faculdade e fixemos para nossas outras faculdades uma tarefa conforme a esse bom uso. Somos legisladores desde que obedeçamos a uma de nossas faculdades como a nós mesmos. Mas a quem obedecemos sob tal faculdade, a que forças em tal faculdade? O entendimento, a razão, têm uma longa história, formam as instâncias que ainda nos fazem obedecer quando não queremos mais obedecer a ninguém. Quando paramos de obedecer a Deus, ao Estado, a nossos pais, sobrevém a razão que nos persuade a sermos ainda dóceis, porque nos diz: és tu que comandas. A razão representa nossas escravidões e nossas submissões como outras tantas superioridades que fazem de nós seres racionais. Com o nome de razão prática, "Kant inventou uma razão expressamente para os casos em que não há necessidade de se preocupar com a razão, isto é, quando é a necessidade do coração, a moral, o dever que falam."[57] E, finalmente, o que se oculta na famosa unidade kantiana do legislador e do súdito? Nada além de uma teologia renovada, a teologia ao gosto protestante: somos encarregados da dupla tarefa do sacerdote e do fiel, do legislador e do súdito. O sonho de Kant não é suprimir

55. BM, 211.
56. BM, 211.
57. VP, I, 78. Texto análogo, AC, 12.

a distinção entre os dois mundos, sensível e suprassensível, mas assegurar *a unidade do pessoal* nos dois mundos. A mesma pessoa como legislador e súdito, como sujeito e objeto, como númeno e fenômeno, como sacerdote e fiel. Essa economia é um sucesso teológico: "O sucesso de Kant é apenas um sucesso de teólogo".[58] Acredita-se que, ao se instalar em nós o sacerdote e o legislador, deixemos por isso de ser fiéis e súditos? Esse legislador e esse sacerdote exercem o ministério, a legislação, a representação dos valores estabelecidos; nada mais fazem do que interiorizar os valores em curso. O bom uso das faculdades em Kant coincide estranhamente com esses valores estabelecidos: o verdadeiro conhecimento, a verdadeira moral, a verdadeira religião...

10. Nietzsche e Kant do ponto de vista das consequências

Se resumimos a oposição entre as concepções nietzscheana e kantiana da crítica, vemos que ela incide sobre cinco pontos: 1) Não se trata de princípios transcendentais, que são simples condições para pretensos fatos, mas de princípios genéticos e plásticos, que dão conta do sentido e do valor das crenças, interpretações e avaliações. 2) Não se trata de um pensamento que se acredita legislador porque só obedece à razão, mas de um pensamento que pensa *contra* a razão: "em tudo, *uma* coisa é impossível – racionalidade!".[59] Há muitos enganos sobre o irracionalismo enquanto se acredita que essa doutrina opõe à razão algo diferente do pensamento: os direitos do dado, os direitos do coração, do sentimento, do capricho ou da paixão. No irracionalismo, não se trata de outra coisa a não ser do pensamento, a não ser do pensar. O que é oposto à razão é o próprio pensamento; o que é oposto ao ser racional é o próprio pensador.[60] Visto que a razão, por sua própria conta, recolhe e expressa os direitos daquilo que submete o pensamento, este reconquista seus direitos e faz-se legislador contra

---

58. AC, 10.

59. Z, III, "Antes do nascer do sol".

60. Cf. Co. In., I, "David Strauss", 1; II, "Schopenhauer educador", 1: a oposição entre o pensador privado e o pensador público (o pensador público é um "filisteu cultivado", representante da razão). Tema análogo em Kierkegaard, Feuerbach, Chestov.

a razão: o *lance de dados*, era esse o sentido do lance de dados. 3) Não se trata do legislador kantiano, mas do genealogista. O legislador de Kant é um juiz de tribunal, um juiz de paz que fiscaliza ao mesmo tempo a distribuição dos domínios e a repartição dos valores estabelecidos. A inspiração genealógica se opõe à inspiração judiciária. O genealogista é o verdadeiro legislador. O genealogista é um pouco adivinho, filósofo do futuro. Ele nos anuncia não uma paz crítica, mas guerras como jamais conhecemos.[61] Para ele, pensar é julgar, mas julgar é avaliar e interpretar, é criar valores. O problema do juízo se torna o da justiça e da hierarquia. 4) Não se trata do ser racional, funcionário dos valores em curso, ao mesmo tempo sacerdote e fiel, legislador e súdito, escravo vencedor e escravo vencido, homem reativo a serviço de si mesmo. Mas, então, *quem* conduz a crítica? Qual é o ponto de vista crítico? A instância crítica não é o homem realizado, nem alguma forma sublimada do homem: espírito, razão, consciência de si. Nem Deus, nem homem, pois entre o homem e Deus não há ainda bastante diferença, cada um ocupa muito bem o lugar do outro. A instância crítica é a vontade de potência, o ponto de vista crítico é aquele da vontade de potência. Mas em que forma? Não o além-do-homem, que é o produto positivo da própria crítica. Mas há um "tipo relativamente sobre-humano":[62] o tipo crítico, o homem *enquanto quer ser ultrapassado, superado...* "Mas podeis vos converter em pais e ancestrais do além-do-homem: e que esta seja a vossa melhor criação!"[63] 5) O objetivo da crítica: não se trata dos fins do homem ou da razão, e sim, finalmente, do além-do-homem, do homem superado, ultrapassado. Na crítica, não se trata de justificar, mas sim de sentir de outro modo: uma outra sensibilidade.

11. O conceito de verdade

"A verdade foi entronizada como Ser, como Deus, como instância suprema... A vontade de verdade requer uma crítica – com isso determinamos nossa tarefa –, o valor da verdade será experimentalmente *posto*

61. EH, "Por que sou um destino", 1.
62. EH, "Por que sou um destino", 5.
63. Z, II, "Nas ilhas bem-aventuradas".

em questão..."[64] Por isso Kant é o último dos filósofos clássicos: jamais põe em questão o valor da verdade nem as razões de nossa submissão ao verdadeiro. Quanto a isso, ele é tão dogmático quanto qualquer outro. Nem ele nem os outros perguntam: Quem busca a verdade? Isto é: o que quer quem busca a verdade? Qual é seu tipo, sua vontade de potência? Tentemos compreender a natureza dessa insuficiência da filosofia. Todo mundo sabe que, de fato, o homem raramente busca a verdade; nossos interesses e também nossa estupidez, mais do que nossos erros, separam-nos do verdadeiro. Mas os filósofos pretendem que o pensamento, enquanto pensamento, busca o verdadeiro, que ele "de direito" ama o verdadeiro, que "de direito" quer o verdadeiro. Ao estabelecer uma relação de direito entre o pensamento e a verdade, ao referir assim a vontade de um puro pensador à verdade, a filosofia evita relacionar a verdade com uma vontade concreta que seria a sua, com um tipo de forças, com uma qualidade da vontade de potência. Nietzsche aceita o problema no terreno em que ele é colocado: não se trata para ele de pôr em dúvida a vontade de verdade, não se trata de lembrar uma vez mais que os homens *de fato* não amam a verdade. Nietzsche pergunta o que significa a verdade como conceito, que forças e que vontade qualificadas esse conceito pressupõe *de direito*. Nietzsche não critica as falsas pretensões à verdade, mas a própria verdade e a verdade como ideal. Segundo o método de Nietzsche, é preciso dramatizar o conceito de verdade. "A vontade de verdade, que ainda nos fará correr não poucos riscos, a célebre veracidade que até agora todos os filósofos reverenciaram: que questões essa vontade de verdade já não nos colocou!... O *que*, em nós, aspira realmente 'à verdade'? – De fato, por longo tempo nos detivemos ante a questão da origem dessa vontade – até afinal parar completamente ante uma questão ainda mais fundamental. Nós questionamos o *valor* dessa vontade. Certo, queremos a verdade: mas por que não, de preferência, a inverdade? Ou a incerteza? Ou mesmo a insciência?... E seria de acreditar que, como afinal nos quer parecer, o problema não tenha sido jamais colocado – e tenha sido por nós pela primeira vez vislumbrado, percebido, *arriscado*?"[65]

64. GM, III, 24.
65. BM, I.

3. A crítica

O conceito de verdade qualifica um mundo como verdadeiro. Mesmo na ciência, a verdade dos fenômenos forma um "mundo" distinto do mundo dos fenômenos. Ora, um mundo verdadeiro supõe um homem veraz ao qual ele remete como a seu centro.[66] Quem é esse homem veraz, o que ele quer? Primeira hipótese: quer não ser enganado, não se deixar enganar. Porque é "prejudicial, perigoso, funesto deixar-se enganar". Mas tal hipótese supõe que o próprio mundo já seja verdadeiro, pois num mundo radicalmente falso é a vontade de não se deixar enganar que se torna nefasta, perigosa e nociva. De fato, a vontade de verdade deve ter-se formado *apesar de continuamente lhe ser demonstrado o caráter inútil e perigoso da 'vontade de verdade', da 'verdade a todo custo'*". Resta então uma outra hipótese: *eu quero a verdade* significa *não quero enganar*, "desde que na generalização 'Não quero enganar' também se inclua o caso particular 'Não quero enganar a mim mesmo'".[67] Se alguém quer a verdade, não é em nome do que o mundo é, mas em nome do que o mundo não é. Está claro que "a vida é composta de aparência, quero dizer, de erro, embuste, simulação, cegamento, autocegamento". Mas aquele que quer o verdadeiro quer antes de mais nada depreciar essa elevada potência do falso: ele faz da vida um "erro", faz desse mundo uma "aparência". Assim, opõe à vida o conhecimento, ao mundo um outro mundo, um além-mundo, precisamente o mundo verdadeiro. O mundo verdadeiro não é separável dessa vontade, vontade de tratar este mundo como aparência. Por conseguinte, a oposição entre conhecimento e vida e a distinção dos mundos revelam seu verdadeiro caráter: é uma distinção de origem moral e uma *oposição de origem moral*. O homem que não quer enganar quer um mundo melhor e uma vida melhor; todas as suas razões para não enganar são razões morais. E sempre esbarramos com o *virtudismo* daquele que quer o verdadeiro: uma das suas ocupações favoritas é a distribuição dos erros; ele responsabiliza, nega a inocência, acusa e julga a vida, denuncia a aparência. "Tornou-se claro que as intenções morais (ou imorais) de toda filosofia constituíram sempre o germe a partir do qual cresceu

---

66. VP, I, 107: "Para poder imaginar um mundo da verdade e do ser foi preciso inicialmente criar o homem veraz (inclusive o fato de que ele se crê *veraz*)".

67. GC, 344.

a planta inteira... não creio que um 'impulso ao conhecimento' seja o pai da filosofia."[68] Entretanto essa oposição moral é apenas um sintoma. Aquele que quer um outro mundo, uma outra vida, quer algo mais profundo: a "vida *contra* vida".[69] Quer que a vida se torne virtuosa, que ela se corrija e corrija a aparência, que sirva de passagem para o outro mundo. Quer que a vida renegue a si mesma e volte-se contra si mesma: "tentativa de usar a força para estancar a fonte da força".[70] Por trás da oposição moral, se insinua assim uma contradição de outra espécie, a contradição religiosa ou ascética.

Da posição especulativa à oposição moral, da oposição moral à contradição ascética... Mas a contradição ascética, por sua vez, é um sintoma que deve ser interpretado. O que quer o homem do ideal ascético? Aquele que renega a vida é ainda aquele que quer uma vida diminuída, *sua* vida degenerescente e diminuída, a conservação de *seu* tipo e, além disso, a potência e o triunfo de seu tipo, o triunfo das forças reativas e seu contágio. Nesse ponto, as forças reativas descobrem o aliado inquietante que as conduz à vitória: o niilismo, a vontade de nada.[71] É a vontade de nada que só suporta a vida em sua forma reativa. É ela que se serve das forças reativas como do meio pelo qual a vida *deve* contradizer-se, negar-se, aniquilar-se. É a vontade de nada que, desde o início, anima todos os valores chamados "superiores" à vida. Eis o maior erro de Schopenhauer: ele acreditou que, nos valores superiores à vida, a vontade se negava. Com efeito, não é a vontade que se nega nos valores superiores; são os valores superiores que se relacionam com uma vontade de negar, de aniquilar a vida. A vontade de negar define "o valor" dos valores superiores. Sua arma: pôr a vida sob a dominação das forças reativas, de tal modo que a vida inteira vá sempre mais longe, separada do que ela pode, diminuindo cada vez mais, "rumo ao nada? ao '*lancinante* sentimento do seu nada'?".[72] A vontade de nada *e* as forças reativas são os dois elementos constituintes do ideal ascético.

68. BM, 6.
69. GM, III, 13.
70. GM, III, 11.
71. GM, III, 13.
72. GM, III, 25.

3. A crítica

Assim, a interpretação, ao escavar, descobre três espessuras: o conhecimento, a moral e a religião; o verdadeiro, o bem e o divino como valores superiores à vida. Todos os três se encadeiam: o ideal ascético é o terceiro momento, mas também o sentido e o valor dos dois outros. Assim fica fácil dividir as esferas de influência; pode-se até mesmo opor cada momento aos outros. Refinamento que não compromete ninguém, o ideal ascético é sempre reencontrado, ocupando todas as esferas em estado mais ou menos condensado. Quem pode acreditar que o conhecimento, a ciência e até mesmo a ciência do livre-pensador, "a verdade a qualquer preço", comprometem o ideal ascético? "Em toda parte onde o espírito esteja em ação, com força e vigor, e sem falseamentos, ele dispensa por completo o ideal... *excetuada a sua vontade de verdade*. Mas essa vontade, esse resto de ideal, é, se me acreditam, esse ideal mesmo em sua formulação mais estrita e mais espiritual, esotérico ao fim e ao cabo, despojado de todo acréscimo."[73]

12. Conhecimento, moral e religião

Todavia talvez exista uma razão pela qual gostamos de distinguir e mesmo de opor conhecimento, moral e religião. Para descobrir a fonte do conceito de verdade, remontávamos da verdade ao ideal ascético. Sejamos, por um momento, mais atentos à evolução do que à genealogia; desçamos do ideal ascético ou religioso até a vontade de verdade. É preciso reconhecer, então, que a moral substituiu a religião como dogma e que a ciência tende cada vez mais a substituir a moral. "*O que*, pergunta-se com o máximo rigor, *venceu* verdadeiramente o Deus cristão?... 'A própria moralidade cristã...'"; "pereceu o cristianismo *como dogma*, por obra de sua própria moral"; "em consequência de uma educação para a verdade que dura dois mil anos, que finalmente se proíbe a mentira de crer em Deus".[74] Hoje existem coisas que um fiel ou mesmo um sacerdote não podem mais dizer nem pensar. Só alguns bispos ou papas: a providência e a bondade divinas, a razão divina, a finalidade divina; "explicar as próprias vivências como durante muito tempo fizeram os homens pios... isso agora *acabou*,

73. GM, III, 27.
74. GM, III, 27, e GC, 357.

isso tem a consciência *contra* si", isso é *indecoroso*.[75] Frequentemente a religião precisa dos livres-pensadores para sobreviver e receber uma forma adaptada. A moral é a continuação da religião por outros meios; o conhecimento é a continuação da moral e da religião por outros meios. O ideal ascético está em toda parte, mas os meios mudam; não são mais as mesmas forças reativas. Por isso confunde-se tão facilmente a crítica com um ajuste de contas entre forças reativas diversas.

"Pereceu o cristianismo *como dogma*, por obra de sua própria moral..." Mas Nietzsche acrescenta: "desta maneira, também o cristianismo *como moral* deve ainda perecer". Quer ele dizer que a vontade de verdade deve ser a ruína da moral da mesma maneira que a moral, a ruína da religião? O ganho seria pequeno: vontade de verdade é ainda ideal ascético, a maneira ainda é cristã. Nietzsche pede outra coisa: uma mudança de ideal, um outro ideal, "sentir de outro modo". Mas como essa mudança é possível no mundo moderno? Enquanto perguntamos o que é o ideal ascético e religioso, enquanto colocamos a questão a esse ideal, a moral ou a virtude se apresentam para responder em seu lugar. A virtude diz: O que vocês atacam é a mim mesma, pois eu respondo pelo ideal ascético; na religião há algo de ruim, mas há também algo de bom; eu recolhi o que é bom, sou eu que quero esse bom. E quando nós perguntamos: mas essa virtude, o que ela é, o que ela quer? A mesma história recomeça. É a verdade que se apresenta em pessoa e diz: Sou eu que quero a virtude, respondo pela virtude. Ela é minha mãe e minha finalidade. Não sou nada se não conduzo à virtude. Ora, quem negará que eu seja algo? Pretendem nos fazer descer novamente, a toda velocidade, de cabeça para baixo, os estágios genealógicos que havíamos percorrido – da verdade à moral, da moral à religião –, sob pretexto de evolução. A virtude responde pela religião, a verdade pela virtude. Basta então prolongar o movimento. Não nos farão descer novamente os graus sem que reencontremos nosso ponto de partida, que é também nosso trampolim: a própria verdade não está acima da crítica, nem é de direito divino; a crítica deve ser crítica da própria verdade. "Depois que a veracidade cristã tirou uma conclusão após outra, tira enfim sua *mais forte conclusão*, aquela *contra* si mesma; mas isso ocorre quando coloca a questão: '*que significa toda vontade de*

---

75. GM, III, 27.

verdade?'... E aqui toco outra vez meu problema, e nosso problema, meus caros, desconhecidos amigos (– pois ainda não sei de nenhum amigo!): que sentido teria nosso ser, se não o de que em nós essa vontade de verdade toma consciência de si mesma *como problema?*... Nesta gradual consciência de si da vontade de verdade – disto não há dúvida – perecerá doravante a moral: esse grande espetáculo em cem atos reservados para os próximos dois séculos da Europa, o mais terrível, o mais discutível e talvez mais auspicioso entre todos os espetáculos."[76] Nesse texto de grande rigor, cada termo é pesado. "Uma conclusão após outra" significa os graus descendentes: do ideal ascético à sua forma moral, da consciência moral à sua forma especulativa. Mas "sua *mais forte conclusão*, aquela *contra* si mesma", significa que o ideal ascético não tem mais esconderijo além da vontade de verdade, mais ninguém para responder em seu lugar. Basta continuar a conclusão, descer ainda mais longe do que queriam nos fazer descer. Então o ideal ascético é desentocado, desmascarado, não dispõe mais de nenhum personagem para desempenhar seu papel. Não há mais personagem moral, não há mais personagem cientista. Voltamos ao nosso problema, mas estamos no instante que preside à nova subida: o momento de sentir de outro modo, de mudar de ideal. Nietzsche não quer dizer, portanto, que o ideal de verdade deve substituir o ideal ascético ou mesmo o ideal moral; ele diz, ao contrário, que o questionamento da vontade de verdade (sua interpretação e sua avaliação) deve impedir que o ideal ascético seja substituído por outros ideais que o continuariam sob outras formas. Quando denunciamos, na vontade de verdade, a permanência do ideal ascético, retiramos deste ideal a condição de sua permanência ou seu último disfarce. Nesse sentido, nós também somos os "verazes" ou os "homens do conhecimento".[77] Mas nós não substituímos o ideal ascético, não deixamos subsistir nada do próprio lugar, queremos queimar o lugar, queremos outro ideal em outro lugar, outra maneira de conhecer, outro conceito de verdade, isto é, uma verdade não pressuposta numa vontade do verdadeiro, mas que suponha uma *vontade totalmente diferente*.

---

76. GM, III, 27.

77. "Nós, homens do conhecimento." Do mesmo modo, Nietzsche dirá que os senhores são homens "verazes", num sentido diferente do anterior: GM, I, 5.

13. O pensamento e a vida

Nietzsche frequentemente censura o conhecimento por sua pretensão a se opor à vida, a medir e a julgar a vida, a considerar-se como fim. É já sob essa forma que a inversão socrática aparece em *O nascimento da tragédia*. E Nietzsche não se cansa de dizer: simples meio subordinado à vida, o conhecimento erigiu-se em fim, em juiz, em instância suprema.[78] Mas devemos avaliar a importância desses textos: a oposição entre conhecimento e vida, a operação pela qual o conhecimento se torna juiz da vida são sintomas e apenas sintomas. O conhecimento se opõe à vida porque expressa uma vida que contradiz a vida, uma vida reativa que encontra no próprio conhecimento um meio de conservar e de levar ao triunfo o seu tipo. (Assim o conhecimento dá à vida leis que a separam do que ela pode, que a poupam de agir e a proíbem de agir, mantendo-a no quadro estreito das reações cientificamente observáveis: mais ou menos como o animal num jardim zoológico. Mas esse conhecimento que mede, limita e modela a vida é todo ele elaborado a partir do modelo de uma vida reativa, nos limites de uma vida reativa.) Não será, portanto, de espantar que outros textos de Nietzsche sejam mais complexos, não se atendo aos sintomas e penetrando na interpretação. Então Nietzsche censura o conhecimento não mais por tomar a si mesmo como fim, e sim por fazer do pensamento um simples meio a serviço da vida. Nietzsche censura então Sócrates não mais por ter posto a vida a serviço do conhecimento, mas, ao contrário, por ter posto o pensamento a serviço da vida. "Em Sócrates o pensamento serve à vida, enquanto que em todos os filósofos anteriores a vida servia ao pensamento."[79] Não vemos nenhuma contradição entre esses dois tipos de textos se, inicialmente, somos sensíveis às diferentes nuanças da palavra vida. Quando Sócrates põe a vida a serviço do conhecimento, é preciso compreender a vida inteira, que, consequentemente, torna-se reativa; mas quando põe o pensamento a serviço da vida, é preciso entender essa vida reativa em particular, que se torna o modelo de toda a vida e do próprio pensamento. E vemos ainda menos contradição entre

78. VP, I e II.
79. FT.

os dois tipos de textos se somos sensíveis à diferença entre "conhecimento" e "pensamento". (Não haverá de novo, aí, um tema kantiano profundamente transformado, voltado contra Kant?)

Quando o conhecimento se torna legislador, é o pensamento que é o grande submisso. O conhecimento é o próprio pensamento, mas o pensamento submetido à razão bem como a tudo o que se expressa na razão. O instinto do conhecimento é, então, o pensamento, mas o pensamento em sua relação com as forças reativas que dele se apoderam ou o conquistam. Pois os limites que o conhecimento racional fixa para a vida são os mesmos que a vida racional fixa para o pensamento; a vida é submetida ao conhecimento, ao mesmo tempo que o pensamento é submetido à vida. De todo modo a razão ora nos dissuade, ora nos proíbe de ultrapassar certos limites: porque é inútil (o conhecimento está aí para prever), porque seria mau (a vida está aí para ser virtuosa), porque é impossível (nada há para ser visto nem para ser pensado atrás do verdadeiro).[80] Mas, então, a crítica, concebida como crítica do próprio conhecimento, não expressa novas forças capazes de dar um outro sentido ao pensamento? Um pensamento que fosse até o limite do que a vida pode, um pensamento que conduzisse a vida até o limite do que ela pode. Em lugar de um conhecimento que se opõe à vida, um pensamento que *afirma* a vida. A vida seria a força ativa do pensamento, e o pensamento, a potência afirmativa da vida. Ambos iriam no mesmo sentido, um levando o outro e rompendo os limites, seguindo-se passo a passo um ao outro, no esforço de uma criação inaudita. Pensar significaria *descobrir, inventar novas possibilidades de vida.* "Existem vidas nas quais as dificuldades atingem o ápice; são as vidas dos pensadores. E é preciso prestar atenção ao que nos é contado a seu respeito, pois aí descobrimos possibilidades de vida e seu simples relato nos dá alegria e força e derrama uma luz sobre a vida de seus sucessores. Há aí tanta invenção, reflexão, audácia, desespero e esperança quanto nas viagens dos grandes navegadores; e, na verdade, são também viagens de exploração nos domínios mais longínquos e

---

80. Já em *O nascimento da tragédia*, Apolo aparecia sob essa forma: "ele quer conduzir os seres singulares à tranquilidade precisamente traçando limites entre eles e lembrando sempre de novo, com suas exigências de autoconhecimento e comedimento, que tais limites são as leis mais sagradas do mundo" (NT, 9).

mais perigosos da vida. O que essas vidas têm de surpreendente é que dois instintos inimigos, que puxam em sentidos opostos, parecem ser forçados a andar sob o mesmo jugo: o instinto que tende ao conhecimento é incessantemente coagido a abandonar o solo em que o homem costuma viver e a lançar-se na incerteza, e o instinto que quer a vida se vê forçado a procurar, continuamente tateando, um novo lugar onde se estabelecer."[81] Em outras palavras, a vida ultrapassa os limites que o conhecimento lhe fixa, mas o pensamento ultrapassa os limites que a vida lhe fixa. O pensamento deixa de ser uma *ratio*, a vida deixa de ser uma *reação*. O pensador expressa assim a bela afinidade entre pensamento e vida: a vida fazendo do pensamento algo ativo, o pensamento fazendo da vida algo afirmativo. Essa afinidade em geral, em Nietzsche, não aparece apenas como o segredo pré-socrático por excelência, mas também como a essência da arte.

14. A arte

A concepção nietzscheana da arte é uma concepção trágica. Repousa em dois princípios, que é preciso conceber como princípios muito antigos, mas também como princípios do futuro. Em primeiro lugar, a arte é o contrário de uma operação "desinteressada": ela não cura, não acalma, não sublima, não indeniza, não "suspende" o desejo, o instinto nem a vontade. A arte, ao contrário, é "estimulante da vontade de potência", "excitante do querer". Compreende-se facilmente o sentido crítico desse princípio: ele denuncia toda concepção reativa da arte. Quando Aristóteles compreendia a tragédia como uma purgação médica ou como uma sublimação moral, atribuía a ela um interesse, mas um interesse que se confundia com o das forças reativas. Quando Kant distingue o belo de qualquer interesse, mesmo moral, ainda se coloca do ponto de vista das reações de um espectador, mas de um espectador cada vez menos dotado, que só tem para o belo um olhar desinteressado. Quando Schopenhauer elabora sua teoria do desinteresse, ele próprio confessa que generaliza uma experiência pessoal, a experiência do jovem para quem a arte (como o esporte para outros)

81. FT.

tem o efeito de um calmante sexual.[82] Mais do que nunca, a questão de Nietzsche se impõe: Quem olha o belo de maneira desinteressada? A arte é sempre julgada do ponto de vista do espectador e de um espectador cada vez menos artista. Nietzsche exige uma estética da criação, a estética de Pigmaleão. Mas por que, precisamente desse novo ponto de vista, a arte aparece como estimulante da vontade de potência? Por que a vontade de potência tem necessidade de um excitante, ela que não precisa de motivo, de finalidade nem de representação? É porque ela só pode colocar-se como afirmativa na relação com forças ativas, com uma vida ativa. A afirmação é o produto de um pensamento que supõe uma vida ativa como sua condição e seu concomitante. Segundo Nietzsche, ainda não se compreendeu o que significa a vida de um artista: a atividade dessa vida que serve de estimulante para a afirmação contida na própria obra de arte, a vontade de potência do artista enquanto tal.

O segundo princípio da arte consiste no seguinte: a arte é a mais alta potência do falso, ela magnifica "o mundo como erro", santifica a mentira, faz da vontade de enganar um ideal superior.[83] Esse segundo princípio traz, de algum modo, a recíproca do primeiro: o que é ativo na vida só pode ser efetuado na relação com uma afirmação mais profunda. A atividade da vida é como uma potência do falso: enganar, dissimular, ofuscar, seduzir. Mas para ser efetuada, essa potência do falso deve ser selecionada, reduplicada, ou repetida, portanto elevada a uma potência mais alta. A potência do falso deve ser elevada até uma *vontade* de enganar, vontade artista que é a única capaz de rivalizar com o ideal ascético e de se opor a ele com sucesso.[84] A arte precisamente inventa mentiras que elevam o falso a essa mais alta potência afirmativa, ela faz da vontade de enganar algo que se afirma na potência do falso. *Aparência*, para o artista, não significa mais a

82. GM, III, 6.

83. AS (projeto de prefácio, 6): "Não é o mundo como coisa em si (este é vazio, vazio de sentido e digno de um riso homérico!), é o mundo como erro que é tão rico de significação, tão profundo, tão maravilhoso". VP, I, 453: "A arte nos é dada para nos impedir de morrer por causa da verdade". GM, III, 25: "A arte, na qual precisamente a *mentira* se santifica, a *vontade de ilusão* tem a boa consciência a seu favor, opõe-se bem mais radicalmente do que a ciência ao ideal ascético".

84. GM, III, 25.

negação do real nesse mundo, mas seleção, correção, reforço, afirmação.[85] Então verdade adquire talvez uma nova significação. Verdade é aparência. Verdade significa efetuação da potência, elevação à mais alta potência. Em Nietzsche, nós, os artistas = nós, os homens do conhecimento ou da verdade = nós, os inventores de novas possibilidades de vida.

15. Nova imagem do pensamento

A imagem dogmática do pensamento aparece em três teses essenciais: 1) Dizem-nos que o pensador, enquanto pensador, quer e ama *o verdadeiro* (veracidade do pensador); que o pensamento como pensamento possui ou contém formalmente o verdadeiro (inatismo da ideia, *a priori* dos conceitos); que pensar é o exercício natural de uma faculdade, que basta então pensar "verdadeiramente" para pensar com verdade (natureza reta do pensamento, bom senso universalmente partilhado). 2) Dizem-nos também que somos desviados do verdadeiro por forças estranhas ao pensamento (corpo, paixões, interesses sensíveis). Por não sermos apenas seres pensantes, caímos no erro, tomamos o falso pelo verdadeiro. *O erro*: tal seria o único efeito, no pensamento como tal, das forças exteriores que se opõem ao pensamento. 3) Dizem-nos finalmente que basta um *método* para pensar bem, para pensar verdadeiramente. O método é um artifício pelo qual reencontramos a natureza do pensamento, aderimos a essa natureza e conjuramos o efeito das forças estranhas que a alteram e nos distraem. Pelo método, nós conjuramos o erro. Pouco importa a hora e o lugar se aplicamos o método: ele nos faz penetrar no domínio do "que vale em todos os tempos, em todos os lugares".

O mais curioso nessa imagem do pensamento é a maneira pela qual o verdadeiro é concebido como universal abstrato. Nunca se faz referência a forças reais que *criam* o pensamento, nunca se relaciona o próprio pensamento com as forças reais que ele supõe *como pensamento*. Nunca se relaciona o verdadeiro com o que ele pressupõe.

---

85. Cr. Id., "A razão na filosofia", 6: "Pois 'a aparência' significa, nesse caso, *novamente* a realidade, mas numa seleção, *correção*, reforço... O artista trágico *não* é um pessimista – ele diz justamente *Sim* a tudo questionável e mesmo terrível, ele é dionisíaco...".

Ora, não há verdade que, antes de ser uma verdade, não seja a efetuação de um sentido ou a realização de um valor. A verdade como conceito é totalmente indeterminada. Tudo depende do valor e do sentido do que pensamos. Temos sempre as verdades que merecemos em função do sentido daquilo que concebemos, do valor daquilo em que acreditamos. Pois um sentido pensável ou pensado é sempre efetuado, na medida em que as forças que lhe correspondem no pensamento se apoderam também de alguma coisa, se apropriam de alguma coisa fora do pensamento. É claro que o pensamento nunca pensa por si mesmo, como também não encontra, por si mesmo, o verdadeiro. A verdade de um pensamento deve ser interpretada e avaliada segundo as forças ou a potência que o determinam a pensar, e a pensar isso de preferência àquilo. Quando nos falam "sem mais detalhes" da verdade, do verdadeiro tal como é em si, para si, ou mesmo para nós, devemos perguntar que forças se escondem no pensamento daquela verdade, portanto qual é o seu sentido e qual é o seu valor. Fato perturbador: o verdadeiro concebido como universal abstrato, o pensamento concebido como *ciência pura* nunca fizeram mal a ninguém. O fato é que a ordem estabelecida e os valores em curso encontram neles constantemente seu melhor suporte. "A verdade aparece como uma criatura bonachona e que gosta de suas comodidades, que dá sem cessar a todos os poderes estabelecidos a segurança de que jamais causará a alguém o menor embaraço, pois, afinal de contas, ela é apenas a ciência pura."[86] A imagem dogmática do pensamento oculta o trabalho das forças estabelecidas que determinam o pensamento como ciência pura, o trabalho das potências estabelecidas que se expressam idealmente no verdadeiro tal como ele é em si. A estranha declaração de Leibniz ainda pesa sobre a filosofia: produzir verdades novas, mas sobretudo "sem subverter os sentimentos estabelecidos". E, de Kant a Hegel, o filósofo permaneceu, afinal, um personagem muito civilizado e piedoso, que gosta de confundir os fins da cultura com o bem da religião, da moral ou do Estado. A ciência se nomeou crítica porque fazia comparecer diante dela as potências do mundo, mas a fim de devolver o que ela lhes devia: a sanção do verdadeiro tal como ele é em si, para si ou para nós.[87]

86. Co. In., III, "Schopenhauer educador", 3.
87. Co. In., III, "Schopenhauer educador", 3, 4, 8.

Uma nova imagem do pensamento significa inicialmente o seguinte: o verdadeiro não é o elemento do pensamento. O elemento do pensamento é o sentido e o valor. As categorias do pensamento não são o verdadeiro e o falso, mas *o nobre e o vil, o alto e o baixo*, segundo a natureza das forças que se apoderam do próprio pensamento. Sempre temos a parte que merecemos do verdadeiro e do falso: existem verdades da baixeza, verdades que são as do escravo. Inversamente, nossos pensamentos mais elevados levam em conta o falso; além disso, nunca renunciam a fazer do falso uma alta potência, uma potência afirmativa e artista, que encontre na obra de arte sua efetuação, sua verificação, seu devir-verdadeiro.[88] Daí decorre uma segunda consequência: o estado negativo do pensamento não é o erro. A inflação do conceito de erro em filosofia atesta a persistência da imagem dogmática. De acordo com esta, tudo o que se opõe de fato ao pensamento tem apenas um efeito sobre o pensamento como tal: induzi-lo ao erro. O conceito de erro expressaria então, de direito, o que pode acontecer de pior ao pensamento, isto é, o estado de um pensamento separado do verdadeiro. Mais uma vez, Nietzsche aceita o problema tal como é colocado *de direito*. Mas, justamente, o caráter pouco sério dos exemplos correntemente invocados pelos filósofos para ilustrar o erro (dizer "bom dia, Teeteto", quando se encontra Teodoro, dizer que 3 + 2 = 6) basta para mostrar que esse conceito de erro é apenas a extrapolação de situações de fato, elas próprias pueris, artificiais ou grotescas. Quem diz que 3 + 2 = 6, senão a criança na escola? Quem diz "bom dia, Teeteto", senão o míope ou o distraído? O pensamento, adulto e aplicado, tem outros inimigos, estados negativos muito mais profundos. A besteira é uma estrutura do pensamento como tal: não é uma maneira de se enganar; ela expressa de direito o contrassenso no pensamento. A besteira não é um erro nem um tecido de erros. Conhecem-se pensamentos imbecis, discursos imbecis que são feitos inteiramente de verdades; mas essas verdades são baixas, são as de uma alma baixa, pesada e de chumbo. *A besteira e, mais profundamente, aquilo de que ela é um sintoma: uma maneira baixa de pensar.* Eis o

---

88. HH, 146: "No que toca ao conhecimento das verdades, o artista tem uma moralidade mais fraca do que o pensador; ele não quer absolutamente ser privado das brilhantes e significativas interpretações da vida...".

que expressa de direito o estado de um espírito dominado por forças reativas. Tanto na verdade quanto no erro, o pensamento estúpido só descobre o mais baixo, os baixos erros e as baixas verdades que traduzem o triunfo do escravo, o reino dos valores mesquinhos ou a potência de uma ordem estabelecida. Nietzsche, em luta contra seu tempo, não para de denunciar: Quanta baixeza para poder dizer isso, para poder pensar aquilo!

O conceito de verdade só se determina em função de uma tipologia pluralista. E a tipologia começa por uma topologia. Trata-se de saber a que *região* pertencem tais erros e tais verdades, qual é o seu *tipo*, *quem* os formula e os concebe. Submeter o verdadeiro à prova do baixo, mas também submeter o falso à prova do alto é a tarefa realmente crítica e o único meio de se reconhecer na "verdade". Quando alguém pergunta para que serve a filosofia, a resposta deve ser agressiva, visto que a questão se pretende irônica e mordaz. A filosofia não serve nem ao Estado nem à Igreja, que têm outras preocupações. Não serve a nenhum poder estabelecido. A filosofia serve para *entristecer*. Uma filosofia que não entristece a ninguém e não contraria ninguém não é uma filosofia. Ela serve para incomodar a besteira, faz da besteira algo vergonhoso.[89] Não tem outra serventia, a não ser a seguinte: denunciar a baixeza do pensamento em todas as suas formas. Existe alguma disciplina, fora da filosofia, que se proponha a criticar todas as mistificações, quaisquer que sejam sua fonte e seu objetivo? Denunciar todas as ficções sem as quais as forças reativas não prevaleceriam. Denunciar, na mistificação, essa mistura de baixeza e besteira que forma tão bem a espantosa cumplicidade das vítimas e dos autores. Fazer enfim do pensamento algo agressivo, ativo e afirmativo. Fazer homens livres, isto é, homens que não confundam os fins da cultura com o proveito do Estado, da moral ou da religião.

---

89. Co. In., III, "Schopenhauer educador", 8: "Diógenes objetou, quando louvaram um filósofo diante dele: O que ele tem de grandioso para mostrar, ele que se dedicou tanto tempo à filosofia sem nunca *entristecer* ninguém? Com efeito, seria preciso colocar como epitáfio sobre o túmulo da filosofia universitária: Ela não entristeceu ninguém". GC, 328: os filósofos antigos fizeram um sermão contra a besteira, "não decidiremos aqui se esta pregação contra a estupidez tinha razões melhores do que a pregação contra o egoísmo; mas é certo que ela tirou à estupidez a boa consciência: aqueles filósofos *prejudicaram* a estupidez".

Combater o ressentimento, a má consciência que ocupam o lugar do pensamento. Vencer o negativo e seus falsos prestígios. Quem tem interesse em tudo isso, a não ser a filosofia? A filosofia como crítica nos diz o mais positivo de si mesma: tarefa de desmistificação. E que não se apressem em proclamar o fracasso da filosofia a esse respeito. A besteira e a baixeza, por maiores que sejam, seriam ainda maiores se não subsistisse um pouco de filosofia, que as impedisse, em cada época, de ir tão longe quanto gostariam, que lhes proibisse, mesmo que fosse por ouvir dizer, de serem respectivamente tão besta e tão baixa quanto cada uma desejaria por sua conta. Alguns excessos lhes são proibidos, mas quem lhes proíbe, a não ser a filosofia? Quem as força a se mascararem, a assumirem ares nobres e inteligentes, ares de pensador? Certamente existe uma mistificação propriamente filosófica; a imagem dogmática do pensamento e a caricatura da crítica dão testemunhos disso. Mas a mistificação da filosofia começa a partir do momento em que esta renuncia a seu papel... desmistificador e leva em conta as potências estabelecidas: quando renuncia a incomodar a besteira, a denunciar a baixeza. É verdade, diz Nietzsche, que os filósofos de hoje se tornaram *cometas*.[90] Mas de Lucrécio aos filósofos do século XVIII, devemos observar esses cometas, segui-los se possível, reencontrar seu caminho fantástico. Os filósofos-cometas souberam fazer do pluralismo uma arte de pensar, uma arte crítica. Souberam dizer aos homens o que a má consciência e o ressentimento deles escondiam. Souberam opor aos valores e aos poderes estabelecidos pelo menos a imagem de um homem livre. Após Lucrécio, como é possível perguntar ainda: para que serve a filosofia?

É possível fazer essa pergunta porque a imagem do filósofo é constantemente obscurecida. Faz-se dele um sábio, ele que é apenas o amigo da sabedoria, amigo num sentido ambíguo, isto é, o antissábio, aquele que se deve mascarar com a sabedoria para sobreviver. Faz-se dele um amigo da verdade, ele que faz o verdadeiro enfrentar a mais dura prova, da qual a verdade sai tão desmembrada quanto Dioniso: a prova do sentido e do valor. A imagem do filósofo é obscurecida por todos os seus disfarces necessários, mas também por todas as traições

90. FT. Co. In., III, "Schopenhauer educador", 7: "A natureza envia o filósofo à humanidade como uma flecha; ela não mira, mas espera que a flecha ficará cravada em algum lugar".

que fazem dele o filósofo da religião, o filósofo do Estado, o colecionador dos valores em curso, o funcionário da história. A imagem autêntica do filósofo não sobrevive àquele que soube encarná-la por algum tempo, em sua época. É preciso que ela seja retomada, reanimada, que encontre um novo campo de atividade na época seguinte. Se a tarefa crítica da filosofia não é ativamente retomada em cada época, a filosofia morre, e com ela a imagem do filósofo e a imagem do homem livre. A besteira e a baixeza não param de formar novas amálgamas. A besteira e a baixeza são sempre as de nosso tempo, de nossos contemporâneos, nossa besteira e nossa baixeza.[91] Diferentemente do conceito intemporal de erro, a baixeza não se separa do tempo, isto é, dessa transposição do presente, dessa atualidade na qual se encarna e se move. Por isso a filosofia tem uma relação essencial com o tempo: sempre contra seu tempo, crítico do mundo atual, o filósofo forma conceitos que não são nem eternos nem históricos, mas intempestivos e inatuais. A oposição na qual a filosofia se realiza é a do inatual com o atual, do intempestivo com o nosso tempo.[92] E, no intempestivo, há verdades mais duráveis do que as verdades históricas e eternas reunidas: as verdades do tempo por vir. Pensar ativamente é "agir de maneira inatual, portanto contra o tempo e por isso mesmo sobre o tempo, em favor (eu o espero) de um tempo por vir".[93] A cadeia dos filósofos não é a cadeia eterna dos sábios, ainda menos o encadeamento da história, mas uma cadeia quebrada, a sucessão dos cometas, sua descontinuidade e sua repetição, que não se reduzem nem à eternidade do céu que eles atravessam nem à historicidade da terra que sobrevoam. Não há nem filosofia eterna nem filosofia histórica. A eternidade, assim como a historicidade da filosofia, reduz-se ao seguinte: a filosofia, sempre intempestiva, intempestiva em cada época.

Ao colocar o pensamento no elemento do sentido e do valor, ao fazer do pensamento ativo uma crítica da besteira e da baixeza, Nietzsche propõe uma nova imagem do pensamento. Pensar nunca é o exercício

---

91. AC, 38: "Em relação ao passado eu sou, como todo homem do conhecimento, de uma grande tolerância, isto é, *magnânimo* autocontrole... Mas meu sentimento se altera, rompe-se, tão logo entro na época moderna, na *nossa* época".

92. Co. In., II, "Da utilidade e desvantagem da história para a vida", Prefácio.

93. Co. In., III, "Schopenhauer educador", 3-4.

natural de uma faculdade. O pensamento nunca pensa sozinho e por si mesmo; como também nunca é simplesmente perturbado por forças que lhe permaneceriam exteriores. Pensar depende das forças que se apoderam do pensamento. Enquanto nosso pensamento estiver ocupado pelas forças reativas, enquanto encontrar seu sentido nas forças reativas, é preciso confessar que não pensamos ainda. Pensar designa a atividade do pensamento, mas o pensamento tem suas maneiras próprias de ser inativo; ele pode empenhar-se nisso inteiramente e com todas as suas forças. As ficções pelas quais as forças reativas triunfam formam o mais *baixo* no pensamento, a maneira pela qual ele permanece inativo e ocupa-se em não pensar. Quando Heidegger anuncia que não pensamos ainda, uma origem desse tema está em Nietzsche. Esperamos as forças capazes de fazer do pensamento algo ativo, absolutamente ativo, a potência capaz de fazer dele uma afirmação. Pensar como atividade é sempre uma segunda potência do pensamento, não o exercício natural de uma faculdade, mas um extraordinário acontecimento no próprio pensamento, para o próprio pensamento. Pensar é uma enésima potência do pensamento. É preciso ainda que ele seja elevado a essa potência, que se torne "o leve", "o afirmativo", "o bailarino". Ora, ele nunca atingirá essa potência se as forças não exercerem uma violência sobre ele. É preciso que uma violência se exerça sobre ele enquanto pensamento, é preciso que uma potência *o force a pensar*, o lance num devir-ativo. Tal coação, tal adestramento, é o que Nietzsche chama "Cultura". A cultura, segundo Nietzsche, é essencialmente adestramento e seleção.[94] Ela expressa a violência das forças que se apoderam do pensamento para dele fazer algo ativo, afirmativo. Esse conceito de cultura só será compreendido se forem apreendidas todas as maneiras pelas quais ele se opõe ao método. O método supõe sempre uma boa vontade do pensador, "uma decisão premeditada". A cultura, ao contrário, é uma violência sofrida pelo pensamento, uma formação do pensamento sob a ação de forças seletivas, um adestramento que põe em jogo todo o inconsciente do pensador. Os gregos não falavam de método, mas de *paideia*; sabiam que o pensamento não pensa a partir de uma boa vontade, mas em virtude de forças que se exercem sobre ele para coagi-lo a pensar.

94. Co. In., III, "Schopenhauer educador", 6. VP, IV.

Até mesmo Platão ainda distinguia o que força a pensar e o que deixa o pensamento inativo; e, no mito da caverna, subordinava a *paideia* à violência sofrida por um prisioneiro, quer para sair da caverna, quer para voltar a ela.[95] É esta ideia grega de uma violência seletiva da cultura que Nietzsche reencontra em textos célebres. "Basta lançar os olhos a nossas antigas legislações penais para compreender o quanto custa nesse mundo criar um 'povo de pensadores'": até mesmo os suplícios são necessários aí. "Aprender a pensar: não há mais noção disso em nossas escolas"; "Mas o fato curioso é que tudo o que há e houve de liberdade, finura, dança, arrojo e segurança magistral sobre a Terra, seja no próprio pensar, seja no governar, ou no falar e convencer, tanto nas artes como nos costumes, desenvolveu-se apenas graças à 'tirania de tais leis arbitrárias'".[96]

Provavelmente existe uma ironia nesses textos: o "povo de pensadores", do qual Nietzsche fala, não é o povo grego, e sim o povo alemão. Entretanto, onde está a ironia? *Não* na ideia de que o pensamento só consegue pensar sob a ação de forças que o violentam. *Não* na ideia da cultura como adestramento violento. A ironia aparece mais numa dúvida sobre o devir da cultura. Começa-se como gregos, acaba-se como alemães. Em vários textos estranhos Nietzsche faz valer essa decepção de Dioniso ou de Ariadne: encontrar-se diante de um alemão quando se esperava um grego.[97] A atividade genérica

95. Platão, *República*, VII: cf. não apenas o mito da caverna, mas também a famosa passagem sobre os "dedos" (distinção entre o que força a pensar e o que não força a pensar). Platão desenvolve, então, uma imagem do pensamento diferente da que aparece em outros textos. Esses outros textos nos apresentam uma concepção já dogmática: o pensamento como amor e desejo do verdadeiro, do belo, do bem. Não seria cabível opor em Platão essas duas imagens do pensamento sendo apenas a segunda particularmente socrática? Não é algo desse gênero que Nietzsche quer dizer quando aconselha: "Tentar caracterizar Platão sem Sócrates"? (cf. FT).

96. GM, II, 3. Cr. Id., "O que falta aos alemães", 7. BM, 188.

97. Cf. a) VP, II, 226: "Nesse momento Ariadne perdeu a paciência…: 'Mas, meu senhor, disse ela, o senhor fala alemão como um porco!' 'Alemão, disse eu sem me aborrecer, nada mais do que alemão…'"; b) AS, projeto de prefácio, 10: "O Deus apareceu diante de mim, o deus que eu conhecia há muito tempo, e começou a dizer: 'Pois bem, caçador de ratos, o que vens fazer aqui? Tu que és metade jesuíta e metade músico e quase um alemão?'"; c) Lembrar-se-ão também de que o admirável poema "O lamento de Ariadne" é, em Zaratustra, atribuído ao *Feiticeiro*; mas o feiticeiro é um mistificador, um "falsário" da cultura.

da cultura tem um objetivo final: formar o artista, o filósofo.[98] Toda sua violência seletiva está a serviço desse objetivo; "ocupo-me atualmente com uma espécie de homem cuja teleologia conduz um pouco mais acima que o bem de um Estado".[99] As principais atividades culturais das Igrejas e dos Estados formam o longo martirológio da própria cultura. E quando o Estado favorece a cultura, "ele só a favorece para favorecer a si mesmo e jamais concebe que haja um objetivo superior a seu bem e a sua existência". Entretanto, por outro lado, a confusão da atividade com o bem do Estado repousa em algo real. O trabalho cultural das forças ativas corre o risco, a cada instante, de ser desviado de seu sentido: ocorre precisamente que ele beneficie as forças reativas. Por vezes, essa violência da cultura pode ser assumida pela Igreja ou pelo Estado para realizar fins que lhes são próprios. Por vezes, as forças reativas desviam da cultura essa violência e a tornam uma força reativa, um meio de embrutecer ainda mais, de rebaixar o pensamento. Por vezes, confundem a violência da cultura com sua própria violência, sua própria força.[100] Nietzsche chama esse processo de "degenerescência da cultura". Saberemos mais tarde em que medida ela é inevitável, em que medida evitável, por que razões e por que meios. De todo modo, Nietzsche sublinha, a esse respeito, a ambivalência da cultura: de grega ela se torna alemã...

Isto equivale a dizer até que ponto a nova imagem do pensamento implica relações de força extremamente complexas. A teoria do pensamento depende de uma tipologia das forças. Mais uma vez, a tipologia começa por uma topologia. Pensar depende de certas coordenadas. Temos as verdades que merecemos de acordo com o lugar em que levamos nossa existência, com a hora em que velamos, com o elemento que frequentamos. A ideia de que a verdade sai do poço é a mais falsa de todas. Só encontramos as verdades lá onde estão, na sua hora e no seu elemento. Toda verdade é verdade de um elemento, de uma hora e de um lugar: o minotauro não sai do labirinto.[101] Não pensaremos enquanto não nos forçarem a ir aonde estão as verdades que fazem

---

98. Co. In., III, "Schopenhauer educador", 8.
99. Co. In., III, "Schopenhauer educador", 4.
100. Co. In., III, "Schopenhauer educador", 6.
101. VP, III, 408.

pensar, ali onde se exercem as forças que fazem do pensamento algo ativo e afirmativo. Não um método, mas uma *paideia*, uma formação, uma cultura. O método em geral é um meio para nos impedir de ir a tal lugar ou para garantir a possibilidade de sairmos dele (o fio do labirinto). "E nós, nós vos suplicamos insistentemente: enforcai-vos nesse fio!" Nietzsche afirma: bastam três anedotas para definir a vida de um pensador.[102] Certamente uma para o lugar, uma para a hora, uma para o elemento. A anedota é, para a vida, o que o aforismo é para o pensamento: algo a ser interpretado. Empédocles e seu vulcão é uma anedota de pensador. O alto dos cumes e a caverna, o labirinto; meia-noite-meio-dia; o elemento aéreo, alciônico e também o elemento rarefeito do que é subterrâneo. Cabe a nós irmos a lugares extremos, em horas extremas, nas quais vivem e se elevam as verdades mais altas, as mais profundas. Os lugares do pensamento são as zonas tropicais, assombradas pelo homem tropical. Não as zonas temperadas, nem o homem moral, metódico ou moderado.[103]

102. FT.
103. BM, 197.

4. DO RESSENTIMENTO À MÁ CONSCIÊNCIA

1. Reação e ressentimento

No estágio normal ou de saúde, as forças reativas têm sempre o papel de limitar a ação. Elas a dividem, retardam ou impedem em função de uma outra ação cujo efeito sofremos. Mas, inversamente, as forças ativas fazem eclodir a criação: precipitam-na num instante escolhido, num momento favorável, numa direção determinada, para uma tarefa de adaptação rápida e precisa. Assim se forma uma *resposta*. Por isso Nietzsche pode dizer: "a verdadeira reação, a dos atos".[1] O tipo ativo, nesse sentido, não é um tipo que conteria exclusivamente forças ativas; ele expressa a relação "normal" entre uma reação que retarda a ação e uma ação que precipita a reação. Diz-se que o senhor re-age precisamente porque age suas reações. O tipo ativo engloba então as forças reativas, mas num estado tal que elas se definem por uma potência de obedecer ou de ser agidas. O tipo ativo expressa uma relação tal entre as forças ativas e as forças reativas que estas últimas são elas próprias agidas.

Compreende-se então que não basta uma reação para fazer um ressentimento. Ressentimento designa um tipo no qual as forças reativas preponderam sobre as forças ativas. Ora, elas só podem preponderar de um modo: deixando de ser agidas. Não devemos de modo algum definir o ressentimento pela força de uma reação. Se perguntamos o que é o homem do ressentimento, não devemos esquecer este princípio: ele não re-age. E a palavra ressentimento dá uma indicação rigorosa: *a reação deixa de ser agida para se tornar algo sentido*. As forças reativas preponderam sobre as forças ativas porque elas se furtam à ação. Mas, neste ponto, surgem duas questões: 1) Como preponderam, como se furtam? Qual é o mecanismo dessa "doença"? 2) E, inversamente, como as forças reativas são normalmente agidas? Normal aqui não significa frequente, mas, ao contrário, normativo e raro. Qual é a definição desta norma, desta "saúde"?

2. Princípio do ressentimento

Frequentemente, Freud expõe um esquema da vida que chama de "hipótese tópica". Não é o mesmo sistema que recebe uma excitação e

---

I. GM, I, IO.

que dela conserva um traço durável; um mesmo sistema não poderia, ao mesmo tempo, preservar fielmente as transformações que sofre e oferecer uma receptividade sempre fresca. "Devemos supor, portanto, que um sistema externo do aparelho recebe as excitações perceptíveis, mas nada conserva delas, não tem, pois, memória, e que, atrás desse sistema, encontra-se um outro, que transforma a excitação momentânea do primeiro em traços duráveis." Esses dois sistemas, ou registros, correspondem à distinção entre a consciência e o inconsciente: "Nossas lembranças são, por natureza, inconscientes"; e, inversamente: "A consciência nasce onde o traço mnêmico para". É preciso então conceber a formação do sistema consciente como o resultado de uma evolução: no limite entre o fora e o dentro, entre o mundo interior e o mundo exterior, "teria sido formada uma crosta tão amolecida pelas excitações recebidas sem parar, que teria adquirido propriedades que a tornariam apta unicamente a receber novas excitações", guardando, dos objetos, apenas uma imagem direta modificável, totalmente distinta do traço durável, ou mesmo imutável, no sistema inconsciente.[2]

Freud está longe de assumir essa hipótese tópica e aceitá-la sem restrições. Fato é que encontramos todos os elementos dessa hipótese em Nietzsche. Nietzsche distingue dois sistemas do aparelho reativo: a consciência e o inconsciente.[3] O inconsciente reativo é definido pelos traços mnêmicos, pelas impressões duráveis. É um sistema digestivo, vegetativo e ruminante, que expressa "um simples não-mais-poder-livrar-se da impressão uma vez recebida". E, provavelmente, mesmo nessa digestão sem fim, as forças reativas executam uma tarefa que lhes é destinada: fixar-se na impressão indelével, investir o traço. Mas quem não veria a insuficiência dessa primeira espécie de forças reativas? Nunca seria possível uma adaptação se o aparelho reativo não dispusesse de um outro sistema de forças. É preciso um outro sistema no qual a reação deixe de ser uma reação aos traços para tornar-se reação à excitação presente ou à imagem direta do objeto. Essa segunda espécie de forças reativas não se separa da consciência, crosta sempre

---

2. Freud, *Interpretação dos sonhos* (trad. fr., p. 442-43); *O inconsciente*, de 1915 (cf. *Métapsychologie*); *Além do princípio de prazer*.

3. GM, II, I, e I, 10. Observar-se-á que, em Nietzsche, há vários tipos de inconsciente: a atividade é inconsciente por natureza, mas esse inconsciente não deve ser confundido com o das forças reativas.

renovada, de receptividade sempre fresca, "para que novamente haja lugar para o novo". Lembremo-nos de que Nietzsche queria chamar a consciência à modéstia necessária: sua origem, sua natureza, sua função, são apenas reativas. Mas nem por isso deixa de haver uma nobreza relativa à consciência. A segunda espécie de forças reativas nos mostra de que forma e em que condições a reação pode ser agida: quando forças reativas tomam como objeto a excitação na consciência, então a reação correspondente se torna ela mesma algo agido.

É preciso ainda que os dois sistemas, ou as duas espécies de forças reativas, sejam separados. É preciso que os traços não invadam a consciência. É preciso que uma força ativa, distinta e delegada, apoie a consciência e reconstitua a cada instante seu frescor, sua fluidez, seu elemento químico móvel e leve. Essa faculdade ativa supraconsciente é a faculdade de esquecimento. O erro da psicologia foi tratar o esquecimento como uma determinação negativa, não descobrir seu caráter ativo e positivo. Nietzsche define a faculdade de esquecimento: "não é uma simples *vis inertiae* [força inercial], como creem os superficiais, mas uma força inibidora, ativa e positiva no mais rigoroso sentido", um "aparelho inibidor", "força plástica, modeladora, regeneradora".[4] É, então, ao mesmo tempo, que a reação se torna algo agido, porque toma como objeto a excitação na consciência, e que a reação aos traços permanece no inconsciente como algo insensível. "O que é por nós experimentado, vivenciado, em nós acolhido, não penetra mais em nossa consciência, no estado de digestão (ao qual poderíamos chamar 'assimilação psíquica'), do que todo o multiforme processo da nossa nutrição corporal ou 'assimilação física'... logo se vê que não poderia haver felicidade, jovialidade, esperança, orgulho, *presente*, sem o esquecimento." Mas notar-se-á a situação toda especial dessa faculdade: força ativa, ela é delegada pela atividade junto às forças reativas. Serve de "guardião" ou de "zelador", impedindo que os dois sistemas do aparelho reativo se confundam. Força ativa, ela tem apenas atividade funcional. Ela emana da atividade, mas dela é abstraída. E, para renovar a consciência, ela deve constantemente tomar energia de empréstimo à segunda espécie de forças reativas, fazer sua essa energia, para devolvê-la à consciência.

4. GM, II, 1, e I, 10. Tema já presente em Co. In., II, "Da utilidade e desvantagem da história para a vida", I.

Por isso, mais do que qualquer outra, ela está sujeita a variações, a distúrbios funcionais, a falhas. "O homem no qual esse aparelho inibidor é danificado e deixa de funcionar pode ser comparado (e não só comparado) a um dispéptico – de nada consegue 'dar conta'." Suponhamos uma falha da faculdade de esquecimento: a cera da consciência é como que endurecida, a excitação tende a se confundir com seu traço no inconsciente e, inversamente, a reação aos traços emerge na consciência e a invade. É, então, ao mesmo tempo, que a reação aos traços se torna algo sensível e que a reação à excitação deixa de ser agida. As consequências disso são imensas: não podendo mais agir uma reação, as forças ativas são privadas de suas condições materiais de exercício, não têm mais oportunidade de exercerem sua atividade, *são separadas do que elas podem*. Finalmente, vemos de que modo as forças reativas preponderam sobre as forças ativas: quando o traço toma o lugar da excitação no aparelho reativo, a própria reação toma o lugar da ação, a reação prepondera sobre a ação. Ora, é admirável que, nessa maneira de preponderar, tudo se passe efetivamente entre forças reativas; as forças reativas não triunfam formando uma força maior do que a das forças ativas. Até mesmo a falha funcional da faculdade de esquecimento provém de que esta não encontra mais, numa espécie de forças reativas, a energia necessária para recalcar a outra espécie e renovar a consciência. *Tudo se passa entre forças reativas*: umas impedem as outras de serem agidas, umas destroem as outras. Estranho combate subterrâneo que se desenrola inteiramente no interior do aparelho reativo, mas que, nem por isso, deixa de ter consequências quanto à atividade inteira. Reencontramos a definição do ressentimento: o ressentimento é uma reação que, ao mesmo tempo, se torna sensível e deixa de ser agida. Fórmula que define a doença em geral; Nietzsche não se contenta em dizer que o ressentimento é uma doença, a doença como tal é uma forma do ressentimento.[5]

---

5. EH, "Por que sou tão sábio", 6.

3. Tipologia do ressentimento[6]

O primeiro aspecto do ressentimento é, portanto, topológico. Existe uma topologia das forças reativas: é sua mudança de lugar, seu deslocamento, que constitui o ressentimento. O que caracteriza o homem do ressentimento é a invasão da consciência pelos traços mnêmicos, a emergência da memória na própria consciência. E, provavelmente, com isto, ainda não se disse tudo sobre a memória; será preciso se perguntar como a consciência é capaz de construir uma memória à sua medida, uma memória agida e quase ativa, que não repouse mais em traços. Em Nietzsche, assim como em Freud, a teoria da memória será a teoria de duas memórias.[7] Mas, enquanto nos restringimos à primeira memória, permanecemos dentro dos limites do puro princípio do ressentimento; o homem do ressentimento é um cão, uma espécie de cão que só reage aos rastros (farejador). Ele só investe traços: como a excitação para ele se confunde localmente com o traço, o homem do ressentimento não pode mais agir sua reação. Mas essa definição topológica deve introduzir a uma "tipologia" do ressentimento, pois, quando as forças reativas preponderam sobre as forças ativas por esse viés, elas próprias formam um tipo. Vemos qual é o sintoma principal desse tipo: uma prodigiosa memória.

6. Nota sobre Nietzsche e Freud: Do que precede, deve-se concluir que Nietzsche exerceu influência sobre Freud? Segundo Jones, Freud negava isso formalmente. A coincidência da hipótese tópica de Freud com o esquema nietzscheano explica-se suficientemente pelas preocupações "energéticas" comuns aos dois autores. Seremos ainda mais sensíveis às diferenças fundamentais que separam suas obras. Pode-se imaginar o que Nietzsche teria pensado de Freud: mais uma vez, ele teria denunciado uma concepção muito "reativa" da vida psíquica, uma ignorância da verdadeira "atividade", uma impotência em conceber e em provocar a verdadeira "transmutação". Isso pode ser imaginado com bem mais verossimilhança, visto que Freud teve entre seus discípulos um nietzscheano autêntico. Otto Rank devia criticar em Freud "a ideia insípida e terna de sublimação". Ele criticava Freud por não ter liberado *a vontade* da má consciência ou da culpabilidade. Queria se apoiar nas forças ativas do inconsciente, desconhecidas para o freudismo, e substituir a sublimação por uma vontade *criadora e artista*. Isto o levava a dizer: sou para Freud o que Nietzsche é para Schopenhauer, cf. Rank, *La volonté de bonheur*.

7. Essa segunda memória da consciência se funda *na palavra* e manifesta-se como *faculdade de prometer*: cf. GM, II, 1. Em Freud também existe uma memória consciente que depende de "traços verbais", os quais se distinguem dos traços mnêmicos e "correspondem provavelmente a um registro particular" (cf. *O inconsciente* e *O eu e o id*).

4. Do ressentimento à má consciência

Nietzsche insiste nessa incapacidade de esquecer qualquer coisa, nessa faculdade de nada esquecer, na natureza profundamente reativa dessa faculdade, que é preciso ser considerada de todos os pontos de vista.[8] Um tipo é, com efeito, uma realidade ao mesmo tempo biológica, psíquica, histórica, social e política.

Por que o ressentimento é um *espírito de vingança*? É possível acreditar que o homem do ressentimento teria uma explicação acidental: havendo experimentado uma excitação forte demais (uma dor), ele teria renunciado a reagir, não sendo bastante forte para formar uma resposta. Experimentaria então um desejo de vingança e, generalizando, desejaria exercer essa vingança sobre o mundo inteiro. Tal interpretação é errônea; ela leva em conta apenas quantidades, quantidade de excitação recebida que se compara "objetivamente" à quantidade de força de um sujeito receptivo. Ora, o que conta para Nietzsche não é a quantidade de força considerada abstratamente, mas uma relação determinada no próprio sujeito entre forças de natureza diferente que o compõem: o que se chama um tipo. Qualquer que seja a força da excitação recebida, qualquer que seja a força total do próprio sujeito, o homem do ressentimento só se serve desta última para investir o traço da primeira, de tal modo que é incapaz de agir e mesmo de reagir à excitação. Por isso não é necessário que ele tenha experimentado uma excitação excessiva. Isso pode ocorrer, mas não é necessário. Ele não precisa mais generalizar para conceber o mundo inteiro como objeto de seu ressentimento. Em virtude de seu tipo, o homem do ressentimento não "reage": sua reação não tem fim, ela é sentida em vez de ser agida. Ela ataca então seu objeto, qualquer que seja, como um objeto do qual é preciso se vingar, que deve pagar por esse atraso infinito. *A excitação pode ser bela e boa e o homem do ressentimento experimentá-la como tal,* ela pode muito bem não exceder a força do homem do ressentimento, este pode ter uma quantidade de força abstrata tão grande quanto a de um outro. Nem por isso ele deixará de sentir o objeto correspondente como uma ofensa pessoal e uma afronta, porque ele torna o objeto responsável por sua própria impotência em investir algo que não seja o traço, impotência qualitativa ou típica. O homem do ressentimento experimenta todo ser e todo objeto como

8. GM, I, 10, e II, 1.

uma ofensa na mesma proporção em que sofre seu efeito. A beleza, a bondade são, necessariamente, para ele, ultrajes tão consideráveis quanto uma dor ou uma infelicidade experimentadas. "Não se sabe nada rechaçar, de nada se desvencilhar, de nada dar conta. – Tudo fere. A proximidade de homem e coisa molesta, as vivências calam fundo demais, a lembrança é uma ferida supurante."[9]. O homem do ressentimento é por si mesmo um ser doloroso: a esclerose ou o endurecimento de sua consciência, a rapidez com a qual toda excitação nele se solidifica e se congela, o peso dos traços que o invadem são sofrimentos cruéis. E, mais profundamente, *a memória dos traços é odienta nela mesma, por ela mesma*. Ela é venenosa e depreciativa porque ataca o objeto para compensar sua própria impotência em se subtrair dos traços da excitação correspondente. Por isso a vingança do ressentimento, mesmo quando se realiza, não é menos "espiritual", imaginária e simbólica em seu princípio. Essa ligação essencial entre a vingança e a memória dos traços não deixa de ter semelhança com o complexo freudiano sádico-anal. O próprio Nietzsche apresenta a memória como uma digestão que não termina e o tipo do ressentimento como um tipo anal.[10] Essa memória intestinal e venenosa é chamada por Nietzsche de aranha, tarântula, espírito de vingança... Percebe-se onde Nietzsche quer chegar: fazer uma psicologia que seja verdadeiramente uma tipologia, fundar a psicologia "no plano do sujeito".[11] Mesmo as possibilidades de uma cura serão subordinadas à transformação dos tipos (subversão e transmutação).

4. Características do ressentimento

Não devemos nos deixar enganar pela expressão "espírito de vingança". *Espírito* não faz da vingança uma intenção, um fim não realizado,

---

9. EH, "Por que sou tão sábio", 6.

10. EH, "Por que sou tão inteligente", 1: "O espírito alemão é uma indigestão, de nada dá conta... Todos os preconceitos vêm das vísceras. – A vida sedentária, já o disse antes – eis o verdadeiro pecado contra o espírito santo". GM, I, 6: sobre a "debilidade intestinal" do homem do ressentimento.

11. Expressão familiar a Jung, quando denuncia o caráter "objetivista" da psicologia freudiana. Mas precisamente Jung admira Nietzsche por ter sido o primeiro a instalar a psicologia no plano do sujeito, isto é, a concebê-la como uma verdadeira *tipologia*.

mas, ao contrário, dá à vingança um meio. Não compreendemos o ressentimento enquanto nele vemos apenas um *desejo* de vingança, um desejo de se revoltar e de triunfar. O ressentimento, em seu princípio topológico, acarreta um estado de forças real: o estado das forças reativas que não se deixam mais agir, que se furtam à ação das forças ativas. Ele dá à vingança um meio: meio de inverter a relação normal das forças ativas e reativas. Por isso o próprio ressentimento já é uma revolta e o triunfo dessa revolta. O ressentimento é o triunfo do fraco como fraco, a revolta dos escravos e sua vitória como escravos. É em sua vitória que os escravos formam um tipo. O tipo do senhor (tipo ativo) será definido pela faculdade de esquecer, bem como pela potência de agir as reações. O tipo do escravo (tipo reativo) será definido pela prodigiosa memória, pela potência do ressentimento; várias características decorrem daí e determinam esse segundo tipo.

A impotência para admirar, para respeitar, para amar.[12] A memória dos traços é odienta por si mesma. Até mesmo nas lembranças mais enternecedoras e mais amorosas, o ódio ou a vingança se escondem. Vê-se os ruminantes da memória disfarçarem esse ódio por uma operação sutil, que consiste em criticar em si mesmos tudo o que, de fato, eles criticam no ser cuja lembrança fingem adorar. Por essa mesma razão devemos desconfiar daqueles que se acusam diante do que é bom ou belo, pretendendo não compreender, não serem dignos: sua modéstia dá medo. Que ódio do belo se oculta em suas declarações de inferioridade! Odiar tudo o que é sentido como amável ou admirável, diminuir todas as coisas por meio de zombarias ou de interpretações baixas, ver em todas as coisas uma armadilha na qual não se deve cair: não me venham com artimanhas. O mais surpreendente no homem do ressentimento não é sua maldade, e sim sua repugnante malevolência, sua capacidade depreciativa. Nada resiste a isso. Ele não respeita seus amigos e nem mesmo seus inimigos. Nem mesmo a infelicidade ou a causa da infelicidade.[13] Pensemos nos troianos que, em Helena, admiravam e respeitavam a causa de seu próprio infortúnio. Mas é preciso que o homem do ressentimento faça da

---

12. BM, 260, e GM, I, 10.

13. Jules Vallès, revolucionário "ativo", insistia nessa necessidade de respeitar as causas da infelicidade (*Tableau de Paris*).

própria infelicidade uma coisa medíocre, que recrimine e distribua as responsabilidades: sua tendência a depreciar as causas, a fazer da infelicidade "a culpa de alguém". Ao contrário, o respeito aristocrático pelas causas da infelicidade coincide com a impossibilidade de levar a sério suas próprias infelicidades. O fato de o escravo levar a sério *suas* infelicidades dá testemunho de uma digestão difícil, de um pensamento baixo, incapaz de um sentimento de respeito.

A "passividade". No ressentimento, a felicidade "aparece essencialmente como narcose, entorpecimento, sossego, paz, 'sabbat', distensão do ânimo e relaxamento dos membros, ou, numa palavra, *passivamente*".[14] Passivo, em Nietzsche, não quer dizer não-ativo; não-ativo é reativo; mas passivo quer dizer não-agido. O que é passivo é somente a reação enquanto não é agida. Passivo designa o triunfo da reação, o momento em que, deixando de ser agida, ela se torna precisamente um ressentimento. O homem do ressentimento não sabe e não quer amar, mas quer ser amado. O que ele quer: ser amado, alimentado, saciado, acariciado, embalado. Ele, o impotente, o dispéptico, o frígido, o insone, o escravo. Assim o homem do ressentimento mostra uma grande suscetibilidade: face a todos os exercícios que é incapaz de realizar, estima que a mínima compensação que lhe é devida é justamente a de tirar uma vantagem. Considera, portanto, como prova de notória maldade que não o amem, que não o alimentem. O homem do ressentimento é o homem da vantagem e do lucro. Além disso, o ressentimento só pôde se impor no mundo fazendo com que a vantagem triunfasse, fazendo do lucro não apenas um desejo e um pensamento, mas um sistema econômico, social, teológico, um sistema completo, um mecanismo divino. Não reconhecer o lucro: eis o crime teológico e o único crime contra o espírito. É nesse sentido que os escravos têm uma *moral*, e que essa moral é a da *utilidade*.[15] Nós perguntávamos: quem considera a ação do ponto de vista de sua utilidade ou de sua nocividade? E mesmo, quem considera a ação do ponto de vista do bem e do mal, do louvável e do censurável? Passemos em revista todas as qualidades que a moral chama de "louváveis" em si, "boas" em si, por exemplo, a inacreditável noção de desinteresse. Perceberemos que

14. GM, I, 10.
15. BM, 260.

elas escondem as exigências e as recriminações de um terceiro passivo: é ele que exige uma vantagem das ações que não faz, que se gaba precisamente do caráter desinteressado das ações das quais tira uma vantagem.[16] A moral em si esconde o ponto de vista utilitário; mas o utilitarismo esconde o ponto de vista de um terceiro passivo, o ponto de vista triunfante de um escravo que se intromete entre os senhores.

A culpabilização, a distribuição das responsabilidades, a acusação perpétua. Tudo isso toma o lugar da agressividade: "o *páthos agressivo* está ligado tão necessariamente à força quanto os sentimentos de vingança e rancor à fraqueza".[17] Por considerar a vantagem um direito, por considerar um direito lucrar com ações que não faz, o homem do ressentimento se inflama em críticas ferozes quando sua expectativa não é atendida. E como seria ela atendida, uma vez que a frustração e a vingança são como os *a priori* do ressentimento? É tua culpa se ninguém me ama, é tua culpa se fracassei na minha vida, tua culpa também se fracassaste na tua; tuas infelicidades e as minhas são igualmente tua culpa. Reencontramos aqui a terrível potência feminina do ressentimento: ela não se contenta em denunciar os crimes e os criminosos, quer culpados, responsáveis. Adivinhamos o que quer a criatura do ressentimento: quer que os outros sejam maus, precisa que os outros sejam maus para poder se sentir boa. *Tu és mau, portanto eu sou bom*: esta é a fórmula fundamental do escravo, que traduz o essencial do ressentimento do ponto de vista tipológico, resume e reúne todas as características precedentes. Comparemos essa fórmula com a do senhor: *eu sou bom, portanto tu és mau.* A diferença entre as duas dá a dimensão da revolta do escravo e do seu triunfo: "Esta inversão do olhar que estabelece valores – este *necessário* dirigir-se para fora, em vez de voltar-se para si – é algo próprio do ressentimento: a moral escrava requer, para nascer, um mundo oposto e exterior".[18] O escravo precisa, *de saída*, colocar que o outro é mau.

---

16. GC, 21: "O 'próximo' louva o desinteresse porque *dele retira vantagens*! Pensasse ele próprio 'desinteressadamente', rejeitaria essa diminuição de força, esse dano sofrido *em prol* dele, trabalharia contra o surgimento de tais inclinações e, sobretudo, mostraria seu desinteresse *não* o considerando bom! Eis a contradição fundamental dessa moral que precisamente agora é tida em alta conta: os *motivos* para essa moral se opõem ao seu princípio!"

17. EH, "Por que sou tão sábio", 7.

18. GM, I, 10.

5. Ele é bom? Ele é mau?

Eis as duas fórmulas: Eu sou bom, portanto tu és mau. Tu és mau, portanto eu sou bom. Dispomos do método de dramatização. Quem pronuncia uma dessas fórmulas, quem pronuncia a outra? E o que quer cada um deles? Não pode ser o mesmo quem pronuncia as duas, *pois o bom de uma é precisamente o mau da outra.* "O conceito de bom não é único";[19] as palavras *bom, mau* e até mesmo *portanto* têm vários sentidos. Mais uma vez, será verificado que o método de dramatização, essencialmente pluralista e imanente, orienta a pesquisa. É aí que esta encontra a regra científica que a constitui como uma semiologia e uma axiologia, que lhe permitem determinar o sentido e o valor de uma palavra. Perguntamos: quem *começa* por dizer "Eu sou bom"? Certamente não quem se compara aos outros, nem quem compara suas ações e suas obras a valores superiores ou transcendentes: ele não começaria... Quem diz "Eu sou bom" não espera ser chamado de bom. Ele chama assim a si mesmo, ele se nomeia e se diz assim, na própria medida em que age, afirma e goza. Bom qualifica a atividade, a afirmação, o gozo que são experimentados em seu exercício: uma certa qualidade de alma, "alguma certeza fundamental que a alma nobre tem a respeito de si, algo que não se pode buscar, nem achar, e talvez tampouco perder".[20] O que Nietzsche chama frequentemente *a distinção* é o caráter interno do que é afirmado (não tem que ser procurado), do que é posto em ação (não pode ser encontrado), daquilo de que se goza (não pode ser perdido). Quem afirma e quem age é ao mesmo tempo quem é: "A palavra cunhada para este fim, ἐσθλός [bom, nobre], significa, segundo sua raiz, alguém que é, que tem realidade, que é real, verdadeiro".[21] "Sabe-se como o único que empresta honra às coisas, que *cria valores*. Tudo o que conhece de si, ele honra: uma semelhante moral é glorificação de si. Em primeiro plano está a sensação de plenitude, de poder que quer transbordar, a felicidade da tensão elevada, a consciência de uma riqueza que

---

19. GM, I, 11.
20. BM, 287.
21. GM, I, 5.

gostaria de ceder e de presentear."[22] "Foram os 'bons' mesmos, isto é, os nobres, poderosos, superiores em posição e pensamento, que sentiram e estabeleceram a si e a seus atos como bons, ou seja, de primeira ordem, em oposição a tudo que era baixo, de pensamento baixo, e vulgar e plebeu."[23] Entretanto, nenhuma comparação intervém no princípio. O fato de outros serem maus, na medida em que não afirmam, não agem, não gozam, é apenas uma consequência secundária, uma conclusão negativa. Bom designa inicialmente o senhor. Mau significa a consequência e designa o escravo. Mau é negativo, passivo, ruim, infeliz. Nietzsche esboça o comentário do poema admirável de Teógnis, inteiramente construído sobre a afirmação lírica fundamental: nós, os bons, eles, os maus, os ruins. Seria vão procurar a menor nuança moral nessa apreciação aristocrática; trata-se de uma ética e de uma tipologia, tipologia das forças, ética das maneiras de ser correspondentes.

"Eu sou bom, portanto tu és mau": na boca dos senhores, a palavra *portanto* introduz apenas uma conclusão negativa. O que é negativo é a conclusão. E esta é apenas colocada como a consequência de uma afirmação plena: "nós, os nobres, nós, os bons, os belos, os felizes!".[24] No que concerne ao senhor, todo o positivo está nas premissas. Ele precisa das premissas da ação, da afirmação, do gozo dessas premissas para concluir alguma coisa negativa que não é o essencial e quase não tem importância. É apenas "uma criação posterior, secundária, cor complementar".[25] Sua única importância é a de aumentar a densidade da ação e da afirmação, de soldar sua aliança e de redobrar o gozo que lhes corresponde: o bom "busca seu oposto apenas para dizer Sim a si mesmo com ainda maior júbilo".[26] Este é o estatuto da *agressividade*: ela é o negativo, mas o negativo como conclusão de premissas positivas, o negativo como produto da atividade, o negativo como consequência de um poder de afirmar. O senhor é reconhecido num silogismo no qual são necessárias duas proposições positivas

22. BM, 260 (cf. a vontade de potência como "virtude dadivosa").

23. GM, I, 2.

24. GM, I, 10.

25. GM, I, 11.

26. GM, I, 10.

para fazer uma negação, a negação final sendo apenas um meio de reforçar as premissas. "Tu és mau, portanto eu sou bom". Tudo mudou: o negativo passa para as premissas, o positivo é concebido como uma conclusão, conclusão de premissas negativas. É o negativo que contém o essencial, e o positivo só existe pela negação. O negativo tornou-se "o original, o começo, o autêntico *feito*".[27] O escravo precisa das premissas da reação e da negação, do ressentimento e do niilismo para obter uma conclusão aparentemente positiva. E ainda assim esta só tem a aparência da positividade. Por isso Nietzsche se esforça tanto em distinguir o ressentimento e a agressividade: eles diferem por natureza. O homem do ressentimento precisa conceber um não-eu, em seguida se opor a esse não-eu, para se colocar enfim como si. Estranho silogismo do escravo: precisa de duas negações para fazer uma aparência de afirmação. Já pressentimos em que forma o silogismo do escravo teve tanto sucesso em filosofia: *a dialética*. A dialética como ideologia do ressentimento.

"Tu és mau, portanto eu sou bom." Nessa fórmula é o escravo que fala. Não se negará que ainda aí valores sejam criados. Mas que valores estranhos! Começa-se por colocar o outro como mau. Quem se dizia bom, eis que agora é dito mau. Esse mau é aquele que age, que não se impede de agir, portanto que não considera a ação do ponto de vista das consequências que ela terá para terceiros. E o bom agora é aquele que se impede de agir: é bom precisamente nisto, em referir toda ação ao ponto de vista daquele que não age, ao ponto de vista daquele que experimenta as *consequências* da ação, ou melhor ainda, ao ponto de vista mais sutil de um terceiro divino que perscruta suas *intenções*. "E bom é todo aquele que não ultraja, que a ninguém fere, que não ataca, que não acerta contas, que remete a Deus a vingança, que se mantém na sombra como nós, que foge de toda maldade e exige pouco da vida, como nós, os pacientes, humildes, justos".[28] Eis que nascem o bem e o mal: a determinação ética do bom e do ruim cede lugar ao julgamento moral. O bom da ética tornou-se o mau da moral. O ruim da ética tornou-se o bom da moral. O bem e o mal não são o bom e o ruim, mas, ao contrário, a troca, a reversão,

27. GM, I, II.
28. GM, I, 13.

a *inversão* de sua determinação. Nietzsche insistirá no seguinte ponto: "Além do bem e do mal" não significa "Além do bom e do ruim".[29] Ao contrário... O bem e o mal são valores novos, mas que estranheza na maneira de criar esses valores! São criados revertendo o bom e o ruim. São criados não agindo, mas se contendo de agir. Não afirmando, mas começando por negar. Por isso são ditos não criados, divinos, transcendentes, superiores à vida. Mas pensemos no que esses valores escondem, em seu modo de criação. Eles escondem um ódio extraordinário, ódio contra a vida, ódio contra tudo o que é ativo e afirmativo na vida. Não há valores morais que sobrevivam um só instante se estiverem separados dessas premissas das quais são a conclusão. E, mais profundamente, não há valores religiosos que sejam separáveis desse ódio e dessa vingança dos quais tiram consequências. A positividade da religião é uma positividade aparente: conclui-se que os miseráveis, os pobres, os fracos, os escravos são os bons, visto que os fortes são "maus" e "danados". Inventou-se o bom infeliz, o bom fraco: não há melhor vingança contra os fortes e os felizes. O que seria o amor cristão sem a potência do ressentimento judaico que o anima e o dirige? O amor cristão não é o contrário do ressentimento judaico, mas sim sua consequência, sua conclusão, seu coroamento.[30] A religião esconde mais ou menos (e, com frequência, nos períodos de crise, não esconde em absoluto) os princípios dos quais derivou diretamente: o peso das premissas negativas, o espírito de vingança, o poder do ressentimento.

6. O paralogismo

Tu és mau; eu sou o contrário do que tu és; portanto eu sou bom. Em que consiste o paralogismo? Suponhamos um cordeiro lógico. O silogismo do cordeiro balante é assim formulado: as aves de rapina são más (isto é, as aves de rapina são todos os maus, os maus são aves de rapina); ora, eu sou o contrário de uma ave de rapina; portanto eu sou

29. GM, I, 17.
30. GM, I, 8.

bom.[31] É claro que, na premissa menor, a ave de rapina é tomada pelo que ela é: uma força que não se separa de seus efeitos ou de suas manifestações. Mas, na maior, se supõe que a ave de rapina poderia não manifestar sua força, que ela poderia conter seus efeitos e separar-se do que ela pode: ela é má, visto que não se contém. Supõe-se, portanto, que é uma só força que se contém efetivamente no cordeiro virtuoso e tem livre curso na ave de rapina má. Como o forte poderia se impedir de agir, o fraco é alguém que poderia agir caso não se impedisse.

Eis em que repousa o paralogismo do ressentimento: *a ficção de uma força separada do que ela pode.* É graças a essa ficção que as forças reativas triunfam. Não lhes basta, com efeito, se esquivar da atividade; é preciso ainda que elas revertam a relação das forças, que se oponham às forças ativas e se representem como superiores. O processo da acusação no ressentimento cumpre essa tarefa: as forças reativas "projetam" uma imagem abstrata e neutralizada da força; tal força separada de seus efeitos é *culpada* por agir, *meritória*, ao contrário, se não age; além disso, se imagina que é preciso mais força (abstrata) para se conter do que para agir. É muito importante analisar os detalhes dessa *ficção*, ainda mais porque, por meio dela, as forças reativas adquirem, como veremos, um poder contagioso; as forças ativas tornam-se *realmente* reativas: 1) Momento da causalidade: duplica-se a força. Embora a força não se separe de sua manifestação, se faz da manifestação um efeito referido à força como sua causa distinta e separada: "O povo... põe o mesmo acontecimento como causa e depois como seu efeito. Os cientistas não fazem outra coisa quando dizem que 'a força movimenta, a força origina', e assim por diante".[32] Toma-se como causa "um simples signo mnemotécnico, uma fórmula abreviada": quando se diz, por exemplo, que o raio reluz.[33] Substitui-se a relação real de significação por uma relação imaginária de causalidade.[34] Começa-se por recalcar a força nela mesma, e depois se faz de sua manifestação outra coisa, que encontra na força

31. GM, I, 13: "Essas aves de rapina são más; e quem for o menos possível ave de rapina, e sim seu oposto, cordeiro – este não deveria ser bom?".

32. GM, I, 13.

33. VP, I, 100.

34. Cf. Cr. Id., "Os quatro grandes erros": crítica detalhada da causalidade.

uma causa eficiente distinta. 2) Momento da substância: projeta-se a força assim duplicada num substrato, num sujeito que seria livre para manifestá-la ou não. Neutraliza-se a força, faz-se dela o ato de um sujeito que poderia igualmente não agir. Nietzsche não para de denunciar o "sujeito" como uma ficção ou uma função gramatical. Quer seja o átomo dos epicuristas, a substância de Descartes, a coisa em si de Kant, todos esses sujeitos são a projeção de "falsos filhos", "falsas crias".[35] 3) Momento da determinação recíproca: se moraliza a força assim neutralizada. Pois, caso se suponha que uma força pode muito bem não manifestar a força que "tem", deixa de ser absurdo supor, inversamente, que uma força poderia manifestar a força que "não tem". Uma vez que as forças são projetadas num sujeito fictício, esse sujeito mostra-se culpado ou meritório, culpado de que a força ativa exerça a atividade que ela tem, meritório se a força reativa não exerce a que ela... não tem: "como se a fraqueza mesma dos fracos – isto é, seu *ser*, sua atividade, toda a sua inevitável e irremovível realidade – fosse um empreendimento voluntário, algo desejado, escolhido, um *feito*, um *mérito*".[36] A distinção concreta entre as forças, a diferença original entre forças qualificadas (o bom e o mau) é substituída pela oposição moral entre forças substancializadas (o bem e o mal).

7. Desenvolvimento do ressentimento: o sacerdote judaico

A análise nos fez passar do primeiro ao segundo aspecto do ressentimento. Quando Nietzsche fala da má consciência, distingue explicitamente dois aspectos: um primeiro, no qual a má consciência está "em seu estado bruto", pura matéria ou "parte da psicologia animal, não mais"; um segundo, sem o qual a má consciência não seria o que ela é, momento que tira partido dessa matéria prévia e a leva a tomar forma.[37] Essa distinção corresponde à topologia e à tipologia. Ora, tudo indica que ela já vale para o ressentimento. O ressentimento também tem dois aspectos ou dois momentos. O primeiro, topológico, questão

35. GM, I, 13; sobre a crítica do cogito cartesiano, cf. VP, I, 98.
36. GM, I, 13.
37. GM, III, 20.

de psicologia animal, constitui o ressentimento como matéria bruta: expressa a maneira pela qual as forças reativas se furtam à ação das forças ativas (*deslocamento* das forças reativas, invasão da consciência pela memória dos traços). O segundo, tipológico, expressa a maneira pela qual o ressentimento toma forma: a memória dos traços se torna uma característica típica, porque encarna o espírito de vingança e se engaja numa tarefa de acusação perpétua; as forças reativas se opõem às forças ativas e as separam do que elas podem (*inversão* da relação de forças, *projeção* de uma imagem reativa). Observa-se que a revolta das forças reativas não seria ainda um triunfo, ou que esse triunfo local não seria ainda um triunfo completo, sem esse segundo aspecto do ressentimento. Observa-se também que, em nenhum dos dois casos, as forças reativas triunfam formando uma força maior do que a das forças ativas: no primeiro, tudo se passa entre as forças reativas (*deslocamento*); no segundo, as forças reativas separam as forças ativas do que elas podem, mas por uma ficção, por uma mistificação (*inversão por projeção*). Desde então, restam dois problemas a resolver para compreender o conjunto do ressentimento: 1) Como as forças reativas produzem essa ficção? 2) Sob que influência a produzem? Isto é: quem faz as forças reativas passarem da primeira para a segunda etapa? Quem elabora a matéria do ressentimento? Quem dá forma ao ressentimento, qual é "o artista" do ressentimento?

As forças não são separáveis do elemento diferencial do qual deriva sua qualidade. Mas as forças reativas dão uma imagem invertida desse elemento: a diferença das forças, vista do lado da reação, torna-se a oposição das forças reativas às forças ativas. Bastaria então que as forças reativas tivessem a oportunidade de desenvolver ou de projetar essa imagem para que a relação das forças e os valores que correspondem a essa relação fossem, por sua vez, invertidos. Ora, elas encontram essa oportunidade ao mesmo tempo que encontram o meio de se furtar à atividade. Deixando de ser agidas, as forças reativas *projetam* a imagem invertida. É essa projeção reativa que Nietzsche chama de ficção: ficção de um mundo suprassensível em oposição com este mundo, ficção de um Deus em contradição com a vida. É ela que Nietzsche distingue da potência ativa do sonho e mesmo da imagem positiva de deuses que afirmam e glorificam a vida: "Esse mundo de pura *ficção* diferencia-se do mundo sonhado, com enorme desvantagem sua, pelo fato de este último *refletir* a realidade, enquanto ele falseia, desvaloriza e nega a realidade".[38] É ela que preside a toda a evolução do ressentimento, isto é, às operações pelas quais, ao mesmo tempo, a força ativa é separada do que ela pode (falsificação), acusada e tratada como culpada (depreciação), os valores correspondentes invertidos (negação). É nessa ficção, por essa ficção, que as forças reativas *se representam como superiores*. "Para poder dizer Não a tudo o que constitui o movimento *ascendente* da vida, a tudo o que na Terra vingou, o poder, a beleza, a autoafirmação, o instinto do *ressentiment*, aqui tornado gênio, teve de inventar um outro mundo, a partir do qual a *afirmação da vida* apareceu como o mau, como o condenável em si."[39]

Ainda era necessário que o ressentimento se tornasse "gênio". Ainda era necessário um artista da ficção, capaz de aproveitar a ocasião e dirigir a projeção, conduzir a acusação, operar a inversão. Não acreditemos que a passagem de um momento ao outro do ressentimento, por mais rápida e ajustada que seja, se reduza a um simples encadeamento mecânico. É preciso a intervenção de um artista genial. A questão nietzscheana "Quem?" ressoa mais urgente do que nunca. *Genealogia da moral* "*contém a primeira psicologia do sacerdote*".[40] Aquele que dá forma ao ressentimento, aquele que conduz a acusação e leva sempre mais longe o empreendimento de vingança, aquele que ousa a inversão dos valores, é o sacerdote. E, mais particularmente, o sacerdote judeu, o sacerdote sob sua forma judaica.[41] É ele, mestre em dialética, que dá ao escravo a ideia do silogismo reativo. É ele que forja as premissas negativas. É ele que concebe o amor, um novo amor, que os cristãos assumem por sua conta, como a conclusão, o coroamento, a flor venenosa de um ódio inacreditável. É ele que começa dizendo: "os miseráveis somente são os bons, apenas os pobres, impotentes, baixos são bons, os sofredores, necessitados, feios, doentes são os únicos beatos, os únicos abençoados, unicamente para eles há bem-aventurança – mas vocês, nobres e poderosos, vocês serão

---

38. AC, 15, e também 16 e 18.

39. AC, 24.

40. EH, "Genealogia da moral".

41. Nietzsche resume sua interpretação da história do povo judeu em AC, 24, 25, 26: o sacerdote judeu já é aquele que deforma a tradição dos reis de Israel e do Antigo Testamento.

por toda a eternidade os maus, os cruéis, os lascivos, os insaciáveis, os ímpios, serão também eternamente os desventurados, malditos e danados!..."[42] Sem ele, o escravo nunca teria conseguido se elevar acima do estado bruto do ressentimento. Então, para apreciar corretamente a intervenção do sacerdote, é preciso ver de que maneira ele é cúmplice das forças reativas, mas apenas cúmplice, não se confundindo com elas. Ele assegura o triunfo das forças reativas, precisa desse triunfo, mas persegue um objetivo que não se confunde com o delas. Sua vontade é a vontade de potência, sua vontade de potência é o niilismo.[43] O niilismo, a potência de negar, precisa das forças reativas: consideramos essa proposição fundamental. Mas a sua recíproca também é fundamental: o niilismo, a potência de negar, conduz as forças reativas ao triunfo. Esse jogo duplo dá ao sacerdote judeu uma profundidade, uma ambivalência, inigualáveis: "toma voluntariamente, desde a profunda esperteza da autoconservação, o partido de todos os instintos de *décadence* – não como se fosse por eles dominado, mas porque neles adivinhou um poder com o qual se pode levar a melhor *contra* o mundo".[44]

Teremos que voltar a essas páginas célebres em que Nietzsche trata do judaísmo e do sacerdote judeu. Elas suscitaram, com frequência, as interpretações mais duvidosas. Sabe-se que os nazistas tiveram relações ambíguas com a obra de Nietzsche; ambíguas porque gostavam de reivindicá-la para si, mas não podiam fazer isso sem truncar citações, falsificar edições, proibir textos principais. Em compensação, o próprio Nietzsche não tinha relações ambíguas com o regime bismarckiano. Ainda menos com o pangermanismo e com o antissemitismo. Ele os desprezava, os odiava. "Não frequentar ninguém que esteja implicado nessa vergonhosa cortina de fumaça das raças."[45] E o grito do coração: "Mas afinal, o que vocês acham que sinto quando o nome de Zaratustra

---

42. GM, I, 7.

43. AC, 18: "Em Deus a hostilidade declarada à vida, à natureza, à vontade de vida! Deus como fórmula para toda difamação do 'aquém', para toda mentira sobre o 'além'! Em Deus o nada divinizado, a vontade de nada canonizada...". AC, 26: "O *sacerdote* abusa do nome de Deus: ao estado de coisas em que o sacerdote define o valor das coisas ele chama 'reino de Deus'; aos meios pelos quais um tal estado é alcançado ou mantido, 'a vontade de Deus'...".

44. AC, 24. GM, I, 6, 7, 8: esse sacerdote não se confunde com o escravo, mas forma uma casta particular.

45. *Oeuvres posthumes* (trad. Bolle, Mercure).

sai da boca dos antissemitas!".[46] Para compreender o sentido das reflexões nietzscheanas sobre o judaísmo, é preciso lembrar que a "questão judaica" tinha se tornado, na escola hegeliana, um tema dialético por excelência. Mesmo assim, Nietzsche retoma a questão, mas de acordo com seu próprio método. Pergunta: como o sacerdote se constituiu na história do povo judeu? Em que condições ele se constituiu, condições que se mostrarão *decisivas para o conjunto da história europeia*? Nada é mais contundente do que a admiração de Nietzsche pelos reis de Israel e pelo Antigo Testamento.[47] O problema judeu coincide com o problema da constituição do sacerdote nesse mundo de Israel: esse é o verdadeiro problema de natureza tipológica. Por isso Nietzsche insiste tanto no seguinte ponto: eu sou o inventor da psicologia do sacerdote.[48] É verdade que não faltam considerações raciais em Nietzsche. Mas a raça só intervém como elemento num *cruzamento*, como fator num *complexo* fisiológico e também psicológico, político, histórico e social. Esse complexo é precisamente o que Nietzsche chama de um tipo. O tipo do sacerdote: não existe outro problema para Nietzsche. E esse mesmo povo judeu que, num momento de sua história, encontrou suas condições de existência no sacerdote, é hoje o mais apto a salvar a Europa, a protegê-la contra ela mesma, inventando novas condições.[49] As páginas de Nietzsche sobre o judaísmo não devem ser lidas sem que se evoque o que ele escrevia a Fritsch, autor antissemita e racista: "Eu lhe peço a gentileza de não me enviar mais suas publicações: temo por minha paciência".

46. Cartas a Fritsch, 23 e 29 de março de 1887. Sobre todos esses pontos, sobre as falsificações de Nietzsche pelos nazistas, cf. o livro de P. M. Nicolas, *De Nietzsche à Hitler* (Fasquelle, 1936), no qual são reproduzidas as duas cartas a Fritsch. Um belo caso de texto de Nietzsche utilizado pelos antissemitas, embora seu sentido seja exatamente o inverso, encontra-se em BM, 251.

47. BM, 52: "O gosto pelo Antigo Testamento é uma pedra de toque, em relação a 'pequeno' e 'grande'... Ter colado esse Novo Testamento, espécie de rococó do gosto em todo sentido, ao Antigo Testamento para formar *um só* livro chamado 'a Bíblia', 'o Livro': esta é talvez a grande temeridade, o maior 'pecado contra o espírito' que a Europa literária tem na consciência".

48. EH, "Genealogia da moral".

49. Cf. BM, 251 (texto célebre sobre os judeus, os russos e os alemães).

8. Má consciência e interioridade

Eis o objeto do ressentimento sob seus dois aspectos: privar a força ativa de suas condições materiais de exercício; separá-la formalmente do que ela pode. Mas se é verdade que a força ativa é separada do que ela pode ficticiamente, não é menos verdade que algo real lhe acontece como resultado dessa ficção. Deste ponto de vista, nossa pergunta não para de repercutir: o que a força ativa realmente se torna? A resposta de Nietzsche é extremamente precisa: qualquer que seja a razão pela qual uma força ativa é falseada, privada de suas condições de exercício e separada do que ela pode, *ela se volta para dentro, volta-se contra si mesma.* Interiorizar-se, voltar-se contra si, é a maneira pela qual a força ativa se torna realmente reativa. "Todos os instintos que não se descarregam para fora *voltam-se para dentro* – isto é o que chamo de *interiorização do homem... esta* é a origem da má consciência."[50] É nesse sentido que a má consciência dá continuidade ao ressentimento. Tal como nos apareceu, o ressentimento não se separa de um horrível convite, de uma tentação, de uma vontade de espalhar um contágio. Esconde seu ódio sob os auspícios de um amor tentador: é para teu bem que te acuso; eu te amo, para que te juntes a mim, até que te juntes a mim, até que tu mesmo te tornes um ser doloroso, doente, reativo, um ser bom... Os homens do ressentimento, "quando alcançariam realmente o seu último, mais sutil, mais sublime triunfo da vingança? Indubitavelmente quando lograssem introduzir na consciência dos felizes sua própria miséria, toda a miséria, de modo que estes um dia começassem a se envergonhar da sua felicidade, e dissessem talvez uns aos outros: 'é uma vergonha ser feliz! *existe muita miséria!*'".[51] No ressentimento, a força reativa acusa e se projeta. Mas o ressentimento nada seria se não levasse o próprio acusado a reconhecer seus erros, a "voltar-se para dentro": a *introjeção* da força ativa não é o contrário da *projeção*, mas a consequência e o prosseguimento da projeção reativa. Não se deve ver na má consciência um tipo novo: no máximo encontramos, no tipo reativo, no tipo do escravo, variedades concretas nas quais o ressentimento está quase

50. GM, II, 16.
51. GM, III, 14.

em estado puro; outras nas quais a má consciência, atingindo seu pleno desenvolvimento, recobre o ressentimento. As forças reativas continuam percorrendo as etapas do seu triunfo: a má consciência prolonga o ressentimento, nos leva ainda mais longe num domínio em que o contágio se propaga. A força ativa se torna reativa, o senhor se torna escravo.

Separada do que ela pode, a força ativa não se evapora. Voltando-se contra si, *ela produz dor*. Não mais gozar de si, mas produzir a dor: "esse inquietante e horrendamente prazeroso trabalho de uma alma voluntariamente cindida, que a si mesma faz sofrer, por prazer em fazer"; "se experimenta e se *busca* satisfação no malogro, na desventura, no fenecimento, no feio, na perda voluntária, na negação de si, na autoflagelação e no autossacrifício".[52] A dor, em vez de ser regulada pelas forças reativas, é produzida pela antiga força ativa. Daí resulta um fenômeno curioso, insondável: uma multiplicação, uma autofecundação, uma hiperprodução de dor. A má consciência é a consciência que multiplica sua dor, que encontrou o meio de fabricá-la: voltar a força ativa contra si mesma, a imunda oficina. *Multiplicação da dor pela interiorização da força, pela introjeção da força*: esta é a primeira definição da má consciência.

9. O problema da dor

Tal é, pelo menos, a definição do primeiro aspecto da má consciência: aspecto topológico, estado bruto ou material. A interioridade é uma noção complexa. O que é interiorizado em primeiro lugar é a força ativa, mas a força interiorizada se torna produtora de dor, e, sendo a dor produzida com maior abundância, a interioridade ganha "em profundidade, em largura, em altura", abismo cada vez mais voraz. Isto quer dizer, em segundo lugar, que a dor, por sua vez, é *interiorizada*, sensualizada, espiritualizada. O que significam essas expressões? *Inventa-se um novo sentido para a dor, um sentido interno, um sentido íntimo*: faz-se da dor a consequência de um pecado, de uma falta. Tu fabricaste tua dor porque pecaste, tu te salvarás fabricando tua dor. A dor concebida como a consequência de uma falta íntima

52. GM, II, 18, e III, II.

e o mecanismo interior de uma salvação, a dor interiorizada à medida que é fabricada, "a reinterpretação do sofrer como sentimento de culpa, medo e castigo":[53] eis o segundo aspecto da má consciência, seu momento tipológico, a má consciência como sentimento de culpa.

Para compreender a natureza dessa invenção, é preciso estimar a importância de um problema mais geral: qual é o sentido da dor? O sentido da existência depende inteiramente disso: a existência tem um sentido conquanto a dor tenha um sentido na existência.[54] Ora, a dor é uma reação. Parece que seu único sentido reside na possibilidade de agir essa reação ou, pelo menos, de localizar, de isolar seu traço a fim de evitar qualquer propagação até que se possa de novo re-agir. O sentido ativo da dor aparece então como um *sentido externo*. Para julgar a dor de um ponto de vista ativo, é preciso mantê-la no elemento de sua exterioridade. E é preciso toda uma arte que é a dos senhores. Os senhores têm um segredo. Sabem que a dor só tem um sentido: dar prazer a alguém, dar prazer a alguém que a inflige ou que a contempla. Se o homem ativo é capaz de não levar a sério sua própria dor, é porque sempre imagina alguém a quem ela dá prazer. Essa imaginação tem um papel na crença nos deuses ativos que povoam o mundo grego: "'É justificado todo mal cuja visão distrai um deus'... Que sentido tinham no fundo as guerras de Troia e semelhantes trágicos horrores? Não há como duvidar: eram *festivais* para os deuses".[55] Existe hoje a tendência a invocar a dor como argumento contra a existência; essa argumentação atesta uma maneira de pensar que nos é cara, uma maneira reativa. Não nos colocamos apenas do ponto de vista de quem sofre, mas também do ponto de vista do homem do ressentimento que não age mais suas reações. Compreendamos que o sentido ativo da dor aparece em outras perspectivas: a dor não é um argumento contra a vida, mas, ao contrário, um excitante da vida, "uma isca para a vida", um argumento em seu favor. Ver sofrer ou mesmo infligir o sofrimento é uma estrutura da vida como vida ativa, uma manifestação ativa da vida. A dor tem um sentido imediato em favor da vida: seu sentido externo. "Parece-me que repugna à nossa

---

53. GM, III, 20.
54. Co. In., III, "Schopenhauer educador", 5.
55. GM, II, 7.

delicadeza, mais ainda à tartufice dos mansos animais domésticos (isto é, os homens modernos, isto é, nós), imaginar com todo o rigor até que ponto a *crueldade* constituía o grande prazer festivo da humanidade antiga, como era o ingrediente de quase todas as suas alegrias... Sem crueldade não há festa: é o que ensina a mais antiga e mais longa história do homem – e no castigo também há muito de *festivo*." [56] Esta é a contribuição de Nietzsche ao problema particularmente espiritualista: qual é o sentido da dor e do sofrimento?

É preciso admirar ainda mais a espantosa invenção da má consciência: um novo sentido para o sofrimento, *um sentido interno*. Não se trata mais de agir sua dor, nem de julgá-la de um ponto de vista ativo. Ao contrário, a paixão é um entorpecimento contra a dor. "Um afeto o mais selvagem possível": fazemos da dor a consequência de um erro e o meio de uma salvação; curamo-nos da dor fabricando ainda mais dor, interiorizando-a ainda mais; entorpecemo-nos, isto é, curamo-nos da dor infeccionando o ferimento.[57] Já em *O nascimento da tragédia*, Nietzsche indicava uma tese essencial: a tragédia morre ao mesmo tempo que o drama se torna um conflito íntimo e que o sofrimento é interiorizado. Mas quem inventa e quer o sentido interno da dor?

10. Desenvolvimento da má consciência: o sacerdote cristão

Interiorização da força seguida da interiorização da própria dor: a passagem do primeiro para o segundo momento da má consciência, assim como o encadeamento dos dois aspectos do ressentimento, não é automática. Novamente é necessária a intervenção do sacerdote. Essa segunda encarnação do sacerdote é a encarnação cristã: "Apenas nas mãos do sacerdote, esse verdadeiro artista em sentimentos de culpa, ele veio a tomar forma".[58] É o sacerdote cristão que faz a má consciência sair de seu estado bruto ou animal, é ele que preside à interiorização da dor. É ele, sacerdote-médico, que cura a dor

56. GM, II, 6.
57. GM, III, 15.
58. GM, III, 20.

infeccionando o ferimento. É ele, sacerdote-artista, que conduz a má consciência a sua ironia superior: a dor, consequência de um pecado. Mas como ele procede? "Querendo-se resumir numa breve fórmula o valor da existência sacerdotal, pode-se dizer simplesmente: o sacerdote é aquele que *muda a direção do ressentimento*."[59] Lembremos que o homem do ressentimento, essencialmente doloroso, busca uma causa para seu sofrimento. Ele acusa, acusa tudo o que é ativo na vida. O sacerdote já surge aqui numa primeira forma: preside à acusação, a organiza. Vê esses homens que se dizem bons, e eu te digo: são maus. A potência do ressentimento é, portanto, inteiramente dirigida ao outro, contra os outros. Mas o ressentimento é uma matéria explosiva: faz com que as forças ativas se tornem reativas. É preciso, então, que o ressentimento se adapte a essas novas condições, que mude de direção. É agora, *em si mesmo*, que o homem reativo deve encontrar a causa de seu sofrimento. A má consciência lhe sugere que "deve buscá-la *em si mesmo*, em uma culpa, um pedaço de passado, ele deve entender seu sofrimento mesmo como uma punição".[60] E o sacerdote aparece uma segunda vez para presidir a essa mudança de direção: "Isso mesmo, minha ovelha! Alguém deve ser culpado: mas você mesma é esse alguém – *somente você é culpada de si...*".[61] O sacerdote inventa a noção de *pecado*: "O 'pecado'... foi até agora o maior acontecimento na história da alma enferma: nele temos o mais perigoso e fatal artifício da interpretação religiosa".[62] A palavra *falta* remete agora à falta que cometi, à minha própria falta, à minha culpa. Eis aí como a dor é interiorizada; consequência de um pecado, só tem um sentido, um sentido íntimo.

A relação entre cristianismo e judaísmo deve ser avaliada de dois pontos de vista. Por um lado, o cristianismo é o coroamento do judaísmo. Ele prossegue, termina sua obra. Toda a potência do ressentimento conduz ao Deus dos pobres, dos doentes e dos pecadores. Em páginas célebres, Nietzsche insiste no caráter odiento de São Paulo,

---

59. GM, III, 15.
60. GM, III, 20.
61. GM, III, 15.
62. GM, III, 20.

na baixeza do Novo Testamento.[63] Mesmo a morte de Cristo é um desvio que reconduz aos valores judaicos: por essa morte, instaura-se uma pseudo-oposição entre o amor e o ódio; o amor é tornado mais sedutor como se fosse independente desse ódio, oposto a esse ódio, vítima desse ódio.[64] É escamoteada a verdade que Pôncio Pilatos havia descoberto: o cristianismo é a consequência do judaísmo, nele encontra todas as suas premissas, é apenas a conclusão *dessas* premissas. Mas é verdade que, de um outro ponto de vista, o cristianismo traz uma característica nova. Não se contenta em acabar com o ressentimento; muda a sua direção. Impõe essa invenção nova: a má consciência. Ora, aí tampouco se acreditará que a nova direção do ressentimento na má consciência se oponha à direção anterior. Trata-se somente de uma tentação, de uma sedução suplementares. O ressentimento dizia "é tua culpa", a má consciência diz "é minha culpa". Mas, precisamente, o ressentimento não descansa enquanto seu contágio não é propagado. Seu objetivo é que a vida toda se torne reativa, que os sadios se tornem doentes. Não lhe basta acusar, é preciso que o acusado se sinta culpado. Ora, é na má consciência que o ressentimento mostra o exemplo e atinge o ápice de sua potência contagiosa: mudança de direção. É minha culpa, é minha culpa, até que o mundo inteiro repita esse refrão desolado, até que tudo o que é ativo na vida desenvolva esse mesmo sentimento de culpa. E não há outras condições para a potência do sacerdote: por natureza, o sacerdote é aquele que se torna senhor dos que sofrem.[65]

Em tudo isso, encontra-se a ambição de Nietzsche: mostrar que, lá onde os dialéticos veem antíteses ou oposições, existem diferenças mais sutis para descobrir, coordenações e correlações mais profundas para avaliar – não a consciência infeliz hegeliana, que é apenas um sintoma, mas a má consciência! A definição do primeiro aspecto da má consciência era: *multiplicação da dor por interiorização da força*. A definição do segundo aspecto é: *interiorização da dor por mudança de direção do ressentimento*. Já insistimos em como a má consciência dá continuidade ao ressentimento. É preciso insistir também no

63. AC, 42-43, 46.
64. GM, I, 8.
65. GM, III, 15.

paralelismo da má consciência e do ressentimento. Não somente cada uma dessas variedades tem dois momentos, topológico e tipológico, mas a passagem de um momento para outro faz intervir o personagem do sacerdote. E o sacerdote age sempre por ficção. Analisamos a ficção sobre a qual repousa a inversão dos valores no ressentimento. Mas resta um problema a resolver: sobre que ficção repousam a interiorização da dor e a mudança de direção do ressentimento na má consciência? O problema é ainda mais complexo, segundo Nietzsche, por colocar em jogo o conjunto do fenômeno chamado *cultura*.

11. A cultura considerada do ponto de vista pré-histórico

Cultura significa adestramento e seleção. Nietzsche chama o movimento da cultura de "eticidade dos costumes";[66] esta não é separável dos grilhões, das torturas, dos meios atrozes que servem para adestrar o homem. Mas, nesse adestramento violento, o olho do genealogista distingue dois elementos:[67] 1) Aquilo a que se obedece, num povo, numa raça ou numa classe, é sempre histórico, arbitrário, grotesco, estúpido e estreito; isso representa, na maioria das vezes, as piores forças *reativas*. 2) Mas no fato de que se obedeça a alguma coisa, pouco importa a quê, aparece um princípio que ultrapassa os povos, as raças e as classes. Obedecer à lei porque é a lei: a forma da lei significa que uma certa *atividade*, uma certa força ativa se exerce sobre o homem e se atribui a tarefa de adestrá-lo. *Apesar de inseparáveis na história*, esses dois aspectos não devem ser confundidos: por um lado, a pressão histórica de um Estado, de uma Igreja etc. sobre os indivíduos a serem integrados; por outro, a atividade do homem como ser genérico, a atividade da espécie humana enquanto se exerce sobre indivíduo como tal. Daí o emprego por Nietzsche das palavras "primitivo", "pré-histórico": a eticidade dos costumes *precede* a história universal;[68] cultura é atividade genérica, "o autêntico trabalho do homem em si próprio, durante o período mais longo da sua existência, todo esse trabalho

66. A, 9.
67. BM, 188.
68. A, 18.

pré-histórico... não obstante o que nele também haja de tirania, dureza, estupidez e idiotismo".[69] Toda lei histórica é arbitrária, mas o que não é arbitrário, o que é pré-histórico e genérico, é a lei de obedecer a leis. (Bergson reencontra essa tese quando mostra, em *As duas fontes da moral e da religião*, que todo hábito é arbitrário, mas que é natural o hábito de adquirir hábitos.)

Pré-histórico significa genérico. A cultura é a atividade pré-histórica do homem. Mas em que consiste essa atividade? Trata-se sempre de dar hábitos ao homem, de fazê-lo obedecer a leis, de adestrá-lo. Adestrar o homem significa formá-lo de tal modo que ele possa agir suas forças reativas. A atividade da cultura se exerce, em princípio, sobre as forças reativas, lhes dá hábitos e lhes impõe modelos, para torná-las aptas a serem agidas. A cultura, enquanto tal, se exerce em várias direções. Incide até mesmo sobre as forças reativas do inconsciente, as forças digestivas e intestinais mais subterrâneas (regime alimentar e algo análogo ao que Freud chama de a educação dos esfíncteres).[70] Mas seu objetivo principal é o de reforçar a consciência. É preciso dar a essa consciência, que se define pelo caráter fugidio das excitações, que se apoia na faculdade do esquecimento, uma consistência e uma firmeza que ela não tem por si mesma. A cultura dota a consciência de uma nova faculdade, que, aparentemente, se opõe à faculdade do esquecimento: a memória.[71] Mas a memória de que se trata aqui não é a memória dos traços. Essa memória original não é mais função do passado, mas função do futuro. Não é memória da sensibilidade, mas da vontade. Não é memória dos traços, mas das palavras.[72] Ela é faculdade de prometer, engajamento do futuro, lembrança do próprio futuro. Lembrar-se da promessa feita não é se

---

69. GM, II, 2.

70. EH, "Por que sou tão inteligente".

71. GM, II, I: "Precisamente esse animal que necessita esquecer, no qual o esquecer é uma força, uma forma de saúde *forte*, desenvolveu em si uma faculdade oposta, uma memória, em cujo auxílio o esquecimento é suspenso em determinados casos".

72. GM, II, l. Sobre esse ponto, a semelhança entre Freud e Nietzsche se confirma. Freud atribui ao "pré-consciente" traços verbais, distintos dos traços mnêmicos próprios do sistema inconsciente. Essa distinção lhe permite responder à pergunta: "Como tornar (pré-) conscientes elementos recalcados?". A resposta é: "Estabelecendo esses elos intermediários pré-conscientes que são as lembranças verbais". A pergunta de Nietzsche se enuncia assim: como é possível "agir" as forças reativas?

lembrar de que foi feita em tal momento passado, mas de que deve ser mantida em tal momento futuro. Eis precisamente o objetivo seletivo da cultura: formar um homem capaz de prometer, portanto de dispor do futuro, um homem livre e potente. Só um homem assim é ativo; ele age suas reações, nele tudo é ativo ou agido. A faculdade de prometer é o efeito da cultura como atividade do homem sobre o homem; o homem que pode prometer é o produto da cultura como atividade genérica.

Compreendemos por que a cultura não recua, em princípio, diante de nenhuma violência: "talvez nada exista de mais terrível e inquietante na pré-história do que a sua mnemotécnica... Jamais deixou de haver sangue, martírio e sacrifício, quando o homem sentiu a necessidade de criar em si uma memória".[73] Antes de chegar ao objetivo (o homem livre, ativo e potente), quantos suplícios não são necessários para adestrar as forças reativas, para constrangê-las a serem agidas. A cultura sempre empregou o seguinte meio: fez da dor um meio de troca, uma moeda, um equivalente; precisamente o exato equivalente de um esquecimento, de um dano causado, de uma promessa não cumprida.[74] A cultura referida a esse meio se chama *justiça*; o próprio meio se chama *castigo*. Dano causado = dor sofrida: eis a equação do castigo que determina uma relação do homem com o homem. Essa relação entre os homens é determinada, segundo a equação, como *relação de um credor e de um devedor*: a justiça torna o homem *responsável por uma dívida*. A relação credor-devedor expressa a atividade da cultura em seu processo de adestramento ou de formação. Correspondendo à atividade pré-histórica, essa própria relação é a relação do homem com o homem, a "mais antiga e primordial relação pessoal", anterior mesmo aos "começos de qualquer forma de organização social ou aliança".[75] Além disso, é transposta "para os meios mais toscos e incipientes complexos sociais". É no crédito, não na troca, que Nietzsche vê o arquétipo da organização social. O homem que paga com sua dor o dano que causa, o homem considerado responsável

73. GM, II, 3.

74. GM, II, 4.

75. GM, II, 8. Na relação credor-devedor, "pela primeira vez defrontou-se, *mediu-se* uma pessoa com outra".

por uma dívida, o homem tratado como responsável por suas forças reativas: aí está o meio utilizado pela cultura para atingir seu objetivo. Nietzsche nos apresenta então a seguinte linhagem genética: 1) A cultura como atividade pré-histórica ou genérica, tarefa de adestramento e de seleção; 2) O meio utilizado por essa atividade, a equação do castigo, a relação da dívida, o homem responsável; 3) O produto dessa atividade: o homem ativo, livre e potente, o homem que pode prometer.

12. A cultura considerada do ponto de vista pós-histórico

Colocávamos um problema relativo à má consciência. A linha genética da cultura não parece de modo algum nos aproximar de uma solução. Ao contrário, a conclusão mais evidente é a de que nem a má consciência nem o ressentimento intervêm no processo da cultura e da justiça. "A 'má consciência', a mais sinistra e mais interessante planta da nossa vegetação terrestre, *não* cresceu nesse terreno."[76] Por um lado, a origem da justiça não é de modo algum a vingança, o ressentimento. Moralistas e mesmo socialistas fazem, por vezes, a justiça derivar de um sentimento reativo: sentimento da ofensa ressentida, espírito de vingança, reação justiceira. Mas tal derivação não explica nada: faltaria mostrar como a dor de outrem pode ser uma satisfação da vingança, uma reparação para a vingança. Ora, nunca se compreenderá a cruel equação "dano causado = dor sofrida", se não se introduzir um terceiro termo: o prazer que se sente em infligir uma dor ou em contemplá-la.[77] Mas esse terceiro termo, sentido externo da dor, tem uma origem que em absoluto não é a vingança ou a reação: ele remete a um ponto de vista ativo, a forças ativas, que assumem como tarefa e como prazer o adestramento das forças reativas. A justiça é a atividade genérica que adestra as forças reativas do homem, que as torna aptas a serem agidas e considera o homem como responsável por essa aptidão. Será oposta

76. GM, II, 14.
77. GM, II, 6: "Quem aqui introduz toscamente o conceito de 'vingança', obscurece e cobre a visão, em vez de facilitá-la (– pois a vingança leva precisamente ao mesmo problema: 'como pode fazer-sofrer ser uma satisfação?')". Aqui está o que falta à maioria das teorias: mostrar de que ponto de vista "fazer-sofrer" dá prazer.

à justiça a maneira pela qual o ressentimento e depois a má consciência se formam: pelo triunfo das forças reativas, por sua inaptidão a serem agidas, por seu ódio a tudo o que é ativo, por sua resistência, por sua injustiça fundamental. Assim o ressentimento, longe de estar na origem da justiça, é "o último terreno conquistado pelo espírito da justiça... O homem ativo, violento, excessivo, está sempre bem mais próximo da justiça que o homem reativo".[78]

E do mesmo modo que a justiça não tem o ressentimento como origem, o castigo não tem a má consciência como produto. Qualquer que seja a multiplicidade dos sentidos do castigo, há sempre um sentido que o castigo *não tem*. O castigo não tem a propriedade de despertar no culpado o sentimento da falta. "Justamente entre os prisioneiros e criminosos o autêntico remorso é algo raro ao extremo, as penitenciárias e casas de correção *não* são o viveiro onde se reproduz essa espécie de verme roedor... Falando de modo geral, o castigo endurece e torna frio; concentra; aguça o sentimento de distância; aumenta a força de resistência. Quando sucede de ele quebrar a energia e produzir miserável prostração e autorrebaixamento, um tal sucesso é sem dúvida ainda menos agradável que o seu efeito habitual: que se caracteriza por uma seca e sombria seriedade. Mas se considerarmos os milênios *anteriores* à história do homem, sem hesitação podemos afirmar que o desenvolvimento do sentimento de culpa foi *detido*, mais do que tudo, precisamente pelo castigo – ao menos quanto às vítimas da violência punitiva."[79] O estado da cultura no qual o homem, às custas de sua dor, sente-se responsável por suas forças reativas será oposto, ponto por ponto, ao estado da má consciência no qual o homem, ao contrário, sente-se culpado por suas forças ativas e as ressente como culpadas. Qualquer que seja a maneira pela qual consideremos a cultura ou a justiça, sempre veremos nelas o exercício de uma atividade formadora, o contrário do ressentimento, da má consciência.

Essa impressão se reforça ainda mais se consideramos o produto da atividade cultural: o homem ativo e livre, o homem que pode prometer. Assim como a cultura é o elemento pré-histórico do homem,

---

78. GM, II, 11: "Historicamente considerado, o direito representa... justamente a luta *contra* os sentimentos reativos, a guerra que lhes fazem as potências ativas e agressivas".
79. GM, II, 14.

o produto da cultura é o elemento pós-histórico do homem. "Mas coloquemo-nos no fim do imenso processo, ali onde a árvore finalmente sazona seus frutos, onde a sociedade e sua moralidade do costume finalmente trazem à luz aquilo para o qual eram apenas o meio: encontramos então, como fruto mais maduro da sua árvore, *o indivíduo soberano*, igual apenas a si mesmo, novamente liberado da moralidade do costume, indivíduo autônomo supramoral (pois 'autônomo' e 'moral' se excluem), em suma, o homem da vontade própria, duradoura e independente, o que pode *fazer promessas*."[80] Nietzsche aqui nos ensina que não se deve confundir o produto da cultura com seu meio. A atividade genérica do homem constitui o homem como responsável por suas forças reativas: *responsabilidade-dívida*. Mas esta responsabilidade é apenas um meio de adestramento e seleção: mede progressivamente a aptidão das forças reativas a serem agidas. O produto acabado da atividade genérica não é absolutamente o próprio homem responsável ou o homem moral, mas o homem autônomo e supramoral, isto é, aquele que age efetivamente suas forças reativas e no qual todas as forças reativas são agidas. Só ele "pode" fazer promessas, precisamente porque não é mais responsável diante de nenhum tribunal. O produto da cultura não é o homem que obedece à lei, mas o indivíduo soberano e legislador que se define pela potência sobre si mesmo, sobre o destino, sobre a lei: o livre, o leve, *o irresponsável*. Em Nietzsche, a noção de responsabilidade, mesmo em sua forma superior, tem o valor limitado de um simples meio: o indivíduo autônomo não é mais responsável por suas forças reativas diante da justiça; é seu senhor, o soberano, o legislador, o autor e o ator. É ele quem fala, não precisa mais *responder*. O único sentido ativo da responsabilidade-dívida é o de desaparecer no movimento pelo qual o homem se libera: o credor se libera porque participa do direito dos senhores, o devedor se libera, mesmo ao preço de sua carne e de sua dor; ambos se liberam, se desprendem do processo que os adestrou.[81] Este é o movimento geral da cultura: o meio desaparece no produto. A responsabilidade como responsabilidade diante da lei, a lei como lei da justiça, a justiça como meio da cultura: tudo isso

80. GM, II, 2.
81. GM, II, 5, 13 e 21.

desaparece no produto da própria cultura. A eticidade dos costumes produz o homem liberto da eticidade dos costumes, o espírito das leis produz o homem liberto da lei; por isso Nietzsche fala de uma auto-destruição da justiça.[82] A cultura é a atividade genérica do homem; mas visto que toda essa atividade é seletiva, ela produz o indivíduo como seu objetivo final em que o próprio genérico é suprimido.

13. A cultura considerada do ponto de vista histórico

Procedemos como se a cultura fosse da pré-história à pós-história. Ela foi considerada uma atividade genérica que, por um longo trabalho de pré-história, chegava ao indivíduo como a seu produto pós-histórico. Com efeito, esta é sua essência, em conformidade com a superiori-dade das forças ativas sobre as forças reativas. Mas negligenciamos um ponto importante: o triunfo, de fato, das forças inferiores e reativas. Negligenciamos *a história*. Sobre a cultura, devemos dizer ao mesmo tempo que há muito desapareceu e ainda não começou. A atividade genérica se perde na noite do passado, assim como seu produto, na noite do futuro. A cultura recebe na história um sentido muito dife-rente de sua própria essência, ao ser capturada por forças estranhas de natureza totalmente distinta. A atividade genérica na história não se separa de um movimento que a desnatura e que desnatura seu pro-duto. Além disso, a história é essa própria desnaturação, se confunde com a "degenerescência da cultura". Em lugar da atividade genérica, a história nos apresenta raças, povos, classes, Igrejas e Estados. Na atividade genérica, se enxertam organizações sociais, associações, comunidades de caráter *reativo*, parasitas que vêm recobri-la e ab-sorvê-la. Graças à atividade genérica, cujo movimento elas falseiam, as forças reativas formam coletividades, o que Nietzsche chama de "rebanhos".[83] Em lugar da justiça e de seu processo de autodestruição, a história nos apresenta sociedades que não querem perecer e que não imaginam nada superior a suas leis. Que Estado ouviria o conselho de Zaratustra: "deixai-vos derrubar"?[84] A lei se confunde na história

82. GM, II, 10: a justiça "termina como toda coisa boa sobre a terra, *suprimindo a si mesma*".
83. GM, III, 18.
84. Z, II, "Dos grandes acontecimentos".

com o conteúdo que a determina, conteúdo reativo que a preenche e a impede de desaparecer, exceto em proveito de outros conteúdos mais estúpidos e mais pesados. Em lugar do indivíduo soberano como produto da cultura, a história nos apresenta seu próprio produto, o homem domesticado, no qual encontra o famoso sentido da história: "um *sublime aborto*", "o 'homem manso', o incuravelmente medíocre e insosso... de que hoje a Europa começa a feder"[85]. A história nos apresenta toda a violência da cultura como a propriedade legítima dos povos, dos Estados e das Igrejas, como a manifestação da força *deles*. E, de fato, todos os procedimentos de adestramento são empregados, mas revirados, desviados, invertidos. Uma moral, uma Igreja, um Estado são ainda empreendimentos de seleção, teorias da hierarquia. Nas leis mais estúpidas, nas comunidades mais limitadas, trata-se ainda de adestrar o homem e de fazer com que suas forças reativas sirvam. Mas fazer com que sirvam a quê, para quê? Operar que adestramento, que seleção? Servem-se dos procedimentos de adestramento para, contudo, fazer do homem o animal gregário, a criatura dócil e domesticada. Servem-se dos procedimentos de seleção para, contudo, dobrar os fortes, triar os fracos, os sofredores ou os escravos. A seleção e a hierarquia são viradas do avesso. A seleção torna-se o contrário do que era do ponto de vista da atividade: não passa mais de um meio de conservar, de organizar, de propagar a vida reativa.[86]

A história aparece, portanto, como o ato pelo qual as forças reativas se apoderam da cultura ou a desviam em seu proveito. O triunfo das forças reativas não é um acidente na história, mas o princípio e o sentido da "história universal". Essa ideia de uma degenerescência histórica da cultura ocupa, na obra de Nietzsche, um lugar predominante: servirá de argumento em sua luta contra a filosofia da história e contra a dialética. Inspira a decepção de Nietzsche: de "grega", a cultura se torna "alemã"... Desde as *Considerações intempestivas*, Nietzsche tenta explicar por que e como a cultura se põe a serviço das forças reativas que a desnaturam.[87] Zaratustra aprofunda ainda

85. BM, 62. GM, I, 11.
86. GM, III, 13-20. BM, 62.
87. Co. In., III, "Schopenhauer educador", 6. Nietzsche explica o desvio da cultura invocando "três egoísmos": o egoísmo *dos que adquirem*, o egoísmo do *Estado*, o egoísmo da *ciência*.

mais essa ideia e desenvolve um símbolo obscuro: o cão de fogo. O cão de fogo é a imagem da atividade genérica, expressa a relação do homem com a terra. Mas a terra, justamente, tem duas doenças: o homem e o próprio cão de fogo. Pois o homem é o homem domesticado; a atividade genérica é a atividade deformada, desnaturada, que se põe a serviço das forças reativas, que se confunde com a Igreja, com o Estado. "Igreja?, respondi eu, é uma espécie de Estado, a mais mentirosa. Mas cala-te, ó cão hipócrita! Conheces melhor que ninguém a tua espécie! Tal como tu, o Estado é um cão hipócrita; tal como tu, ele gosta de falar com fumaça e gritos – de modo a fazer crer, como tu, que fala de dentro da barriga das coisas. Pois ele faz questão de ser o mais importante animal da Terra, o Estado; e as pessoas acreditam nisso." Zaratustra invoca um outro cão de fogo: "ele realmente fala do coração da terra".[88] Seria ainda a atividade genérica? Mas, desta vez, a atividade genérica captada no elemento da pré-história, ao qual corresponde o homem enquanto é produzido no elemento da pós-história? Apesar de insuficiente, essa interpretação deve ser considerada. Nas *Considerações intempestivas*, Nietzsche já confiava no "elemento não histórico e supra-histórico da cultura" (o que ele chamava o sentido grego da cultura).[89]

Na verdade, existe um certo número de questões às quais não podemos ainda responder. Qual é o estatuto desse duplo elemento da cultura? Ele tem uma realidade? É algo distinto de uma "visão" de Zaratustra? A cultura não se separa, na história, do movimento que a desnatura e a coloca a serviço das forças reativas; mas a cultura também não se separa da própria história. Não é uma simples ideia a atividade da cultura, a atividade genérica do homem? Se o homem é essencialmente (isto é, genericamente) um ser *reativo*, como poderia ter, ou mesmo ter tido, numa pré-história, uma *atividade* genérica? Como um homem ativo poderia aparecer, mesmo numa pós-história? Se o homem é essencialmente reativo, parece que a atividade deve concernir a um ser diferente do homem. Se o homem, ao contrário, tem uma atividade genérica, parece que ela só pode ser deformada de maneira acidental. Por enquanto, podemos apenas recensear as teses de

---

88. z, ii, "Dos grandes acontecimentos".
89. Co. In., ii, "Da utilidade e do inconveniente dos estudos históricos", 10 e 8.

4. Do ressentimento à má consciência

Nietzsche, deixando para mais tarde o cuidado de buscar sua significação: o homem é essencialmente reativo; nem por isso deixa de existir uma atividade genérica do homem, mas necessariamente deformada, fracassando necessariamente em seu objetivo, desembocando no homem domesticado; essa atividade deve ser retomada num outro plano, plano no qual ela produz, mas produz algo que não é o homem...

Todavia, já é possível explicar por que a atividade genérica entra em decadência necessariamente na história e muda em proveito das forças reativas. Se o esquema das *Considerações intempestivas* é insuficiente, a obra de Nietzsche apresenta outras direções nas quais pode ser encontrada uma solução. A atividade da cultura se propõe a adestrar o homem, isto é, a tornar as forças reativas aptas a servirem, a serem agidas. Mas, no decorrer do adestramento, essa aptidão a servir permanece profundamente ambígua. Pois permite ao mesmo tempo que as forças reativas se coloquem a serviço de outras forças reativas, deem a estas uma aparência de atividade, uma aparência de justiça, formem com elas uma ficção que prepondera sobre as forças ativas. Lembremos que, no ressentimento, certas forças reativas impediam outras forças reativas de serem agidas. A má consciência emprega para o mesmo fim meios quase opostos: *na má consciência, forças reativas se servem de sua aptidão a serem agidas para darem a outras forças reativas uma aparência de ação.* Há tanta ficção nesse procedimento quanto no procedimento do ressentimento. É assim que se formam, graças à atividade genérica, associações de forças reativas. Estas se enxertam na atividade genérica e a desviam necessariamente de seu sentido. As forças reativas, graças ao adestramento, encontram uma oportunidade prodigiosa: a oportunidade para se associarem, para formarem uma reação coletiva que usurpa a atividade genérica.

14. Má consciência, responsabilidade, culpa

Quando as forças reativas se enxertam assim na atividade genérica, interrompem sua "linhagem". Mais uma vez, uma projeção intervém: é a dívida, é a relação credor-devedor que é projetada e que muda de natureza nessa projeção. Do ponto de vista da atividade genérica, o homem era considerado responsável por suas forças reativas;

suas próprias forças reativas eram consideradas responsáveis diante de um tribunal ativo. Agora, as forças reativas aproveitam-se de seu adestramento para formar uma associação complexa com outras forças reativas: se sentem responsáveis diante dessas outras forças, estas outras forças sentem-se juízas e senhoras das primeiras. A associação das forças reativas é acompanhada assim por uma transformação da dívida; esta se torna dívida para com "a divindade", para com "a sociedade", para com "o Estado", para com instâncias reativas. Tudo se passa então entre forças reativas. A dívida perde o caráter ativo pelo qual participava da liberação do homem: em sua nova forma, ela é inesgotável, *impagável*. "Justamente a perspectiva de um resgate definitivo *deve* se encerrar, de modo pessimista, de uma vez por todas; o olhar deve se chocar e recuar desconsolado, ante uma impossibilidade férrea; as noções de culpa e dever devem se voltar para trás – contra *quem*? Não se pode duvidar: primeiramente contra o 'devedor'... mas finalmente se voltam até mesmo contra o 'credor'." Pensem no que o cristianismo chama de "redenção". Não se trata mais de uma liberação da dívida, e sim de um aprofundamento da dívida. Não se trata mais de uma dor pela qual pagamos a dívida, mas de uma dor pela qual a ela nos acorrentamos, pela qual nos sentimos devedores para sempre. A dor paga apenas os juros da dívida; *a dor é interiorizada, a responsabilidade-dívida se torna responsabilidade-culpa*. De tal modo que será preciso que o próprio credor assuma a dívida por sua conta, que tome para si o corpo da dívida. Golpe genial do cristianismo, diz Nietzsche: "o próprio Deus se sacrificando pela culpa dos homens, o próprio Deus pagando a si mesmo, Deus como o único que pode redimir o homem daquilo que para o homem se tornou irredimível".[90]

Existe uma diferença de natureza entre as duas formas de responsabilidade, a responsabilidade-dívida e a responsabilidade-culpa. Uma tem como origem a atividade da cultura, é apenas o meio dessa atividade; desenvolve o sentido externo da dor; deve desaparecer no produto para dar lugar à bela irresponsabilidade. Na outra, tudo é reativo: tem como origem a acusação do ressentimento; se enxerta na cultura e a desvia de seu sentido; ela própria acarreta uma mudança de direção do ressentimento, que não busca mais um culpado fora; se

90. GM, II, 21.

eterniza ao mesmo tempo que interioriza a dor. Dizíamos: o sacerdote é aquele que interioriza a dor mudando a direção do ressentimento; com isso, ele dá uma forma à má consciência. Perguntávamos: como o ressentimento pode mudar de direção guardando suas propriedades de ódio e de vingança? A longa análise precedente nos dá elementos para uma resposta: 1) Graças à atividade genérica, e usurpando essa atividade, as forças reativas constituem associações (rebanhos). Algumas forças reativas parecem agir, outras servem de matéria: "onde há rebanho, é o instinto de fraqueza que o quis, e a sabedoria do sacerdote que o organizou".[91] 2) É nesse meio que a má consciência toma forma. Abstraída da atividade genérica, a dívida se projeta na associação reativa. A dívida torna-se a relação de um devedor que não termina de pagar com um credor que não termina de fazer render os juros da dívida: "Dívida para com a divindade". A dor do devedor é interiorizada, a responsabilidade da dívida se torna um sentimento de culpa. É assim que o sacerdote consegue mudar a direção do ressentimento: nós, seres reativos, não temos que procurar um culpado fora, somos todos culpados para com ele, para com a Igreja, para com Deus.[92] 3) Mas o sacerdote não envenena somente o rebanho; ele o organiza, o defende. Inventa os meios que nos fazem suportar a dor multiplicada, interiorizada. Torna vivível a culpa que injeta. Ele nos faz participar de uma aparente atividade, de uma aparente justiça, o serviço de Deus; faz com que nos *interessemos* pela associação, desperta em nós a "vontade de formar rebanho, 'comunidade'... [que] deve por sua vez alcançar uma nova e mais plena irrupção".[93] Nossa insolência de domésticos serve de antídoto a nossa má consciência. Mas, sobretudo, o ressentimento, ao mudar de direção, nada perdeu de suas fontes de satisfação, de sua virulência nem de seu ódio contra *os outros*. É minha culpa: este é o grito de amor com o qual, novas sereias, atraímos os outros e os desviamos de seu caminho. Mudando a direção do ressentimento, os homens da má consciência encontram o meio para satisfazer melhor a vingança, para espalhar melhor o contágio: "oh, como eles mesmos estão no fundo dispostos a *fazer* pagar,

91. GM, III, 18.
92. GM, II, 20-22.
93. GM, III, 18-19.

como anseiam ser *carrascos*!".[94] 4) Observa-se, em tudo isso, que a forma da má consciência implica uma ficção tanto quanto a forma do ressentimento. A má consciência repousa no desvio da atividade genérica, na usurpação dessa atividade, na *projeção* da dívida.

15. O ideal ascético e a essência da religião

Por vezes, Nietzsche procede como se coubesse distinguir dois e até mesmo muitos tipos de religião. Nesse sentido, a religião não estaria essencialmente ligada ao ressentimento nem à má consciência. Dioniso é um Deus. "Quase não posso duvidar de que existem numerosas variedades de deuses. Não faltam os que parecem inseparáveis de um certo alcionismo, de uma certa frivolidade. Os pés leves talvez façam parte dos atributos da divindade."[95] Nietzsche diz repetidamente que há deuses ativos e afirmativos, religiões ativas e afirmativas. Toda seleção implica uma religião. Conforme o método que lhe é caro, Nietzsche reconhece uma pluralidade de sentidos para a religião, segundo as diversas forças que podem se apoderar dela; assim, há uma religião dos fortes, cujo sentido é profundamente seletivo, educativo. Além disso, caso se considere Cristo um tipo pessoal, distinto do cristianismo como tipo coletivo, é preciso reconhecer até que ponto Cristo não tinha ressentimento, má consciência; ele se define por uma alegre mensagem, apresenta uma vida que não é a do cristianismo, tanto quanto o cristianismo apresenta uma religião que não é a de Cristo.[96]

94. GM, III, 14: "Eles rondam entre nós como censuras vivas, como advertências dirigidas a nós – como se a saúde, boa constituição, força, orgulho, sentimento de força fossem em si coisas viciosas, as quais um dia se devesse pagar, e pagar amargamente: oh, como eles mesmos estão no fundo dispostos a *fazer* pagar, como anseiam ser *carrascos*! Entre eles encontram-se em abundância os vingativos mascarados de juízes, que permanentemente levam na boca, com baba venenosa, a palavra *justiça* e andam sempre de lábios em bico, prontos a cuspir em todo aquele que não tenha de olhar insatisfeito e siga seu caminho de ânimo tranquilo".

95. VP, IV, 580.

96. A religião dos fortes e sua significação seletiva: BM, 61. As religiões afirmativas e ativas, que se opõem às religiões niilistas e reativas: VP, I, 332, e AC, 16. Sentido afirmativo do paganismo como religião: VP, IV, 464. Sentido ativo dos deuses gregos: GM, II, 23. O budismo, religião niilista, mas sem espírito de vingança nem sentimento de culpa: AC, 20-23; VP, I, 342-43. O tipo pessoal de Cristo, ausência de ressentimento, de má consciência e de ideia de pecado: AC, 31-35, 40-41. A famosa fórmula com a qual Nietzsche resume sua filosofia

Mas essas observações tipológicas correm o risco de esconder o essencial. Não que a tipologia não seja o essencial, mas a tipologia só é boa quando leva em conta o seguinte princípio: o grau superior ou a afinidade das forças. ("Em todas as coisas só importam os graus superiores.") A religião tem tantos sentidos quantas são as forças capazes de se apoderarem dela. Mas a própria religião é uma força em afinidade maior ou menor com as forças que dela se apoderam ou das quais ela própria se apodera. Enquanto a religião está dominada por forças de outra natureza, não atinge seu grau superior, o único que importa, no qual deixaria de ser um meio. Ao contrário, quando é conquistada por forças da mesma natureza ou quando, ao crescer, se apodera dessas forças e se liberta do jugo das forças que a dominavam em sua infância, então descobre sua própria essência com seu grau superior. Ora, cada vez que Nietzsche fala de uma religião ativa, de uma religião dos fortes, de uma religião sem ressentimento nem má consciência, trata-se de um estado no qual a religião se acha precisamente subjugada por forças de natureza diferente da sua e não pode se desmascarar: a religião "em mãos do filósofo como meios de cultivo e educação".[97] Mesmo com Cristo, a religião como crença ou como fé permanece inteiramente subjugada pela força de uma prática que é a única que permite "sentir-se divino".[98] Em contrapartida, quando a religião chega a "agir soberanamente por si mesma", quando são as outras forças que devem tomar emprestada uma máscara para sobreviverem, isto sempre tem "um preço pesado e terrível", ao mesmo tempo que a religião encontra sua própria essência. Por isso, segundo Nietzsche, *por um lado, a religião e, por outro, a má consciência e o ressentimento estão essencialmente ligados.* Considerados em seu estado bruto, o ressentimento e a má consciência representam as forças reativas que se apoderam dos elementos da religião para liberá-los do jugo sob o qual as forças ativas os mantinham. Em seu estado formal, o ressentimento e a má consciência representam as forças reativas

---

da religião: "No fundo, só o Deus *moral* é refutado" – VP, III, 482; III, 8. É sobre todos esses textos que se apoiam os comentadores que pretendem fazer do ateísmo de Nietzsche um ateísmo temperado ou que querem reconciliar Nietzsche com Deus.

97. BM, 62.

98. AC, 33.

que a própria religião conquista e desenvolve exercendo sua nova soberania. Ressentimento e má consciência são os graus superiores da religião como tal. O inventor do cristianismo não é Cristo, mas São Paulo, o homem da má consciência, o homem do ressentimento. (A questão "Quem?" aplicada ao cristianismo.)[99]

A religião não é apenas uma forma. As forças reativas nunca triunfariam levando a religião a seu grau superior, se a religião, por seu lado, não fosse animada por uma vontade, vontade que conduz as forças reativas ao triunfo. Para além do ressentimento e da má consciência, Nietzsche trata do ideal ascético: terceira etapa. Mas *o ideal ascético também estava presente desde o início*. Num primeiro sentido, o ideal ascético designa o complexo do ressentimento e da má consciência: cruza um com a outra, uma reforça o outro. Em segundo lugar, expressa o conjunto dos meios pelos quais a doença do ressentimento, o sofrimento da má consciência, se tornam vivíveis e, além disso, se organizam e se propagam; o sacerdote ascético é, ao mesmo tempo, jardineiro, criador de animais, pastor, médico. Enfim, e este é seu sentido mais profundo, o ideal ascético expressa a vontade que faz as forças reativas triunfarem. "O ideal ascético expressa uma vontade."[100] Reencontramos a ideia de uma cumplicidade fundamental (não uma identidade, mas uma cumplicidade) entre forças reativas e uma forma da vontade de potência.[101] As forças reativas nunca prevaleceriam sem uma vontade que desenvolvesse as projeções, que organizasse as ficções necessárias. A ficção de um além-mundo no ideal ascético é o que acompanha as operações do ressentimento e da má consciência, é o que permite depreciar a vida e tudo o que é ativo na vida, é o que dá ao mundo um valor de aparência ou de nada. A ficção de um outro mundo já estava presente nas outras ficções como a condição que as

---

99. AC, 42: "A 'boa-nova' foi imediatamente seguida pela pior de todas: a de São Paulo. Em São Paulo se incorpora o tipo contrário ao 'portador da boa-nova', o gênio em matéria de ódio, na visão do ódio, na implacável lógica do ódio. O que não sacrificou ao ódio esse 'disangelista'! Antes de tudo o Redentor: ele o pregou à *sua* cruz". Foi São Paulo quem "inventou" o sentido da culpa: "interpretou" a morte de Cristo como se Cristo morresse *por nossos pecados* (VP, I, 366 e 390).

100. GM, III, 23.

101. Lembremos que o sacerdote não se confunde com as forças reativas: ele as conduz, as faz triunfar, tira partido delas, insufla nelas uma vontade de potência (GM, III, 15 e 18).

tornava possíveis. Inversamente, a vontade de nada precisa das forças reativas: não somente porque só suporta a vida sob a forma reativa, mas também porque precisa da vida reativa como do meio pelo qual a vida *deve* se contradizer, se negar, se anular. O que seriam as forças reativas separadas da vontade de nada? Mas o que seria a vontade de nada sem as forças reativas? Talvez se tornasse algo totalmente distinto daquilo que vemos. O sentido do ideal ascético é, portanto, o seguinte: expressar a afinidade das forças reativas com o niilismo, expressar o niilismo como "motor" das forças reativas.

16. Triunfo das forças reativas

A tipologia nietzscheana põe em jogo toda uma psicologia das "profundezas" ou das "cavernas". Em especial, os mecanismos correspondentes a cada momento do triunfo das forças reativas formam uma teoria do inconsciente que deveria ser confrontada com o conjunto do freudismo. Deve-se evitar, entretanto, atribuir aos conceitos nietzscheanos uma significação exclusivamente psicológica. Não apenas porque um tipo é também uma realidade biológica, sociológica, histórica e política; não apenas porque a metafísica e a teoria do conhecimento dependem, elas próprias, da tipologia; mas porque Nietzsche, através dessa tipologia, desenvolve uma filosofia que deve, segundo ele, substituir a velha metafísica e a crítica transcendental e dar às ciências do homem um novo fundamento: a filosofia genealógica, isto é, a filosofia da vontade de potência. A vontade de potência não deve ser interpretada psicologicamente, como se a vontade quisesse a potência em virtude de um móvel; a genealogia também não deve ser interpretada como uma simples gênese psicológica (cf. quadro recapitulativo à página ao lado).

TIPO	VARIEDADE DO TIPO	MECANISMO	PRINCÍPIO	PRODUTO	QUALIDADE
TIPO ATIVO O Mestre (as forças ativas prevalecem sobre as forças reativas; as forças reativas são agidas).	*O sonho e a embriaguez.*	Os excitantes da vida, os estimulantes da vontade de potência.	Apolo e Dionísio.	*O artista.*	VONTADE DE POTÊNCIA AFIRMATIVA
	A consciência Sistema do aparelho reativo, em que as forças reativas re-agem às excitações.	Distinção do traço e da excitação (recalcamento da memória dos traços).	Faculdade de esquecimento (como princípio regulador).	*O nobre.*	
	A cultura Atividade genérica pela qual as forças reativas são adestradas e domadas.	Mecanismo da violência; sentido externo da dor; instauração da relação devedor-credor; responsabilidade-dívida.	Faculdade de memória: memória das palavras (como princípio teleológico).	*O indivíduo soberano, o legislador.*	

TRIUNFO DAS FORÇAS REATIVAS

TIPO	VARIEDADE DO TIPO	MECANISMO	PRINCÍPIO	PRODUTO	QUALIDADE
TIPO REATIVO O Escravo (as forças reativas prevalecem sobre as forças ativas; elas triunfam sem formar uma força maior).	Ressentimento.	ASPECTO TOPOLÓGICO Deslocamento (deslocamento das forças reativas). ASPECTO TIPOLÓGICO Inversão (inversão dos valores e da relação das forças).	Memória dos traços: invasão da memória dos traços; confusão da excitação com o traço. PRIMEIRA FICÇÃO Projeção reativa da imagem invertida.	*O homem que nada termina. O acusador perpétuo.* (≠ *Nobre*)	VONTADE DE POTÊNCIA NEGATIVA
	Má consciência. (Interiorização.)	ASPECTO TOPOLÓGICO Voltar-se contra si (interiorização da força). ASPECTO TIPOLÓGICO Mudança de direção (interiorização da dor por mudança de direção do ressentimento).	Força ativa separada do que ela pode. SEGUNDA FICÇÃO Projeção reativa da dívida; usurpação da cultura e formação de rebanhos.	*O homem que multiplica sua dor. O homem culpado: sentido interno da dor, responsabilidade-culpa. O homem domesticado.* (≠ *Legislador*)	
	Ideal ascético.	Meios de tornar suportáveis a má consciência e o ressentimento. Expressão da vontade de nada.	TERCEIRA FICÇÃO Posição de um além-mundo.	*O homem ascético.* (≠ *Artista*)	

5. O ALÉM-DO-HOMEM: CONTRA A DIALÉTICA

1. O niilismo

Na palavra niilismo, *nihil* não significa o não-ser, mas, antes de qualquer coisa, um valor de nada. A vida assume um valor de nada na medida em que é negada, depreciada. A depreciação supõe sempre uma ficção: é por ficção que se falseia e se deprecia, é por ficção que se opõe alguma coisa à vida.[1] A vida inteira se torna então irreal, é representada como aparência, assume em seu conjunto um valor de nada. A ideia de um outro mundo, de um mundo suprassensível com todas as suas formas (Deus, a essência, o bem, o verdadeiro), a ideia de valores superiores à vida, não é um exemplo entre outros, mas o elemento constitutivo de qualquer ficção. Os valores superiores à vida não se separam de seu efeito: a depreciação da vida, a negação deste mundo. E se não se separam desse efeito é porque têm por princípio uma vontade de negar, de depreciar. Evitemos acreditar que os valores superiores formam um limiar no qual a vontade se suspende, como se, em face do divino, estivéssemos liberados da coerção de querer. Não é a vontade que se nega nos valores superiores, são os valores superiores que se relacionam com uma vontade de negar, de aniquilar a vida. "Nada de vontade": esse conceito de Schopenhauer é apenas um sintoma; significa inicialmente uma vontade de aniquilamento, uma vontade de nada... "Mas é e continua sendo uma *vontade!*"[2] Nihil, *em niilismo, significa a negação como qualidade da vontade de potência.* Em seu primeiro sentido e em seu fundamento, niilismo significa, portanto, valor de nada assumido pela vida, ficção dos valores superiores que lhe dão esse valor de nada, vontade de nada que se expressa nesses valores superiores.

O niilismo tem um segundo sentido, mais corrente. Não significa mais uma vontade, mas uma reação. Reage-se contra o mundo suprassensível e contra os valores superiores, nega-se a sua existência, recusa-se dar qualquer validade a eles. Não mais desvalorização da vida em nome de valores superiores, mas desvalorização dos próprios valores superiores. Desvalorização não significa mais valor de nada assumido pela vida, mas nada de valores, de valores superiores.

1. AC, 15 (a oposição entre o sonho e a ficção).
2. GM, III, 28.

A grande novidade se propaga: não há nada para ser visto atrás da cortina, as "características dadas ao 'verdadeiro ser' das coisas são as características do não-ser, do *nada*".[3] Assim, o niilista nega Deus, o bem e até mesmo o verdadeiro: todas as formas do suprassensível. Nada é verdadeiro, nada é bem, Deus está morto. Nada de vontade não é mais apenas um sintoma para uma vontade de nada, mas, em última instância, uma negação de toda vontade, um *taedium vitae*. Não há mais vontade do homem nem da terra. "Há apenas neve, a vida emudeceu; as últimas gralhas que se fazem ouvir dizem 'Para quê?', 'Em vão!', '*Nada!*'– nada mais cresce ou medra."[4] Esse segundo sentido continuaria familiar, mas nem por isso deixaria de ser incompreensível, se não víssemos como decorre do primeiro e o supõe. Há pouco a vida era depreciada do alto dos valores superiores, negada em nome desses valores. Aqui, ao contrário, se está sozinho com a vida, mas essa vida ainda é a vida depreciada, que prossegue agora num mundo sem valores, desprovida de sentido e de objetivo, avançando sempre adiante, em direção a seu próprio nada. Há pouco, a essência era oposta à aparência, se fazia da vida uma aparência. Agora, nega--se a essência, mas se preserva a aparência. O primeiro sentido do niilismo encontrava seu princípio na vontade de negar como vontade de potência. O segundo sentido, "pessimismo da fraqueza", encontra seu princípio na vida reativa nua e crua, nas forças reativas reduzidas a si mesmas. O primeiro sentido é um *niilismo negativo*; o segundo é um *niilismo reativo*.

2. Análise da piedade

A cumplicidade fundamental entre a vontade de nada e as forças reativas consiste no seguinte: é a vontade de nada que faz as forças reativas triunfarem. Quando, sob a vontade de nada, a vida universal se torna irreal, a vida como vida particular se torna reativa. A vida se torna ao mesmo tempo irreal em seu conjunto e reativa em particular. Em sua tarefa de negar a vida, a vontade de nada, por um lado, tolera a vida reativa, e, por outro, tem necessidade dela. Ela a tolera como estado

3. Cr. Id., "A razão na filosofia", 6.
4. GM, III, 26.

da vida próximo de zero, tem necessidade dela como do meio pelo qual a vida é levada a se negar, a se contradizer. Assim, em sua vitória, as forças reativas têm uma *testemunha*, pior ainda, um *guia*. Ora, ocorre que as forças reativas triunfantes suportem cada vez menos esse guia e essa testemunha. Querem triunfar sozinhas, não querem mais dever seu triunfo a ninguém. Talvez receiem o objetivo obscuro que a vontade de potência atinge por sua própria conta através da vitória delas, talvez temam que essa vontade de potência se volte contra elas e as destrua por sua vez. *A vida reativa rompe sua aliança com a vontade negativa*, quer reinar sozinha. Eis então que as forças reativas projetam sua imagem, mas, desta vez, para tomar o lugar da vontade que as dirigia. Até onde irão neste caminho? Melhor nenhuma "vontade" do que essa vontade potente demais, viva demais. Melhor nossos rebanhos estagnados do que o pastor que nos leva longe demais. Melhor apenas nossas forças do que uma vontade da qual não temos mais necessidade. Até onde irão as forças reativas? *Melhor se extinguir passivamente!* O "niilismo reativo" prolonga de certo modo o "niilismo negativo": triunfantes, as forças reativas tomam o lugar desta potência de negar que as levava ao triunfo. Mas o "niilismo passivo" é a realização extrema do niilismo reativo: melhor se extinguir passivamente do que ser conduzido de fora.

Esta história também é contada de outra maneira. Deus está morto, mas morreu de quê? *Morreu de piedade*, diz Nietzsche. Ora, essa morte é apresentada como acidental: velho e fatigado, cansado de querer, Deus "um dia asfixiou-se com a compaixão demasiada".[5] Ora, essa morte é o efeito de um ato criminoso: "Sua compaixão não conhecia pudor: ele se insinuava em meus mais sujos recantos. Esse curioso entre os curiosos, esse superimportuno e supercompassivo tinha que morrer. Ele sempre me via: de uma testemunha assim eu desejava me vingar – ou não mais viver. O Deus que tudo via, *também o homem*: esse Deus tinha que morrer! – o homem não *suporta* que viva uma testemunha assim".[6] O que é a piedade? É essa tolerância para com os estados da vida próximos de zero. A piedade é amor à vida, mas à vida fraca, doente, reativa. Militante, ela anuncia a vitória final dos pobres,

5. z, iv, "Aposentado": versão do "último papa".
6. z, iv, "O mais feio dos homens": versão do "assassino de Deus".

dos sofredores, dos impotentes, dos pequenos. Divina, ela lhes dá essa vitória. *Quem* sente piedade? Precisamente quem só tolera a vida reativa, quem precisa dessa vida e desse triunfo, quem instala seus templos sobre o solo pantanoso de tal vida. Quem odeia tudo o que é ativo na vida, quem se serve da vida para negá-la e depreciá-la, para opô-la a si mesma. A piedade, no simbolismo de Nietzsche, designa sempre esse complexo da vontade de nada e das forças reativas, essa afinidade de uma com as outras, essa tolerância de uma para com as outras. "Compaixão é a *prática* do niilismo... a compaixão persuade ao nada!... Mas não se diz 'nada': diz-se 'além'; ou 'Deus'; ou 'a *verdadeira* vida'; ou nirvana, salvação, bem-aventurança... Esta inocente retórica do âmbito da idiossincrasia moral-religiosa parece *muito menos inocente* quando se nota *qual* a tendência que aí veste o manto das palavras sublimes: a tendência *hostil à vida*."[7] Piedade para com a vida reativa em nome dos valores superiores, piedade de Deus para com o homem reativo: adivinha-se a vontade que se oculta nessa maneira de amar a vida, nesse Deus de misericórdia, nesses valores superiores.

Deus se asfixia de piedade: tudo se passa como se a vida reativa lhe entrasse pela garganta. O homem reativo leva Deus à morte porque não suporta mais sua piedade. O homem reativo não suporta mais nenhuma testemunha, quer estar sozinho com seu triunfo e apenas com suas forças. *Ele se coloca no lugar de Deus*: não conhece mais valores superiores à vida, mas apenas uma vida reativa que se contenta consigo mesma, que pretende secretar seus próprios valores. Ele volta contra Deus, opõe a Deus, as armas que Deus lhe deu, o ressentimento, e mesmo a má consciência, todas as figuras de seu triunfo. O ressentimento se torna ateu, mas esse ateísmo é ainda ressentimento, continua sendo ressentimento, continua sendo má consciência.[8] O assassino de Deus é o homem reativo, "o mais feio dos homens", "gorgolejando fel e cheio de vergonha oculta".[9] *Reage* contra a piedade de Deus: "Também na devoção há um bom gosto: foi este que disse finalmente:

---

7. AC, 7.

8. Sobre o ateísmo do ressentimento: VP, III, 458; cf. EH, "Por que sou tão inteligente", I: como Nietzsche opõe sua própria *agressividade* contra a religião ao ateísmo do *ressentimento*.

9. Z, IV, "O mais feio dos homens".

'Fora com um deus *assim*! Antes nenhum deus, antes fazer o destino com a própria mão, antes ser tolo, antes ser deus em si mesmo!'".[10] Até onde ele irá nesse caminho? Até o grande nojo. Melhor nenhum valor do que os valores superiores, melhor nenhuma vontade, melhor um nada de vontade do que uma vontade de nada. Melhor se extinguir passivamente. É *o adivinho*, "adivinho do grande cansaço", que anuncia as consequências da morte de Deus: a vida reativa sozinha consigo mesma, não tendo nem mesmo vontade de desaparecer, sonhando com uma extinção passiva. "'Tudo é vazio, tudo é igual, tudo se foi!'... Todas as fontes secaram para nós, também o mar recuou. Todo o chão quer se abrir, mas a profundeza não quer devorar! 'Ah, onde há ainda um mar onde possamos nos afogar?'... Em verdade, ficamos cansados demais para morrer."[11] *O último dos homens* é o descendente do assassino de Deus: melhor não haver nenhuma vontade, melhor um único rebanho. "Ninguém mais se torna rico ou pobre: ambas as coisas são árduas. Quem deseja ainda governar? Quem deseja ainda obedecer? Ambas as coisas são árduas. Nenhum pastor e um só rebanho! Cada um quer o mesmo, cada um é igual..."[12]

Assim contada, a história nos leva à mesma conclusão: o *niilismo negativo* é substituído pelo *niilismo reativo*, o niilismo reativo desemboca no *niilismo passivo*. De Deus ao assassino de Deus, do assassino de Deus ao último dos homens. Mas essa conclusão é o saber do adivinho. Antes de chegar nisso, quantos avatares, quantas variações sobre o tema niilista. Há muito tempo a vida reativa se esforça por secretar seus próprios valores, o homem reativo toma o lugar de Deus: a adaptação, a evolução, o progresso, a felicidade para todos, o bem da comunidade; o Homem-Deus, o homem moral, o homem veraz, o homem social. São esses os valores novos que nos são propostos em lugar dos valores superiores, são esses os personagens novos que nos são propostos em lugar de Deus. Os últimos dos homens dizem ainda: "Nós inventamos a felicidade".[13] Por que o homem teria matado Deus

---

10. z, iv, "Aposentado".

11. z, ii. "O adivinho". gc, 125: "Não vagamos como que através de um nada infinito? Não sentimos na pele o sopro do vácuo? Não se tornou ele mais frio? Não anoitece eternamente?"

12. z, Prólogo, 5.

13. z, Prólogo, 5.

5. O além-do-homem: contra a dialética

se não fosse para ocupar o lugar ainda quente? Heidegger observa, comentando Nietzsche: "Se Deus abandonou seu lugar no mundo suprassensível, este lugar, embora vazio, permanece. A região vacante do mundo suprassensível e do mundo ideal pode ser mantida. O lugar vazio exige, de algum modo, ser ocupado de novo e substituir o Deus desaparecido por outra coisa".[14] Além disso, é sempre a mesma vida: a vida que se beneficiava em primeiro lugar com a depreciação do conjunto da vida, a vida que se aproveitava da vontade de nada para obter sua vitória, a vida que triunfava nos templos de Deus, à sombra dos valores superiores; depois, em segundo lugar, a vida que se põe no lugar de Deus, que se volta contra o princípio de seu próprio triunfo e não reconhece mais outros valores a não ser os seus próprios; enfim, a vida extenuada que preferirá não querer, se extinguir passivamente, a ser animada por uma vontade que a ultrapassa. É e continua sendo a mesma vida: vida depreciada, reduzida à sua forma reativa. Os valores podem mudar, se renovar ou mesmo desaparecer. O que não muda e não desaparece é a perspectiva niilista que preside a essa história, do início ao fim, e da qual derivam todos esses valores tanto quanto sua ausência. Por isso Nietzsche pode pensar que o niilismo não é um acontecimento na história, mas o motor da história do homem como história universal. *Niilismo negativo, reativo e passivo*: para Nietzsche, é uma só história referenciada pelo judaísmo, pelo cristianismo, pela reforma, pelo livre-pensamento, pela ideologia democrática e socialista etc. Até o último dos homens.[15]

3. Deus está morto

As proposições especulativas põem em jogo a ideia de Deus do ponto de vista da sua forma. Deus não existe *ou* existe conforme sua ideia implique ou não contradição. Mas a fórmula "Deus está morto" é de outra natureza: faz a existência de Deus depender de uma síntese, opera a síntese da ideia de Deus com o tempo, com o devir, com a história,

---

14. Heidegger. *Holzwege* ("Le mot de Nietzsche: Dieu est mort", trad. fr., *Arguments*, n. 15).
15. Nietzsche não se limita a uma história europeia. O budismo lhe parece uma religião do niilismo passivo; o budismo até mesmo dá ao niilismo passivo uma nobreza. Deste modo, Nietzsche pensa que o Oriente está adiantado em relação à Europa: o cristianismo se atém ainda aos estágios negativo e reativo do niilismo (cf., VP, I, 343; AC, 20-23).

com o homem. Ela diz ao mesmo tempo: Deus existiu *e* está morto *e* ressuscitará, Deus se tornou Homem *e* o Homem se tornou Deus. A fórmula "Deus está morto" não é uma proposição especulativa, mas uma proposição dramática, a proposição dramática por excelência. Não se pode fazer de Deus o objeto de um conhecimento sintético sem nele colocar a morte. A existência ou a não existência deixam de ser determinações absolutas que decorrem da ideia de Deus, mas a vida e a morte se tornam determinações relativas que correspondem às forças que entram em síntese com a ideia de Deus ou na ideia de Deus. A proposição dramática é sintética, portanto essencialmente pluralista, tipológica e diferencial. Quem morre, e quem leva Deus à morte? "Quando os deuses morrem, morrem sempre de muitos tipos de morte."[16]

1) *Do ponto de vista do niilismo negativo: momento da consciência judaica e cristã.* A ideia de Deus expressa a vontade de nada, a depreciação da vida. "Quando se coloca o centro de gravidade da vida *não* na vida, mas no 'além' – *no nada* –, despoja-se a vida de seu centro de gravidade."[17] Mas a depreciação, o ódio da vida em seu conjunto, acarreta uma glorificação da vida reativa em particular: eles, os maus, os pecadores... nós, os bons. O princípio e a consequência. A consciência judaica ou consciência do ressentimento (após a bela época dos reis de Israel) apresenta esses dois aspectos: o universal aparece como o ódio da vida, o particular, como o amor pela vida, com a condição de que ela seja doente e reativa. Mas é muito importante esconder que esses dois aspectos estão numa relação de premissas e conclusão, de princípio e consequência, que esse amor é a consequência desse ódio. É preciso tornar a vontade de nada mais sedutora, opondo um aspecto ao outro, fazendo do amor uma antítese do ódio. O Deus judeu condena seu filho à morte para torná-lo independente dele e do povo judeu: este é o primeiro sentido da morte de Deus.[18] Nem mesmo Saturno tinha essa sutileza nos motivos. A consciência judaica

---

16. Z, IV, "Aposentado".

17. AC, 43.

18. GM, I, 8: "Não seria próprio da ciência oculta de uma realmente *grande* política da vingança, de uma vingança longividente, subterrânea, de passos lentos e premeditados, o fato de que Israel mesmo tivesse de negar e pregar na cruz o autêntico instrumento de sua vingança, ante o mundo inteiro, como um inimigo mortal, para que o 'mundo inteiro', ou seja, todos os adversários de Israel, pudesse despreocupadamente morder tal isca?".

5. O além-do-homem: contra a dialética

leva Deus à morte na pessoa do Filho: inventa um Deus de amor que sofreria com o ódio, em lugar de nele encontrar suas premissas e seu princípio. A consciência judaica torna Deus, em seu Filho, independente das próprias premissas judaicas. Levando Deus à morte, encontrou o meio de fazer de *seu* Deus um Deus universal, "para todos" e verdadeiramente cosmopolita.[19]

O Deus cristão é então o Deus judeu tornado cosmopolita, conclusão separada de suas premissas. Na cruz, Deus deixa de aparecer como judeu. E também, na cruz, é o velho Deus que morre e o Deus novo que nasce. Nasce órfão e faz para si um pai à sua imagem: Deus de amor, mas esse amor é ainda o da vida reativa. Este é o segundo sentido da morte de Deus: o Pai morre, o Filho refaz para nós um Deus. O Filho nos pede apenas para acreditar nele, para amá-lo como ele nos ama, para nos tornar reativos a fim de evitar o ódio. Em lugar de um pai que nos dava medo, um filho que pede um pouco de confiança, um pouco de crença.[20] É preciso que o amor à vida reativa, aparentemente destacada de suas premissas odientas, valha por si mesmo e se torne o universal para a consciência cristã.

Terceiro sentido da morte de Deus: São Paulo se apodera dessa morte, lhe dá uma interpretação que constitui o cristianismo. Os Evangelhos tinham começado, São Paulo leva à perfeição uma grandiosa falsificação. Inicialmente, Cristo estaria morto por nossos *pecados*! O credor teria dado seu próprio filho, teria pago a si mesmo com seu próprio filho, tão imensa era a dívida do devedor. O pai

---

19. AC, 17: "Antes ele [Deus] tinha apenas seu povo, seu 'povo eleito'. Nesse meio-termo, tal como seu povo mesmo, ele partiu em andança para o exterior, não mais se deteve em lugar nenhum: até enfim estar em casa em toda parte, o grande cosmopolita".

20. O tema da morte de Deus, interpretado como morte do Pai, é caro ao romantismo: por exemplo, Jean-Paul (*Choix de rêves*, trad. Béguin). Nietzsche dá uma versão admirável disso em AS, 84: o guardião da prisão estando ausente, um prisioneiro sai das filas e diz em voz alta: "Sou o filho do guardião e posso tudo com ele. Posso salvá-los, quero salvá-los; mas, vejam bem, apenas aqueles entre vocês que *acreditam* que sou o filho do guardião". Então se espalha a notícia de que o guardião "morreu agora, de repente". O filho fala de novo: "Eu lhes disse... vou libertar todos os que creem em mim, tão certo como meu pai ainda vive". Nietzsche denuncia frequentemente essa exigência cristã: ter crentes. z, II, "Dos poetas": "A fé não me torna bem-aventurado, disse ele, menos ainda a fé em mim". EH, "Por que sou um destino", I: "Não *quero* 'crentes', creio ser demasiado malicioso para crer em mim mesmo, nunca me dirijo às massas... Tenho um medo pavoroso de que um dia me declarem *santo*".

não mata mais o filho para torná-lo independente, mas para nós, por nossa causa.[21] Deus põe seu filho na cruz por amor; responderemos a esse amor à medida que nos sentirmos culpados, culpados dessa morte, e à medida que a repararmos, nos acusando, pagando os juros da dívida. Sob o amor de Deus, sob o sacrifício de seu filho, toda a vida se torna reativa. A vida morre, mas renasce como reativa. A vida reativa é o conteúdo da sobrevivência enquanto tal, o conteúdo da ressurreição. Só ela é eleita de Deus, só ela encontra a graça diante de Deus, diante da vontade de nada. O Deus crucificado *ressuscita*: esta é a outra falsificação de São Paulo, a ressurreição de Cristo e a vida futura para nós, a unidade do amor e da vida reativa. Não é mais o pai que mata o filho, não é mais o filho que mata o pai: o pai morre no filho, o filho ressuscita no pai, para nós, por nossa causa. "No fundo, ele [São Paulo] não tinha necessidade da vida do Redentor – precisava da morte na cruz *e* alguma coisa mais...": a ressurreição.[22] Na consciência cristã, o ressentimento não é apenas escondido, mas sua direção é também modificada: a consciência judaica era consciência do ressentimento, a consciência cristã é má consciência. A consciência cristã é a consciência judaica invertida, revirada: o amor à vida, mas como vida reativa, tornou-se o universal; o amor tornou-se princípio, o ódio sempre vivaz aparece apenas como uma consequência desse amor, o meio contra aquilo que resiste a esse amor. Jesus guerreiro, Jesus odiento, mas por amor.

2) *Do ponto de vista do niilismo reativo: momento da consciência europeia.* Até aqui a morte de Deus significa a síntese, na ideia de Deus, da vontade de nada e da vida reativa. Essa síntese tem proporções diversas. Mas, à medida que a vida reativa se torna o essencial, o cristianismo nos conduz a uma estranha saída. Ele nos ensina que somos nós que levamos Deus à morte. Secreta assim seu próprio ateísmo, ateísmo da má consciência e do ressentimento. A vida reativa no lugar da vontade divina, o Homem reativo no lugar de Deus, o Homem-Deus e não mais o Deus-Homem, *o Homem europeu*. O homem matou Deus, mas quem matou Deus? O homem reativo, "o mais feio dos homens". A vontade divina, a vontade de nada, não tolerava outra vida a não ser a

---

21. Primeiro elemento da interpretação de São Paulo: AC, 42, 49; VP, I, 390.
22. AC, 42. Segundo elemento da interpretação de São Paulo: AC, 42, 43; VP, I, 390.

vida reativa; esta não tolera nem mesmo a Deus, não suporta a piedade de Deus, toma seu sacrifício ao pé da letra, o asfixia na armadilha de sua misericórdia. Ela o impede de ressuscitar, se senta sobre a tampa. Não há mais correlação entre a vontade divina e a vida reativa, mas deslocamento, substituição de Deus pelo homem reativo. Este é o quarto sentido da morte de Deus: Deus se asfixia por amor à vida reativa, Deus é asfixiado pelo ingrato a quem ama demais.

3) *Do ponto de vista do niilismo passivo: momento da consciência budista.* Se levamos em conta as falsificações que começam com os Evangelhos e que encontram sua forma definitiva com São Paulo, o que resta de Cristo, qual é *seu tipo pessoal*, qual é o sentido de sua morte? O que Nietzsche chama "a contradição escancarada" do Evangelho deve nos guiar. O que os textos nos permitem adivinhar do verdadeiro Cristo: *a alegre mensagem* que trazia, a *supressão* da ideia de pecado, a *ausência* de qualquer ressentimento e de qualquer espírito de vingança, a *recusa* de qualquer guerra, mesmo consequente, a *revelação* de um reino de Deus aqui embaixo como estado do coração e, sobretudo, a *aceitação da morte como prova de sua doutrina*.[23] Percebemos onde Nietzsche quer chegar: Cristo era o contrário do que São Paulo fez dele; o verdadeiro Cristo era uma espécie de Buda, um "Buda sobre um solo bem pouco indiano".[24] Estava muito à frente de seu tempo, de seu meio: já ensinava a vida reativa a morrer serenamente, a se extinguir passivamente; mostrava à vida reativa sua verdadeira saída quando ela ainda se debatia com a vontade de potência. Dava um hedonismo à vida reativa, uma nobreza ao último dos homens, quando os homens ainda se perguntavam se tomariam ou não o lugar de Deus. Dava uma nobreza ao niilismo passivo, quando

---

23. AC, 33, 34, 35, 40. O verdadeiro Cristo, segundo Nietzsche, não apela a uma crença, mas traz uma prática. AC, 33: "A vida do Redentor não foi senão *essa* prática – sua morte também não foi senão isso…" AC, 35:… Ele não resiste, não defende seu direito, não dá um passo para evitar o pior, mais ainda, ele *provoca o pior*… e ele pede, ele sofre, ele ama com aqueles, *naqueles* que lhe fazem mal… *Não* defender-se, *não* encolerizar-se, *não* atribuir responsabilidade… Mas tampouco resistir ao mal, *amá-lo*…" AC, 40: "…Jesus não podia querer outra coisa, com sua morte, senão dar publicamente a mais forte demonstração, a *prova* de sua doutrina…".

24. AC, 31. AC, 42: "Uma nova base, inteiramente original, para um movimento de paz budista". VP, I, 390: "O cristianismo é um ingênuo começo de pacifismo budista, surgido do próprio rebanho que anima o ressentimento".

os homens ainda estavam no niilismo negativo, quando o niilismo reativo apenas começava. Para além da má consciência e do ressentimento, Jesus dava uma lição ao homem reativo: ele lhe ensinava a morrer. Era o mais doce dos decadentes, o mais interessante.[25] Cristo não era nem judeu nem cristão, mas budista; mais próximo do Dalai-Lama do que do papa. De tal modo à frente de seu país, de seu meio, que sua morte teve que ser deformada, toda sua história falsificada, retrogradada, colocada a serviço dos estágios precedentes, revirada em proveito do niilismo negativo ou reativo. "Torcida e transformada por São Paulo numa doutrina de mistérios pagãos, que acaba por se conciliar com toda a organização política... e por ensinar a fazer a guerra, a condenar, a torturar, a blasfemar, a odiar": o ódio transformado no instrumento deste Cristo muito doce.[26] Pois a diferença entre o budismo e o cristianismo oficial de São Paulo é a seguinte: o budismo é a religião do niilismo passivo, o "budismo é uma religião para o final e o cansaço da civilização, o cristianismo ainda não a encontra – funda-a, em determinadas circunstâncias".[27] É próprio da história cristã e europeia realizar, a ferro e fogo, um fim que, em outra parte, já foi dado e atingido naturalmente: a realização do niilismo. O que o budismo tinha chegado a viver como fim realizado, como perfeição atingida, o cristianismo vive apenas como motor. Isso não impede que ele atinja esse fim; isso não impede que o cristianismo atinja "uma prática" desembaraçada de toda a mitologia paulina, isso não impede que encontre a verdadeira prática de Cristo. "O budismo progride em silêncio em toda a Europa."[28] Mas quanto ódio e quantas guerras para chegar aí! Cristo pessoalmente se instalara nesse fim último, o atingira com um bater de asas, pássaro de Buda num meio que não era budista. Ao contrário, é preciso que o cristianismo torne a passar por todos os estágios do niilismo para que esse fim se torne também o seu, após uma longa e terrível política de vingança.

25. AC, 31.
26. VP, I, 390.
27. AC, 22.
28. VP, III, 87.

4. Contra o hegelianismo

Não se deve ver, nessa filosofia da história e da religião, uma retomada, ou mesmo uma caricatura, das concepções de Hegel. A relação é mais profunda, a diferença, mais profunda. Deus está morto, Deus tornou-se Homem, o Homem tornou-se Deus: diferentemente de seus predecessores, Nietzsche não acredita nessa morte. Não aposta nessa cruz. Isto é, não faz dessa morte um acontecimento que teria seu sentido em si. A morte de Deus tem tantos sentidos quantas são as forças capazes de se apoderarem de Cristo e de fazê-lo morrer; mas precisamente esperamos ainda as forças ou a potência que levarão essa morte a seu grau superior e dela farão algo diferente de uma morte aparente e abstrata. Contra todo o romantismo, contra toda a dialética, Nietzsche desconfia da morte de Deus. Com ele, acaba a idade da confiança ingênua, na qual se saudava ora a reconciliação do homem com Deus, ora a substituição de Deus pelo homem. Nietzsche não tem fé nos grandes acontecimentos ruidosos.[29] São necessários muito silêncio e muito tempo para que um acontecimento encontre enfim as forças que lhe dão uma essência. Provavelmente, para Hegel, também é preciso tempo para que um acontecimento encontre sua verdadeira essência. Mas esse tempo é necessário somente para que o sentido tal qual é "em si" torne-se também "para si". A morte de Cristo interpretada por Hegel significa a oposição superada, a reconciliação do finito com o infinito, a unidade de Deus e do indivíduo, do imutável e do particular. Ora, será preciso que a consciência cristã passe por outras figuras da oposição para que essa unidade se torne também para si o que já é em si. O tempo do qual Nietzsche fala é, ao contrário, necessário à formação de forças que dão à morte de Deus um sentido que ela não continha em si, que lhe trazem uma essência determinada como a esplêndida dádiva da exterioridade. Em Hegel, a diversidade dos sentidos, a escolha da essência, a necessidade do tempo são aparências, apenas aparências.[30]

29. z, ii. "Dos grandes acontecimentos": "Abandonei a crença em 'grandes acontecimentos' quando há muitos gritos e fumos em torno deles... E confessa-o! Pouco havia acontecido, quando teu ruído e teu fumo se dissiparam". GC, 125.

30. Sobre a morte de Deus e seu sentido na filosofia de Hegel, cf. os comentários essenciais de M. Wahl (*Le malheur de la conscience dans la philosophie de Hegel*) e de Sr. Hyppolite

Universal e singular, imutável e particular, infinito e finito: o que é tudo isso? Nada além de sintomas. Quem é esse particular, esse singular, esse finito? E o que é esse universal, esse imutável, esse infinito? Um é sujeito, mas *quem* é esse sujeito, que forças? O outro é predicado ou objeto, mas *de que vontade* ele é "objeto"? A dialética nem mesmo tangencia a interpretação, nunca ultrapassa o domínio dos sintomas. Confunde a interpretação com o desenvolvimento do sintoma não interpretado. Por isso, em matéria de desenvolvimento e de mudança, ela não concebe nada mais profundo do que uma permutação abstrata na qual o sujeito se torna predicado e o predicado, sujeito. Mas quem é sujeito e aquilo que é o predicado não mudaram, permanecem no fim tão pouco determinados quanto no início, tão pouco interpretados quanto possível; tudo se passou nas regiões intermediárias. Não é espantoso que a dialética proceda por oposição, desenvolvimento da oposição ou contradição, resolução da contradição. Ela ignora o elemento real do qual derivam as forças, suas qualidades e suas relações; conhece apenas a imagem invertida desse elemento, que se reflete nos sintomas abstratamente considerados. A oposição pode ser a lei da relação entre os produtos abstratos, mas a diferença é o único princípio de gênese ou de produção que produz a oposição como simples aparência. A dialética se alimenta de oposições porque ignora os mecanismos diferenciais mais sutis e subterrâneos: os deslocamentos topológicos, as variações tipológicas. Isto é bem nítido num exemplo que Nietzsche aprecia: toda sua teoria da má consciência deve ser compreendida como uma reinterpretação da consciência infeliz hegeliana; essa consciência, aparentemente dilacerada, encontra seu sentido nas relações diferenciais de forças que se ocultam sob oposições fingidas. Do mesmo modo, a relação do cristianismo com o judaísmo não deixa subsistir a oposição a não ser como cobertura e como pretexto. Destituída de todas as suas ambições, a oposição deixa de ser formadora, motriz e coordenadora: um sintoma, nada mais do que um sintoma a ser interpretado. Destituída de sua pretensão a dar conta da diferença, a contradição aparece tal qual é: perpétuo contrassenso sobre a própria diferença, inversão confusa da genealogia.

(*Genèse et structure de la phénoménologie de l'esprit*). E também o belo artigo de Sr. Birault ("L'onto-théo-logique hégélienne et la dialectique", in *Tijdschrift voor Philosophie*, 1958).

Na verdade, para o olho do genealogista, o trabalho do negativo é apenas uma grosseira aproximação dos jogos da vontade de potência. Ao considerar abstratamente os sintomas, ao fazer do movimento da aparência a lei genética das coisas, ao reter do princípio apenas uma imagem invertida, toda a dialética opera e se move no elemento da *ficção*. Como suas soluções não seriam fictícias se seus próprios problemas são fictícios? Não há sequer uma ficção da qual ela não faça um momento do espírito, um de seus próprios momentos. Andar de cabeça para baixo é algo que um dialético não pode criticar num outro, é o caráter fundamental da própria dialética. Como nessa posição ela ainda conservaria um olho crítico? A obra de Nietzsche se dirige contra a dialética de três maneiras: esta desconhece o sentido porque ignora a natureza das forças que se apropriam concretamente dos fenômenos; desconhece a essência porque ignora o elemento real do qual derivam as forças, suas qualidades e suas relações; desconhece a mudança e a transformação porque se contenta em operar permutações entre termos abstratos e irreais.

Todas essas insuficiências têm uma mesma origem: a ignorância da questão "Quem?". Sempre o mesmo desprezo socrático pela arte dos sofistas. Anunciam, à maneira hegeliana, que o homem e Deus se reconciliam e também que a religião e a filosofia se reconciliam. Anunciam, à maneira de Feuerbach, que o homem toma o lugar de Deus, que recupera o divino como seu bem próprio ou sua essência, e também que a teologia se torna antropologia. *Mas quem é Homem e o que é Deus? Quem é particular, o que é o universal?* Feuerbach diz que o homem mudou, que se tornou Deus; Deus mudou, a essência de Deus se tornou a essência do homem. Mas quem é Homem não mudou: o homem reativo, o escravo, que não deixa de ser escravo ao se apresentar como Deus, sempre o escravo, máquina de fabricar o divino. O que é Deus também não mudou: sempre o divino, sempre o Ser supremo, máquina de fabricar o escravo. O que mudou, ou melhor, o que mudou de determinação, foi o conceito intermediário, foram os termos médios que podem ser tanto sujeito quanto predicado um do outro: Deus ou o Homem.[31]

---

31. Diante das críticas de Stirner, Feuerbach admitia: deixo subsistir os predicados de Deus, "mas (me) é necessário deixar que subsistam, sem o que não poderia nem mesmo

Deus se torna Homem, o Homem se torna Deus. Mas quem é Homem? Sempre o ser reativo, o representante, o sujeito de uma vida fraca e depreciada. O que é Deus? Sempre o Ser supremo como meio de depreciar a vida, "objeto" da vontade de nada, "predicado" do niilismo. Antes e depois da morte de Deus, o homem permanece "quem é" assim como Deus permanece "o que é": forças reativas e vontade de nada. A dialética nos anuncia a reconciliação do Homem com Deus. Mas o que é essa reconciliação senão a velha cumplicidade, a velha afinidade da vontade de nada e da vida reativa? A dialética nos anuncia a substituição de Deus pelo homem. Mas o que é essa substituição senão a vida reativa no lugar da vontade de nada, a vida reativa produzindo agora seus próprios valores? Nesse ponto parece que toda a dialética se move nos limites das forças reativas, que evolui inteiramente na perspectiva niilista. Existe um ponto de vista a partir do qual a oposição aparece como o elemento genético da força; é o ponto de vista das forças reativas. Visto do lado das forças reativas, o elemento diferencial é invertido, refletido ao contrário, tornado oposição. Existe uma perspectiva que opõe a ficção ao real, que desenvolve a ficção como o meio pelo qual as forças reativas triunfam: é o niilismo, a perspectiva niilista. O trabalho do negativo está a serviço de uma vontade. Basta perguntar "qual é essa vontade?" para pressentir a essência da dialética. A descoberta cara à dialética é a consciência infeliz. O aprofundamento da consciência infeliz, sua resolução, sua glorificação e a de seus recursos. *São as forças reativas que se expressam na oposição, é a vontade de nada que se expressa no trabalho do negativo.* A dialética é a ideologia natural do ressentimento, da má consciência. É o pensamento na perspectiva do niilismo e do ponto de vista das forças reativas. Do começo ao fim, ela é pensamento fundamentalmente cristão: impotente para criar novas maneiras de pensar, novas maneiras de sentir. A morte de Deus, grande acontecimento dialético e ruidoso; mas acontecimento que se passa no estrondo das forças reativas, na fumaça do niilismo.

---

deixar subsistirem a natureza e o homem; pois Deus é um ser composto de realidades, isto é, dos predicados da natureza e da humanidade" (cf. "L'essence du christianisme dans son rapport à l'Unique et sa propriété", in *Manifestes philosophiques* (trad. Althusser, Presses Unversitaires de France).

5. Os avatares da dialética

Na história da dialética, Stirner ocupa um lugar à parte, o último, o lugar extremo. Stirner foi aquele dialético audacioso que tentou conciliar a dialética com a arte dos sofistas. Soube reencontrar o caminho da questão "Quem?". Soube fazer dela a questão essencial ao mesmo tempo contra Hegel, contra Bauer, contra Feuerbach. "A pergunta 'O que é o Homem?' se torna 'Quem é o Homem?' e cabe a Ti responder. 'O que é?' visava o conceito a realizar; começando por *quem é*, a pergunta não é mais uma pergunta, pois a resposta está presente naquele que interroga."[32] Em outras palavras, basta colocar a questão "Quem?" para conduzir a dialética a seu verdadeiro resultado: *saltus mortalis*. Feuerbach anunciava o Homem no lugar de Deus. Mas *eu* não sou o homem ou o ser genérico, não sou a essência do homem, assim como não era Deus e a essência de Deus. Permuta-se o Homem e Deus; mas o trabalho do negativo, uma vez desencadeado, está aí para nos dizer: ainda não és Tu. "Não sou nem Deus nem o Homem, não sou nem a essência suprema nem minha essência, e conceber a essência em mim ou fora de mim é, no fundo, a mesma coisa." "Como o homem representa apenas um outro ser supremo, o ser supremo só sofreu, em suma, uma simples metamorfose, e o temor ao Homem é apenas um aspecto diferente do temor a Deus."[33] Nietzsche dirá: o mais feio dos homens, tendo matado Deus porque não suportava sua piedade, ainda é alvo da piedade dos Homens.[34]

O motor especulativo da dialética é a contradição e sua resolução. Mas seu motor prático é a alienação e a supressão da alienação, a alienação e a reapropriação. A dialética revela aqui sua verdadeira natureza: arte chicaneira entre todas, arte de discutir sobre as propriedades e de mudar de proprietários, arte do ressentimento. Stirner fere a verdade da dialética no próprio título de seu grande livro: *O único e sua propriedade*. Considera que a liberdade hegeliana permanece

---

32. Stirner, *L'Unique et sa propriété*, p. 449. Sobre Stirner, Feuerbach e suas relações, cf. os livros de Arvon: *Aux sources de l'existencialisme*; *Ludwig Feuerbach ou la transformation du sacré* (Presses Universitaires de France).

33. Stirner, p. 36, p. 220.

34. Z, IV, "O mais feio dos homens".

um conceito abstrato: "nada tenho contra a liberdade, mas te desejo mais do que a liberdade. Não deverias apenas ser desembaraçado do que não queres, deverias também possuir o que queres, não deverias apenas ser um homem livre, deverias igualmente ser um proprietário". Mas quem se apropria ou se reapropria? Qual é a instância reapropriadora? O espírito objetivo de Hegel, o saber absoluto, não seria ainda uma alienação, uma forma espiritual e refinada de alienação? A consciência de si de Bauer, a crítica humana, pura ou absoluta? O ser genérico de Feuerbach, o homem enquanto espécie, essência e ser sensível? Não sou *nada* disso. Stirner não tem dificuldade em mostrar que a ideia, a consciência ou a espécie não são menos alienações do que a teologia tradicional. As reapropriações relativas são ainda alienações absolutas. Rivalizando com a teologia, a antropologia faz de mim a propriedade do Homem. Mas a dialética não irá parar enquanto eu não me tornar finalmente proprietário... Com o risco de desembocar no nada, se for preciso. Ao mesmo tempo que a instância reapropriadora diminui em comprimento, largura e profundidade, o ato de reapropriar muda de sentido, se exercendo sobre uma base cada vez mais estreita. Em Hegel, se tratava de uma reconciliação: a dialética estava pronta a se reconciliar com a religião, com a Igreja, com o Estado, com todas as forças que alimentavam a sua. Sabemos o que significam as famosas transformações hegelianas: elas não esquecem de conservar piedosamente. A transcendência permanece transcendente no seio do imanente. Com Feuerbach, o sentido de "reapropriar" muda: menos reconciliação do que recuperação, recuperação humana das propriedades transcendentes. Nada é conservado, exceto, todavia, o humano como "ser absoluto e divino". Mas essa conservação, essa última alienação desaparece em Stirner: o Estado e a religião, e também a essência humana, são negados no EU, que não se reconcilia com nada porque aniquila tudo, para sua própria "potência", para seu próprio "comércio", para seu próprio "gozo". Superar a alienação significa pura e fria aniquilação, retomada que nada deixa subsistir do que retoma: "O eu não é tudo, mas destrói tudo."[35].

O eu que tudo aniquila é também o eu que nada é: "Só o eu que decompõe a si mesmo, o eu que nunca é, é realmente eu". "Sou o

---

35. Stirner, p. 216.

5. O além-do-homem: contra a dialética

proprietário de minha potência e o sou quando me sei único. No único, o possuidor retorna ao nada criador do qual saiu. Todo ser superior a mim, quer seja Deus ou o Homem, se enfraquece diante do sentimento de minha unicidade e empalidece ao sol dessa consciência. Se baseio minha causa em mim, o único, ela repousa em seu criador efêmero e perecível que se autodevora, e posso dizer: não baseei minha causa em Nada."[36] O interesse do livro de Stirner era triplo: *uma profunda análise da insuficiência das reapropriações em seus predecessores; a descoberta da relação essencial entre a dialética e uma teoria do eu, só o eu sendo instância reapropriadora; uma visão profunda do que era o coroamento da dialética, com o eu, no eu.* A história em geral e o hegelianismo em particular encontravam seu resultado, mas também sua mais completa dissolução, num niilismo triunfante. A dialética gosta da história e a controla, mas ela própria tem uma história da qual sofre e a qual não controla. O sentido da história e da dialética reunidas não é a realização da razão, da liberdade, nem do homem enquanto espécie, mas o niilismo, nada além do niilismo. *Stirner é o dialético que revela o niilismo como verdade da dialética.* Basta-lhe colocar a questão "Quem?". O eu único devolve ao nada tudo o que não é ele, e este nada é precisamente seu próprio nada, o próprio nada do eu. Stirner é dialético demais para não pensar em termos de propriedade, de alienação e de reapropriação. Mas exigente demais para não ver aonde esse pensamento conduz: ao eu que não é nada, ao niilismo. Então o problema de Marx, em *A ideologia alemã*, encontra um de seus sentidos mais importantes: trata-se, para Marx, de interromper esse deslizamento fatal. Ele aceita a descoberta de Stirner, a dialética como teoria do eu. Em um ponto dá razão a Stirner: a espécie humana de Feuerbach ainda é uma alienação. Mas o eu de Stirner, por sua vez, é uma abstração, uma projeção do egoísmo burguês. Marx elabora sua famosa doutrina sobre o eu condicionado: a espécie e o indivíduo, o ser genérico e o particular, o social e o egoísmo se reconciliam no eu condicionado segundo as relações históricas e sociais. Basta isso? O que é a espécie, e *quem* é indivíduo? A dialética encontrou seu ponto de equilíbrio e de parada, ou apenas um último avatar, o avatar socialista, antes do coroamento niilista? Na verdade, é difícil

36. Stirner, p. 216, p. 449.

parar a dialética e a história no declive comum no qual mutuamente se arrastam: Marx faz algo além de marcar uma última etapa antes do fim, a etapa proletária?[37]

6. Nietzsche e a dialética

Temos todas as razões para supor em Nietzsche um conhecimento profundo do movimento hegeliano, de Hegel ao próprio Stirner. Os conhecimentos filosóficos de um autor não se avaliam pelas citações que faz, nem segundo as listas de bibliotecas sempre fantasiosas e conjecturais, mas segundo as direções apologéticas ou polêmicas de sua própria obra. Compreende-se mal o conjunto da obra de Nietzsche se não se vê "contra quem" são dirigidos os principais conceitos. Os temas hegelianos estão presentes nessa obra como o inimigo que ela combate. Nietzsche não para de denunciar: *o caráter teológico e cristão da filosofia alemã* (o "Seminário de Tübingen"); *a impotência dessa filosofia para sair da perspectiva niilista* (niilismo negativo de Hegel, niilismo reativo de Feuerbach, niilismo extremo de Stirner); *a incapacidade dessa filosofia para atingir outra coisa que não seja o eu, o homem ou os fantasmas do homem* (o além-do-homem nietzscheano contra a dialética); *o caráter mistificador das pretensas transformações dialéticas* (a transvaloração contra a reapropriação, contra as permutações abstratas). É certo que, em tudo isso, Stirner desempenha o papel de revelador. É ele quem leva a dialética às suas últimas consequências, mostrando onde ela desemboca e qual é o seu motor. Mas justamente por pensar ainda como dialético, por não abandonar as categorias da propriedade, da alienação e de sua supressão, Stirner lança a si próprio no nada que

---

37. Merleau-Ponty escreveu um belo livro sobre *Les aventures de la dialectique*. Entre outras coisas, denuncia a aventura objetivista que se apoia na "ilusão de uma *negação* realizada na história e em sua matéria" (p. 123), ou que "concentra toda a negatividade em uma formação histórica existente, a classe proletária" (p. 278). Essa ilusão acarreta necessariamente a formação de um corpo qualificado: "os funcionários do negativo" (p. 184). Mas quando se quer manter a dialética no terreno de uma subjetividade e de uma intersubjetividade moventes, é duvidoso que se escape a esse niilismo organizado. Existem figuras da consciência que já são os funcionários do negativo. A dialética tem menos aventuras do que avatares: naturalista ou ontológica, objetiva ou subjetiva, ela é, diria Nietzsche, niilista por princípio; e a imagem que passa da positividade é sempre uma imagem negativa ou invertida.

escava sob os passos da dialética. Quem é homem? Eu, só eu. Ele se serve da questão "quem?", mas apenas para dissolver a dialética no nada desse eu. É incapaz de colocar essa questão em perspectivas diferentes das do humano, em condições diferentes das do niilismo; não pode deixar nenhuma questão se desenvolver por si mesma, nem a colocar num outro elemento que lhe daria uma resposta afirmativa. Falta-lhe um método, tipológico, que corresponda à questão.

A tarefa positiva de Nietzsche é dupla: o além-do-homem e a transvaloração. Não mais "quem é homem?", mas *quem supera o homem?*. "Os mais preocupados perguntam hoje: 'Como conservar o homem?'. Mas Zaratustra é o primeiro e único a perguntar: 'Como *superar* o homem?'. O além-do-homem me está no coração, *ele é o primeiro e único para mim* – e não o homem: não o próximo, não o mais pobre, não o mais sofredor, não o melhor."[38] Superar se opõe a conservar, mas também a apropriar, reapropriar. Transvalorar se opõe aos valores em curso, mas também às pseudotransformações dialéticas. O além-do-homem nada tem em comum com o ser genérico dos dialéticos, com o homem enquanto espécie, nem com o eu. Não sou eu que sou o único, nem o homem. O homem da dialética é o mais miserável, porque nada mais é do que homem, tendo aniquilado tudo o que não era ele. É também o melhor, porque suprimiu a alienação, substituiu Deus, recuperou suas propriedades. Não acreditemos que o além-do-homem de Nietzsche seja um sobrelanço: difere do homem, do eu, por natureza. O além-do-homem se define por *uma nova maneira de sentir*: um sujeito diferente do homem, um tipo diferente do tipo humano. *Uma nova maneira de pensar*: predicados diferentes do divino, pois o divino ainda é uma maneira de conservar o homem e de conservar o essencial de Deus, Deus como atributo. *Uma nova maneira de avaliar*: não uma mudança de valores, não uma permutação abstrata ou uma inversão dialética, mas uma mudança e uma subversão no elemento do qual deriva o valor dos valores, uma "transvaloração".

Do ponto de vista dessa tarefa positiva, todas as intenções críticas de Nietzsche encontram sua unidade. O amálgama, procedimento caro aos hegelianos, é voltado contra os próprios hegelianos.

38. z, iv, "Do homem superior".

Numa mesma polêmica, Nietzsche engloba o cristianismo, o humanismo, o egoísmo, o socialismo, o niilismo, as teorias da história e da cultura, a dialética em pessoa. Tudo isso, posto sob acusação, forma a teoria do *homem superior*: objeto da crítica nietzscheana. No homem superior, a disparidade se manifesta como a desordem e a indisciplina dos próprios momentos dialéticos, como o amálgama das ideologias humanas e demasiado humanas. O grito do homem superior é múltiplo: "Mas era um grito demorado, múltiplo, estranho, e Zaratustra percebeu claramente que se compunha de várias vozes: ainda que, ouvido de longe, pudesse soar como o grito de uma só boca".[39] Mas a unidade do homem superior é também a unidade crítica: todo feito de peças e de pedaços que a dialética recolheu por sua conta, tem como unidade o fio que reúne o conjunto, fio do niilismo e da reação.[40]

7. Teoria do homem superior

A teoria do homem superior ocupa o livro IV de Zaratustra, que é o essencial do Zaratustra publicado. Os personagens que compõem o homem superior são: o adivinho, os dois reis, o homem da sanguessuga, o feiticeiro, o último papa, o mais feio dos homens, o mendigo voluntário e a sombra. Ora, através dessa diversidade de pessoas, se descobre rapidamente o que constitui a ambivalência do homem superior: o ser reativo do homem, mas também a atividade genérica do homem. O homem superior é a imagem na qual o homem reativo se representa como "superior" e, melhor ainda, se deifica. Ao mesmo tempo, o homem superior é a imagem na qual aparece o produto da cultura ou da atividade genérica. O *adivinho* é adivinho do grande cansaço, representante do niilismo passivo, profeta do último dos homens. Procura um mar para beber, um mar em que se afogar, mas toda morte lhe parece ainda muito ativa; estamos cansados demais

---

39. z, iv, "A saudação": "Quer me parecer, no entanto, que não sois boa companhia um para o outro, que vossos corações se contrariam mutuamente quando estais aqui reunidos, ó vós que gritais por socorro?".

40. Cf. z, ii, "Do país da cultura": *O homem desse tempo* é simultaneamente a representação do homem superior e o retrato do dialético. "Pareceis formados de cores e pedaços de papel com cola... como *podereis* crer, ó homens sarapintados! – que sois pintura de tudo aquilo em que já se acreditou!"

para morrer. Quer a morte, mas como uma extinção passiva.[41] O *feiticeiro* é a má consciência, "o falsário", o "penitente do espírito", "o demônio da melancolia" que fabrica seu sofrimento para excitar a piedade, para espalhar o contágio. "Maquiarias tua própria doença, se te despisses para teu próprio médico": o feiticeiro maquia a dor, inventa-lhe um novo sentido, trai Dioniso, apodera-se da canção de Ariadne, ele, o falso trágico.[42] *O mais feio dos homens* representa o niilismo reativo: o homem reativo voltou seu ressentimento contra Deus, colocou-se no lugar do Deus que matou, mas não cessa de ser reativo, cheio de má consciência e de ressentimento.[43]

Os dois reis são os costumes, a eticidade dos costumes e os dois extremos dessa moralidade, as duas extremidades da cultura. Representam a atividade genérica apreendida no princípio pré-histórico da determinação dos costumes, mas também no produto pós-histórico, no qual os costumes são suprimidos. Desesperam porque assistem ao triunfo de uma "plebe": veem se enxertar nos próprios costumes forças que desviam a atividade genérica, que a deformam simultaneamente em seu princípio e em seu produto.[44] O *homem das sanguessugas* representa o produto da cultura enquanto ciência. É "o consciencioso do espírito". Quis a certeza e quis se apropriar da ciência, da cultura: "Melhor nada saber do que saber muita coisa pelo meio!". E, nesse esforço para a certeza, aprende que a ciência nem mesmo é um conhecimento objetivo da sanguessuga e de suas causas primeiras, mas apenas um conhecimento do "cérebro" da sanguessuga, um conhecimento que não é mais conhecimento porque deve se identificar com a sanguessuga, pensar como ela e se submeter a ela. O conhecimento é a vida contra a vida, a vida que escarifica a vida, mas só a sanguessuga escarifica a vida, só ela é conhecimento.[45] O último papa fez de sua existência um longo serviço. Representa o produto da cultura como religião. Serviu a Deus até o fim e nisto perdeu um olho. O olho perdido é provavelmente o olho que viu deuses ativos, afirmativos.

41. z, ii, "O adivinho"; iv, "O grito de socorro".
42. z, iv, "O feiticeiro".
43. z, iv, "O mais feio dos homens".
44. z, iv, "Conversa com os reis".
45. z, iv, "A sanguessuga". Lembrar-se-á também a importância do cérebro nas teorias de Schopenhauer.

O olho restante seguiu o deus judeu e cristão em toda sua história: viu o nada, todo o niilismo negativo e a substituição de Deus pelo homem. Velho lacaio que se desespera por ter perdido seu senhor: "Mas agora estou aposentado, sem senhor, e, contudo, não estou livre, e não tenho um minuto de alegria, exceto em recordações".[46] O *mendigo voluntário* percorreu toda a espécie humana, dos ricos aos pobres. Procurava o "reino dos céus", "a felicidade na terra" como a recompensa, mas também como o produto da atividade humana, genérica e cultural. Queria saber a quem cabia esse reino, e quem representava essa atividade. A ciência, a moralidade, a religião? Uma outra coisa, a pobreza, o trabalho? Mas o reino dos céus não se encontra nem entre os pobres nem entre os ricos: em toda parte a plebe, "plebe em cima, plebe embaixo"! O mendigo voluntário encontrou o reino dos céus como a única recompensa e o verdadeiro produto de uma atividade genérica, mas apenas entre as vacas, somente na atividade genérica das vacas. Pois as vacas sabem ruminar, e ruminar é o produto da cultura enquanto cultura.[47] A *sombra* é o próprio andarilho, a própria atividade genérica, a cultura e seu movimento. O sentido do andarilho e de sua sombra é o de que só a sombra viaja. A sombra andarilha é atividade genérica, mas enquanto perde seu produto, enquanto perde seu princípio e os procura loucamente.[48] Os dois reis são os guardiões da atividade genérica; o homem das sanguessugas é o produto dessa atividade como ciência; o último papa é o produto dessa atividade como religião; o mendigo voluntário quer saber, para além da ciência e da religião, qual é o produto adequado dessa atividade; a sombra é essa própria atividade enquanto perde sua finalidade e procura seu princípio.

Procedemos como se o homem superior se dividisse em duas espécies. Mas, na verdade, é cada personagem do homem superior que tem os dois aspectos segundo uma proporção variável; ao mesmo tempo, representante das forças reativas e de seu triunfo, representante da atividade genérica e de seu produto. Devemos levar em conta esse duplo aspecto a fim de compreender por que Zaratustra trata o homem superior de duas maneiras: ora como o inimigo que não

---

46. z, iv, "Aposentado".
47. z, iv, "O mendigo voluntário".
48. z, iv, "A sombra".

recua diante de nenhuma armadilha, nenhuma infâmia, para desviar Zaratustra de seu caminho; ora como um anfitrião, quase um companheiro que se lança numa tarefa próxima à do próprio Zaratustra.[49]

8. O homem é essencialmente "reativo"?

Essa ambivalência só pode ser interpretada com exatidão se colocarmos um problema mais geral: em que medida o homem é essencialmente reativo? Por um lado, Nietzsche apresenta o triunfo das forças reativas como algo essencial no homem e na história. O ressentimento e a má consciência são constitutivos da humanidade do homem, o niilismo é o conceito *a priori* da história universal: por isso, vencer o niilismo, liberar o pensamento da má consciência e do ressentimento, significa superar o homem, destruir o homem, mesmo o melhor.[50] A crítica de Nietzsche não combate um acidente, mas a própria essência do homem; é em sua essência que o homem é dito doença de pele da terra.[51] Mas, por outro lado, Nietzsche fala dos senhores como de um tipo humano que o escravo teria apenas vencido, da cultura como de uma atividade genérica humana que as forças reativas teriam simplesmente desviado de seu sentido, do indivíduo livre e soberano como do produto humano dessa atividade que o homem reativo teria apenas deformado. Até mesmo a história do homem parece comportar períodos ativos.[52] Por vezes, Zaratustra evoca seus homens certos e anuncia que seu reino é também o reino do homem.[53]

---

49. z, IV, "A saudação": "Não era por *vós* que eu esperava nesses montes... E, se pertenceis a mim, não é como meu braço direito. Convosco eu estragaria cada vitória minha... Vós mesmos não sois aqueles a quem tocam minha herdade e meu nome". z, IV, "O canto da melancolia": "Todos esses homens superiores – *cheiram* mal, talvez?". Sobre a armadilha que preparam para Zaratustra, cf. z, IV, "O grito de socorro", "O feiticeiro", "Aposentado", "O mais feio dos homens". z, IV, "A saudação": "Este é meu reino e meu domínio: mas o que é meu deverá ser vosso nesta noite. Meus animais deverão vos servir: que a minha caverna seja o vosso pouso!". Os homens superiores são chamados "pontes", "degraus", "anunciadores": "De vossa semente talvez nasça, um dia, um autêntico filho e consumado herdeiro para mim".
50. z, IV, "Do homem superior": "Cada vez mais e melhores homens de vossa espécie deverão perecer".
51. z, II, "Dos grandes acontecimentos".
52. GM, I, 16.
53. z, IV, "O sinal".

Mais profundamente do que as forças ou as qualidades de forças, há os devires de forças ou qualidades da vontade de potência. À pergunta "o homem é essencialmente reativo?", devemos responder "o que constitui o homem é ainda mais profundo". O que constitui o homem e seu mundo não é apenas um tipo particular de forças, mas um devir das forças em geral. Não as forças reativas em particular, mas o devir-reativo de todas as forças. Ora, tal devir exige sempre, como seu *terminus a quo*, a presença da qualidade contrária, que passa para seu contrário ao devir. Existe uma saúde que o genealogista bem sabe só existir como o pressuposto de um devir-doente. O homem ativo é esse homem belo, jovem e forte, mas sobre cuja face são decifrados os sinais discretos de uma doença que ele ainda não tem, de um contágio que só o atingirá amanhã. É preciso defender os fortes contra os fracos, mas se sabe o caráter desesperado dessa tarefa. O forte pode se opor aos fracos, mas não ao devir-fraco que é o seu, que lhe pertence sob uma solicitação mais sutil. Cada vez que Nietzsche fala dos homens ativos, não é sem tristeza, pois vê o destino que lhes está prometido como seu devir essencial: o mundo grego derrubado pelo homem teórico, Roma derrubada pela Judeia, o Renascimento, pela Reforma. Existe, portanto, uma atividade humana, existem forças ativas do homem, mas essas forças particulares são apenas o alimento de um devir universal das forças, de um devir-reativo de todas as forças, que define o homem e o mundo humano. É assim que se conciliam, em Nietzsche, os dois aspectos do homem superior: seu caráter reativo, seu caráter ativo. À primeira vista, a atividade do homem aparece como genérica; forças reativas se enxertam nela, a desnaturam e a desviam de seu sentido. Todavia, mais profundamente, o verdadeiro genérico é o devir reativo de todas as forças, sendo a atividade apenas o termo particular suposto por esse devir.

Zaratustra não cessa de dizer a seus "visitantes": vocês falharam, são naturezas falhas.[54] É preciso compreender essa expressão no sentido mais forte: não é o homem que não consegue ser homem superior, não é o homem que fracassa ou é malsucedido em seu objetivo, não é a atividade do homem que fracassa ou é malsucedida em seu produto. Os visitantes de Zaratustra não se sentem como falsos homens

---

54. z, iv, "Do homem superior".

5. O além-do-homem: contra a dialética

superiores, sentem o homem superior que são como algo falso. O próprio objetivo fracassa, é malsucedido, não em virtude de meios insuficientes, mas em virtude de sua natureza, em virtude do que ele é como objetivo. Caso se fracasse nele, isso não se dá na medida em que não é atingido; é como objetivo atingido que ele é também objetivo fracassado. O próprio produto é malsucedido, não em virtude de acidentes que sobreviriam, mas em virtude da atividade, da natureza da atividade de que é produto. Nietzsche quer dizer que a atividade genérica do homem ou da cultura só existe como o termo suposto de um devir-reativo, que faz do princípio dessa atividade um princípio malsucedido, do produto dessa atividade um produto malsucedido. A dialética é o movimento da atividade enquanto tal; é também essencialmente malsucedida e se faz malsucedida essencialmente; o movimento das reapropriações, a atividade dialética, coincide com o devir-reativo do homem e no homem. Considere-se a maneira pela qual os homens superiores se apresentam: seu nojo, seu grito de socorro, sua "consciência infeliz". Todos sabem e experimentam o caráter fracassado do objetivo que atingem, o caráter malsucedido do produto que são.[55] A sombra perdeu o objetivo, não que ela não o tenha atingido, mas o objetivo que atinge é, ele mesmo, um objetivo perdido.[56] A atividade genérica e cultural é um falso cão de fogo, não que seja uma aparência de atividade, mas porque tem apenas a realidade que serve de primeiro termo ao devir reativo.[57] É nesse sentido que os dois aspectos do homem superior se conciliam: o homem reativo como a expressão sublimada ou divinizada das forças reativas, o homem ativo como o produto essencialmente fracassado de uma atividade que fracassa essencialmente em seu objetivo. Devemos, portanto, recusar qualquer interpretação que apresente o além-do--homem como tendo sucesso lá onde o homem superior fracassa. O além-do-homem não é um homem que *se* ultrapassa e consegue se ultrapassar. Entre o além-do-homem e o homem superior, a diferença é de natureza, tanto na instância que os produz respectivamente

---

55. Por exemplo, a maneira pela qual os dois reis sofrem com a transformação dos "bons costumes" em "plebe".
56. z, ɪv, "A sombra".
57. z, ɪɪ, "Dos grandes acontecimentos".

como no objetivo que eles atingem respectivamente. Zaratustra diz: "Ó homens superiores, julgais que estou aqui para reparar o que fizestes *mal?*".[58] Não podemos também acompanhar uma interpretação como a de Heidegger, que faz do além-do-homem a realização e mesmo a determinação da essência humana.[59] Pois a essência humana não espera o além-do-homem para se determinar. Ela é determinada como humana, demasiado humana. O homem tem como essência o devir reativo das forças. Além disso, dá ao mundo uma essência, esse devir como devir universal. A essência do homem e do mundo ocupado pelo homem é o devir reativo de todas as forças, o niilismo e nada além do niilismo. O homem e sua atividade genérica: eis as duas doenças de pele da terra.[60]

Resta ainda perguntar: por que a atividade genérica, seu objetivo e seu produto são essencialmente fracassados? Por que só existem como malsucedidos? A resposta é simples se lembrarmos que essa atividade quer adestrar as forças reativas, torná-las aptas a serem agidas, torná-las ativas. Ora, como esse projeto seria viável sem a potência de afirmar que constitui o devir-ativo? As forças reativas por sua conta souberam encontrar o aliado que as conduz à vitória: o niilismo, o negativo, a potência de negar, a vontade de nada que forma um devir-reativo universal. Separadas de uma potência de afirmar, as forças ativas nada podem por seu lado, exceto se tornar reativas por sua vez ou se voltar contra si mesmas. Sua atividade, seu objetivo e seu produto são malsucedidos desde sempre. Falta-lhes uma vontade que as ultrapasse, uma qualidade capaz de manifestar, de sustentar sua superioridade. O devir-ativo só existe por uma e numa vontade que afirma, assim como o devir-reativo só existe pela e na vontade de nada. Uma atividade que não se eleva até as potências de afirmar, uma atividade que se confia apenas ao trabalho do negativo está fadada ao fracasso; em seu próprio princípio, transforma-se em seu contrário. Quando Zaratustra considera os homens superiores como anfitriões, companheiros, anunciadores, nos revela assim que o projeto deles tem alguma semelhança

---

58. z, iv, "Do homem superior".
59. Heidegger, *Qu'appelle-t-on penser?* (trad. Becker e Granel, Presses Universitaires de France), p. 53-55.
60. z, ii, "Dos grandes acontecimentos".

com o seu: devir ativo. Mas logo aprendemos que essas declarações de Zaratustra não devem ser levadas totalmente a sério. Explicam-se pela piedade. Do começo ao fim do livro iv, os homens superiores não escondem de Zaratustra que armam uma armadilha para ele, que trazem uma última tentação. Deus sentia piedade do homem, piedade essa que foi a causa de sua morte; a piedade do homem superior é a tentação de Zaratustra, que o faria morrer por sua vez.[61] Isto quer dizer que, qualquer que seja a semelhança entre o projeto do homem superior e o do próprio Zaratustra, intervém uma instância mais profunda que distingue em natureza as duas tarefas.

O homem superior permanece no elemento abstrato da atividade; nunca se eleva, nem mesmo em pensamento, até o elemento da afirmação. O homem superior pretende inverter os valores, converter a reação em ação. Zaratustra fala de outra coisa: transmutar os valores, converter a negação em afirmação. Ora, a reação nunca se tornará ação sem essa conversão mais profunda: é preciso, antes de mais nada, que a negação se torne potência de afirmar. Separada das condições que a tornariam viável, a tarefa do homem superior fracassa, não acidentalmente, mas por princípio e na essência. Em vez de formar um devir-ativo, ela alimenta o devir inverso, o devir-reativo. Em vez de inverter os valores, muda-se de valores, faz-se com que permutem, mas conservando o ponto de vista niilista do qual derivam; em vez de adestrar as forças e torná-las ativas, organizam-se associações de forças reativas.[62] Inversamente, as condições que tornariam viável o empreendimento do homem superior são condições que mudariam sua natureza: a afirmação dionisíaca, não mais a atividade genérica do homem. O elemento da afirmação é o elemento do além-do-homem. O elemento da afirmação é o que falta ao homem, até mesmo e

---

61. z, iv, "O grito de socorro": "Meu derradeiro pecado, o que me foi guardado para o fim – sabes como se chama? – *Compaixão*!, o adivinho respondeu com o coração transbordante, e ergueu as duas mãos – oh, Zaratustra, eu venho para induzir-te ao teu derradeiro pecado!". z, iv, "O mais feio dos homens": "Tu mesmo, porém – acautela-te também da *tua* compaixão!... Conheço o machado que te derruba". z, iv, "O sinal": uma das últimas palavras de Zaratustra é: *"Compaixão! Compaixão pelo homem superior!...* Muito bem! *Isso* – teve seu tempo!".
62. Cf. z, iv, "A saudação": Zaratustra diz aos homens superiores: "Há plebe escondida em vós também".

sobretudo ao homem superior. Nietzsche expressa simbolicamente, de quatro maneiras, essa falta como a insuficiência no cerne do homem: 1) existem coisas que o homem superior não sabe fazer: rir, jogar e dançar.[63] Rir é afirmar a vida e, na vida, até mesmo o sofrimento. Jogar é afirmar o acaso e, do acaso, a necessidade. Dançar é afirmar o devir e, do devir, o ser. 2) Os próprios homens superiores reconhecem o asno como seu "superior". Eles o adoram como se fosse um deus; através de sua velha maneira teológica de pensar, pressentem o que lhes falta e o que os ultrapassa, o que é o mistério do asno, o que seu grito e suas longas orelhas escondem: o asno é o animal que diz I-A, o animal afirmativo e afirmador, o animal dionisíaco.[64] 3) O simbolismo da sombra tem um sentido próximo. A sombra é a atividade do homem, mas precisa da luz como de uma instância mais alta: sem ela, a sombra se dissipa; com ela, se transforma e pode desaparecer de outro modo, mudando de natureza quando é meio-dia.[65] 4) Dos dois Cães de fogo, um é a caricatura do outro. Um se ativa na superfície, no estrondo e na fumaça. Alimenta-se na superfície, faz a lama entrar em ebulição: isto quer dizer que sua atividade só serve para alimentar, para esquentar, para manter no universo um devir-reativo, um devir cínico. Mas o outro cão de fogo é animal afirmativo: "ele realmente fala do coração da terra... O riso lhe sai volteando, como nuvem colorida".[66]

9. Niilismo e transmutação: o ponto focal

O reino do niilismo é poderoso. Expressa-se nos valores superiores à vida, mas também nos valores reativos que tomam o seu lugar e ainda no mundo sem valores do último dos homens. É sempre o elemento da depreciação que reina, o negativo como vontade de

---

63. z, IV, "Do homem superior". *O jogo*: "Um *lance* vos malogrou. Mas, ó lançadores de dados, que importa isso? Não aprendestes a jogar e zombar como se deve jogar e zombar!". *A dança*: "Mesmo a pior coisa tem boas pernas para dançar: aprendei então vós mesmos, ó homens superiores, a vos manter em vossas pernas certas!". *O riso*: "Declarei santo o riso; ó homens superiores, *aprendei* a – rir!".

64. z, IV, "O despertar", "A festa do asno".

65. AS, cf. os diálogos entre a sombra e o andarilho.

66. z, II, "Dos grandes acontecimentos".

potência, a vontade como vontade de nada. Até mesmo quando as forças reativas se levantam contra o princípio de seu triunfo, até mesmo quando chegam a um nada de vontade mais do que a uma vontade de nada, é o mesmo elemento que se manifestava no princípio e que, agora, se matiza e se disfarça na consequência ou no efeito. Absolutamente nenhuma vontade é ainda o último avatar da vontade de nada. Sob o império do negativo, é sempre o conjunto da vida que é depreciado, e a vida reativa que triunfa em particular. A atividade nada pode apesar de sua superioridade sobre as forças reativas; sob o império do negativo, ela não tem outra saída a não ser voltar-se contra si mesma; separada do que pode, ela própria se torna reativa, serve apenas de alimento ao devir-reativo das forças. E, na verdade, o devir-reativo das forças é também o negativo como qualidade da vontade de potência. Sabe-se o que Nietzsche chama de transmutação, transvaloração: não é uma mudança de valores, mas uma mudança no elemento do qual deriva o valor dos valores. A apreciação em lugar da depreciação, a afirmação como vontade de potência, a vontade como vontade afirmativa. Enquanto se permanece no elemento do negativo, por mais que se mudem ou se suprimam os valores, por mais que se mate Deus, ainda se guarda seu lugar e seu atributo, ainda se conserva o sagrado e o divino, mesmo que o lugar seja deixado vazio e o predicado não seja atribuído. Mas quando se muda o elemento, então, e só então, pode-se dizer que foram subvertidos todos os valores *conhecidos ou conhecíveis até hoje*. O niilismo foi vencido: a atividade reencontra seus direitos, mas apenas em relação e em afinidade com a instância mais profunda da qual estes derivam. O devir-ativo aparece no universo, mas idêntico à afirmação como vontade de potência. A pergunta é: como vencer o niilismo? Como mudar o próprio elemento dos valores, como substituir a negação pela afirmação?

Talvez estejamos mais próximos de uma solução do que acreditaríamos. Observa-se que, para Nietzsche, todas as formas do niilismo analisadas anteriormente, mesmo a forma extrema ou passiva, constituem um niilismo *inacabado, incompleto*. Não se poderia dizer, inversamente, que a transmutação, que vence o niilismo, é a única forma completa e acabada do próprio niilismo? Com efeito, o niilismo é vencido, mas vencido *por ele mesmo*.[67] Chegaremos mais perto de uma solução à medida que compreendermos por que a transmutação constitui o niilismo acabado. Uma primeira razão pode ser invocada: somente mudando o elemento dos valores, são destruídos todos os valores que dependem do velho elemento. A crítica dos valores conhecidos até este dia só será uma crítica radical e absoluta, que exclua todos os compromissos, se for conduzida em nome de uma transmutação, a partir de uma transmutação. A transmutação seria, então, um niilismo acabado, porque daria à crítica dos valores uma forma acabada, "totalizante". Mas tal interpretação não nos diz ainda por que a transmutação é niilista, não apenas por suas consequências, mas nela mesma e por ela mesma.

Os valores que dependem desse velho elemento do negativo, os valores derrubados pela crítica radical, são todos os valores conhecidos ou conhecíveis até este dia. "Até este dia" designa o dia da transmutação. Mas o que significa: todos os valores *conhecíveis*? O niilismo é a negação como qualidade da vontade de potência. Entretanto, essa definição permanece insuficiente se não se leva em conta o papel e a função do niilismo: a vontade de potência aparece no homem e nele se faz conhecer como uma vontade de nada. E, para dizer a verdade, pouco saberíamos sobre a vontade de potência se não apreendêssemos sua manifestação no ressentimento, na má consciência, no ideal ascético, no niilismo que nos força a conhecê-la. A vontade de potência é espírito, mas o que saberíamos do espírito sem o espírito de vingança que nos revela estranhos poderes? A vontade de potência é corpo, mas o que saberíamos do corpo sem a doença que faz com que o conheçamos? Assim também o niilismo, a vontade de nada, não é apenas uma vontade de potência, uma qualidade de vontade de potência, *mas a ratio cognoscendi da vontade de potência em geral*. Todos os valores conhecidos e conhecíveis são, por natureza, valores que derivam dessa razão. Se o niilismo nos faz conhecer a vontade de potência, esta nos ensina, inversamente, que ela nos é conhecida sob uma única forma, sob a forma do negativo que constitui apenas uma de suas faces, uma *qualidade*. Nós "pensamos" a vontade de potência sob uma

---

67. VP, III. VP, I, 22: "Tendo levado nele mesmo o niilismo a seu termo, colocou-o atrás dele, abaixo dele, fora dele".

5. O além-do-homem: contra a dialética

forma distinta daquela sob a qual a conhecemos (assim o *pensamento* do eterno retorno ultrapassa todas as leis de nosso *conhecimento*). Longínqua sobrevivência dos temas de Kant e de Schopenhauer: o que conhecemos da vontade de potência é também dor e suplício, mas a vontade de potência é ainda a alegria desconhecida, a felicidade desconhecida, o deus desconhecido. Ariadne canta em seu lamento: "Assim me acho deitada, torço-me, retorço-me, atormentada por todos os martírios eternos, golpeada por ti, caçador crudelíssimo, tu – *deus* desconhecido... Fala, enfim! Oculto no relâmpago! Desconhecido! Fala! Que queres tu...? Oh, volta, meu deus desconhecido! Minha *dor*! Minha derradeira felicidade...".[68] A outra face da vontade de potência, a face desconhecida, a outra qualidade da vontade de potência, a qualidade desconhecida: a afirmação. E a afirmação, por sua vez, não é apenas uma vontade de potência, uma qualidade de vontade de potência, ela é *ratio essendi da vontade de potência em geral*. Ela é *ratio essendi* de toda a vontade de potência, portanto razão que expulsa o negativo dessa vontade, como a negação era *ratio cognoscendi* de toda a vontade de potência (portanto razão que não deixava de eliminar o afirmativo do conhecimento dessa vontade). Da afirmação, derivam os valores novos: valores desconhecidos até este dia, isto é, até o momento em que o legislador toma o lugar do "cientista", *a criação toma o lugar do próprio conhecimento*, a afirmação, o lugar de todas as negações conhecidas. Vemos então que, entre o niilismo e a transmutação, existe uma relação mais profunda do que a que indicávamos antes. O niilismo expressa a qualidade do negativo como *ratio cognoscendi* da vontade de potência, mas não se conclui sem se transmutar na qualidade contrária, na afirmação como *ratio essendi* dessa mesma vontade. Transmutação dionisíaca da dor em alegria, que Dioniso, em resposta a Ariadne, anuncia misteriosamente, como convém: "Não é preciso antes se odiar, para se amar?".[69] Quer dizer: não deves me conhecer como negativo se deves me sentir como afirmativo, me esposar como o afirmativo, me pensar como a afirmação?

Mas por que a transmutação é o niilismo acabado, se é verdade que ela se contenta em substituir um elemento por outro? Aqui deve

68. DD, "O lamento de Ariadne".
69. DD, "O lamento de Ariadne".

intervir uma terceira razão, que corre o risco de passar despercebida à medida que as distinções de Nietzsche se tornam mais sutis ou minuciosas. Retomemos a história do niilismo e de seus estágios sucessivos: negativo, reativo, passivo. As forças reativas devem seu triunfo à vontade de nada; uma vez conquistado o triunfo, rompem sua aliança com essa vontade, querem, sozinhas, fazer valer seus próprios valores. Eis o grande acontecimento ruidoso: o homem reativo no lugar de Deus. Sabe-se qual é o resultado: o último dos homens, aquele que prefere um nada de vontade (se extinguir passivamente) a uma vontade de nada. Mas este resultado diz respeito ao homem reativo, não à vontade de nada. Esta prossegue sua tarefa, desta vez em silêncio, além do homem reativo. *Quando as forças reativas rompem sua aliança com a vontade de nada, esta, por sua vez, rompe sua aliança com as forças reativas.* Inspira ao homem um novo gosto: destruir-se, mas destruir-se ativamente. Não se deve confundir o que Nietzsche chama autodestruição, destruição ativa, com a extinção passiva do último dos homens. Não se deve confundir, na terminologia de Nietzsche, "o último dos homens" com "o homem que quer perecer".[70] Um é o último produto do devir reativo, a última maneira pela qual o homem reativo se conserva, quando está cansado de querer. O outro é o produto de uma seleção, que sem dúvida passa pelos últimos homens, mas que não para aí. Zaratustra canta o homem da destruição ativa: ele quer ser superado, vai além do humano, já no caminho do além-do-homem, "ultrapassando a ponte", pai e ancestral do além-do-homem. "Amo aquele que vive para vir a conhecer, e que quer conhecer para que um dia viva o além-do-homem. *E assim quer o seu declínio.*"[71] Zaratustra quer dizer: amo aquele que se serve do niilismo como da *ratio cognoscendi* da vontade de potência, mas que encontra na vontade de potência uma *ratio essendi* na qual o homem é superado, e o niilismo, portanto, vencido.

A destruição ativa significa: o ponto, o momento de transmutação na vontade de nada. A destruição se torna *ativa* no momento em que, estando rompida a aliança entre as forças reativas e a vontade de nada,

---

70. Sobre a destruição ativa, vp, iii, 8 e 102. Como Zaratustra opõe "o homem que quer perecer" aos últimos homens ou "pregadores da morte": z, Prólogo, 4 e 5; i, "Dos pregadores da morte".

71. z, Prólogo, 4.

5. O além-do-homem: contra a dialética

esta se converte e passa para o lado da *afirmação*, se relaciona com uma *potência de afirmar*, que destrói as próprias forças reativas. A destruição se torna ativa à medida que o negativo é transmutado, convertido em potência afirmativa: "o eterno prazer do vir a ser", *"prazer no destruir"*, "afirmação do fluir *e do destruir".*[72] Este é o "ponto decisivo" da filosofia dionisíaca: o ponto no qual a negação expressa uma afirmação da vida, destrói as forças reativas e restaura a atividade em seus direitos. O negativo se torna o trovão e o relâmpago de uma potência de afirmar. Ponto supremo focal ou transcendente, *Meia-noite*, que não é definido em Nietzsche por um equilíbrio ou uma reconciliação dos contrários, mas por uma conversão. Conversão do negativo em seu contrário, conversão da *ratio cognoscendi* na *ratio essendi* da vontade de potência. Perguntávamos: por que a transmutação é o niilismo acabado? Porque, na transmutação, não se trata de uma simples substituição, mas de uma conversão. É passando pelo último dos homens, mas indo além, que o niilismo encontra seu acabamento: no homem que quer perecer. No homem que quer perecer, que quer ser superado, a negação rompeu tudo o que ainda a retinha, venceu a si mesma, se tornou potência de afirmar, potência do além-do-homem, potência que anuncia e prepara o além-do-homem. "Mas podeis vos converter em pais e ancestrais do além-do-homem: e que esta seja a vossa melhor criação!"[73] *Sacrificando* todas as forças reativas, tornando-se "destruição implacável de todos os degenerados e parasitários", passando ao serviço de um *excedente* da vida:[74] somente aí a negação encontra seu acabamento.

10. A afirmação e a negação

Transmutação, transvaloração significam: 1) *Mudança de qualidade na vontade de potência*. Os valores, e seu valor, não derivam mais do negativo, mas da afirmação como tal. Afirma-se a vida em lugar de depreciá-la, e a própria expressão "em lugar" ainda é falha. É o próprio lugar que muda, não há mais lugar para um outro mundo. O elemento dos valores muda de lugar e de natureza, o valor dos valores muda

72. EH, "O nascimento da tragédia", 3.
73. Z, II, "Nas ilhas bem-aventuradas".
74. EH, "O nascimento da tragédia", 3-4.

de princípio, toda a avaliação muda de caráter. 2) *Passagem da* ratio cognoscendi *à* ratio essendi *na vontade de potência.* A razão sob a qual a vontade de potência é conhecida não é a razão sob a qual ela é. A vontade de potência será pensada tal como é, será pensada como ser, se nos servirmos da razão de conhecer como de uma qualidade que passa para seu contrário e se encontrarmos nesse contrário a razão dc ser desconhecida. 3) *Conversão do elemento na vontade de potência.* O negativo se torna potência de afirmar: se subordina à afirmação, passa ao serviço de um excedente da vida. A negação não é mais a forma sob a qual a vida conserva tudo o que é reativo nela, mas, ao contrário, o ato pelo qual ela sacrifica todas as suas formas reativas. O homem que quer perecer, o homem que quer ser superado: nele a negação muda de sentido, se tornou potência de afirmar, condição preliminar para o desenvolvimento do afirmativo, sinal anunciador e servidor zeloso da afirmação como tal. 4) *Reino da afirmação da vontade de potência.* Só a afirmação subsiste enquanto potência independente; o negativo emana dela como o relâmpago, mas também nela se reabsorve e desaparece como um fogo que se extingue. No homem que quer perecer, o negativo anunciava o além-do-homem, mas só a afirmação produz o que o negativo anuncia. Não há outra potência a não ser a de afirmar, não há outra qualidade, não há outro elemento: a negação inteira é convertida na substância, transmutada em sua qualidade, *nada subsiste de sua própria potência ou de sua autonomia.* Conversão do pesado em leve, do baixo em alto, da dor em alegria: essa trindade da dança, do jogo e do riso forma, ao mesmo tempo, a transubstanciação do nada, a transmutação do negativo, a transvaloração ou mudança de potência da negação. O que Zaratustra chama "a Ceia". 5) *Crítica dos valores conhecidos.* Os valores conhecidos até este dia perdem todo seu valor. A negação reaparece aqui, mas sempre sob a espécie de uma potência de afirmar, como a consequência inseparável da afirmação e da transmutação. A afirmação soberana não se separa da destruição de todos os valores conhecidos, faz dessa destruição uma destruição total. 6) *Subversão da relação de forças.* A afirmação constitui um devir-ativo como devir universal das forças. As forças reativas são negadas, todas as forças se tornam ativas. A subversão dos valores, a desvalorização dos valores reativos e a instauração de valores ativos são operações que supõem a transmutação dos valores, a conversão do negativo em afirmação.

5. O além-do-homem: contra a dialética

Talvez já estejamos habilitados a compreender os textos de Nietzsche que concernem à afirmação, à negação e às suas relações. Em primeiro lugar, a negação e a afirmação se opõem como duas qualidades da vontade de potência, duas razões na vontade de potência. Cada uma é um contrário, mas é também o todo que exclui o outro contrário. Não basta dizer que a negação dominou nosso pensamento, nossos modos de sentir e de avaliar até este dia. Na verdade, ela é constitutiva do homem. E, com o homem, o mundo inteiro se abisma e se torna doente, a vida inteira é depreciada, tudo que é conhecido desliza em direção a seu próprio nada. Inversamente, a afirmação só se manifesta acima do homem, fora do homem, no além-do-homem que ela produz, no desconhecido que traz consigo. Mas o além-do--homem, o desconhecido, também é o todo que rechaça o negativo. O além-do-homem como espécie é também "a espécie superior de *tudo o que é*". Zaratustra diz "o imenso e ilimitado Sim e Amém", ele próprio é "o eterno Sim a todas as coisas".[75] "Mas eu sou alguém que abençoa e diz Sim quando estás a meu redor, ó céu puro, ó luminoso! Abismo de luz! – a todos os abismos levo meu Sim abençoador."[76] Enquanto reinar o negativo, em vão será procurado um vestígio de afirmação aqui embaixo ou no outro mundo: o que se chama afirmação é grotesco, triste fantasma arrastando as correntes do negativo.[77] Mas, quando a transmutação sobrevém, é a negação que se dissipa, *dela nada subsiste como potência independente*, nem em qualidade nem em razão: "Supremo astro do ser! – que nenhum desejo alcança – que nenhum Não macula, eterno Sim do ser, eternamente sou teu Sim".[78]

Mas, então, por que Nietzsche apresenta às vezes a afirmação como inseparável de uma condição preliminar negativa e também de uma consequência próxima negativa? "Eu conheço o prazer de *destruir* em um grau conforme à minha *força* para destruir."[79] 1) Não há afirmação que não seja *imediatamente seguida* de uma negação tão

75. EH, "Assim falou Zaratustra", 6.
76. Z, III, "Antes do nascer do sol".
77. VP, IV, 14: "Será preciso avaliar com o maior rigor os únicos aspectos até então *afirmados* da existência; compreender de onde vem essa afirmação e quão pouco convincente ela é, quando se considera uma avaliação dionisíaca da existência".
78. DD, "Fama e eternidade".
79. EH, "Por que sou um destino", 2.

enorme e ilimitada quanto ela. Zaratustra se eleva a esse "supremo grau de negação". *A destruição como destruição ativa de todos os valores conhecidos* é a marca do criador: "Vejam os bons e os justos! Quem eles mais odeiam? Aquele que quebra suas tábuas de valores, o destruidor, o criminoso; ora, ele é o criador". 2) Não existe afirmação que não se faça *preceder* também por uma imensa negação: "Uma das condições essenciais da afirmação é a negação e a destruição". Zaratustra diz: "Tornei-me alguém que abençoa e diz Sim: para isso pelejei muito tempo e fui um lutador". O leão torna-se criança, mas o "sim sagrado" da criança deve ser precedido pelo "sagrado não" do leão.[80] *A destruição como destruição ativa do homem que quer perecer e ser superado* é o anúncio do criador. Separada dessas duas negações, a afirmação nada é, ela própria é impotente para se afirmar.[81]

Seria possível acreditar que o asno, o animal que diz I-A, era o animal dionisíaco por excelência. Na verdade, não é isso; sua aparência é dionisíaca, mas toda sua realidade é cristã. Ele só é apropriado para servir de deus aos homens superiores: provavelmente, representa a afirmação como o elemento que ultrapassa os homens superiores, mas a desfigura à imagem deles e para suas necessidades. Diz sempre sim, *mas não sabe dizer não*. "Respeito os estômagos e línguas rebeldes e exigentes, que aprenderam a dizer 'Eu', 'Sim', 'Não'. Mas tudo mastigar e digerir – isso é uma autência maneira de porco! Sempre dizer 'I-A' – isso apenas o asno aprendeu e quem tem seu espírito!"[82] Dioniso diz uma vez a Ariadne, por brincadeira, que ela tem orelhas pequenas demais: ele quer dizer que ela não sabe ainda afirmar nem desenvolver a afirmação.[83] Mas realmente o próprio Nietzsche se vangloria de ter a orelha pequena: "Isso interessa nada pouco às mulherezinhas – parece-me que se sentem mais bem compreendidas

---

80. z, i, "Das três metamorfoses".

81. Cf. eh: como a negação *sucede* a afirmação ("Além do bem e do mal"): "Depois de resolvida a parte de minha tarefa que diz Sim, era a vez da sua metade que diz Não…". Como a negação *precede* a afirmação ("Assim falou Zaratustra", 8; e iv, 2 e 4).

82. z, iii, "Do espírito de gravidade".

83. Cr. Id., "O que falta aos alemães", 19: "'Ó divino Dioniso, por que me puxas as orelhas?', perguntou Ariadne a seu filósofo amante, num daqueles célebres diálogos em Naxos. 'Acho um certo humor nas tuas orelhas, Ariadne: por que não são elas ainda mais compridas?'".

por mim... Eu sou o Antiasno *par excellence*, e com isso um monstro universal – eu sou, em grego e não só em grego, o *Anticristo...*".[84] Ariadne e o próprio Dioniso têm orelhas pequenas, pequenas orelhas circulares, propícias ao eterno retorno. Pois as longas orelhas pontudas não são as melhores: não sabem recolher "uma palavra prudente" nem lhe dar todo seu eco.[85] A palavra prudente é sim, mas um eco a precede e a segue: é o não. O sim do asno é um falso sim: sim que não sabe dizer não, sem eco nos ouvidos do asno, afirmação separada das duas negações que deveriam envolvê-la. O asno não sabe formular a afirmação, tanto quanto suas orelhas não sabem recolhê-la nem recolher seus ecos. Zaratustra diz: "também podem ser versos que não sirvam para todos os ouvidos. Há muito tempo desaprendi qualquer consideração por orelhas compridas".[86]

Não devemos ver contradição no pensamento de Nietzsche. Por um lado, Nietzsche anuncia a afirmação dionisíaca que nenhuma negação macula. Por outro, denuncia a afirmação do asno que não sabe dizer não, que não comporta nenhuma negação. Num caso, a afirmação nada deixa subsistir da negação *como potência autônoma ou como qualidade primeira*: o negativo é inteiramente expulso da constelação do ser, do círculo do eterno retorno, da própria vontade de potência e de sua razão de ser. Mas, no outro caso, a afirmação nunca seria real nem completa se não se fizesse preceder e suceder pelo negativo. Trata-se, então, de negações, mas de negações *como potências de afirmar*. Nunca a afirmação afirmaria a si mesma se, inicialmente, a negação não rompesse sua aliança com as forças reativas e não se tornasse potência afirmativa no homem que quer perecer; e, em seguida, se a negação não reunisse, não totalizasse todos os valores reativos para destruí-los de um ponto de vista que afirma. *Sob essas duas formas, o negativo deixa de ser uma qualidade primeira e uma potência autônoma.* Todo o negativo se tornou potência de afirmar, não é mais do que *a maneira de ser* da afirmação como tal. Por isso Nietzsche insiste tanto na distinção entre o ressentimento, potência de negar que se expressa

84. EH, "Por que escrevo tão bons livros", 2.
85. DD, "O lamento de Ariadne": "Dioniso: Tens orelhas pequenas, tens minhas orelhas: enfia nelas uma palavra prudente!".
86. Z, IV: "Conversa com os reis"; EH, "Do homem superior": "longas orelhas de plebe".

nas forças reativas, e a agressividade, maneira de ser ativa de uma potência de afirmar.[87] Do começo ao fim de Zaratustra, o próprio Zaratustra é seguido, imitado, tentado, comprometido por seu "macaco", seu "bufão", seu "anão", seu "demônio".[88] Ora, o demônio é o niilismo: por tudo negar, tudo desprezar, ele acredita também levar a negação até o grau supremo. Mas vivendo da negação como de uma potência independente, não tendo outra qualidade além do negativo, ele é apenas a criatura do ressentimento, do ódio e da vingança. Zaratustra lhe diz: "Eu desprezo o teu desprezo... Apenas do amor devem partir meu desprezo e meu pássaro admoestador: não do pântano!".[89] Isso quer dizer que é somente como potência de afirmar (amor) que o negativo atinge seu grau superior (pássaro admoestador que precede e sucede a afirmação); enquanto o negativo for sua própria potência ou sua própria qualidade, estará no pântano e será pântano (forças reativas). Somente sob o império da afirmação o negativo é elevado ao seu grau superior, ao mesmo tempo que vence a si mesmo: ele subsiste não mais como potência e qualidade, mas como maneira de ser daquele que é potente. Somente então, o negativo é a agressividade, a negação se torna ativa, a destruição se torna alegre.[90]

Vemos aonde Nietzsche quer chegar e a quem se opõe. Opõe-se a toda forma de pensamento que se confia à potência do negativo. Opõe-se a todo pensamento que se move no elemento do negativo, que se serve da negação como de um motor, de uma potência e de uma qualidade. Como alguns têm uma ressaca triste depois do vinho, um tal pensamento tem uma destruição triste, um trágico triste: este pensamento é e continua sendo um pensamento do ressentimento. Para ele, *são necessárias duas negações para fazer uma afirmação*, isto é, uma

---

87. EH, "Por que sou tão sábio", 6 e 7.

88. Z, Prólogo, 6, 7, 8 (primeiro encontro do bufão que diz a Zaratustra: "falaste à maneira de um palhaço"). II, "O menino com o espelho" (Zaratustra sonha que, ao se olhar num espelho, vê o rosto do bufão. "Em verdade, compreendo bem demais o sinal e aviso do sonho: minha *doutrina* está em perigo, o joio quer ser chamado de trigo! Meus inimigos tornaram-se poderosos e distorceram a imagem de minha doutrina."). III, "Da visão e enigma" (segundo encontro com o anão-bufão, perto do pórtico do eterno retorno). III, "Do passar além" (terceiro encontro: "Mas tuas palavras de louco prejudicam *a mim*, mesmo quando estás certo!").

89. Z, III, "Do passar além".

90. EH, "O nascimento da tragédia", "Assim falou Zaratustra".

---

5. O além-do-homem: contra a dialética

aparência de afirmação, um fantasma de afirmação. (Assim, o ressentimento precisa de suas duas premissas negativas para concluir a pretensa positividade de sua consequência. Ou o ideal ascético precisa do ressentimento e da má consciência como de duas premissas negativas para concluir a pretensa positividade do divino. Ou a atividade genérica do homem precisa duas vezes do negativo para concluir a pretensa positividade das reapropriações.) Tudo é falso e triste nesse pensamento representado pelo bufão de Zaratustra: a atividade é aí apenas uma reação, a afirmação, um fantasma. Zaratustra lhe opõe a afirmação pura: *a afirmação é necessária e suficiente para fazer duas negações, duas negações que fazem parte das potências de afirmar, que são as maneiras de ser da afirmação como tal*. E, de outro modo, veremos mais tarde que são necessárias duas afirmações para fazer da negação em seu conjunto um modo de afirmar. Contra o ressentimento do pensador cristão, a agressividade do pensador dionisíaco. À famosa positividade do negativo, Nietzsche opõe sua própria descoberta: a negatividade do positivo.

11. O sentido da afirmação

Segundo Nietzsche, a afirmação comporta duas negações, mas exatamente da maneira contrária à da dialética. Nem por isso deixa de subsistir um problema: por que é preciso que a afirmação pura comporte essas duas negações? Por que a afirmação do asno é uma falsa afirmação, na medida em que ela não saber dizer não? Voltemos à litania do asno tal como é cantada pelo mais feio dos homens. Aí se distinguem dois elementos: por um lado, o pressentimento da afirmação como o que falta aos homens superiores ("Que oculta sabedoria é essa, de ele possuir orelhas compridas e dizer apenas Sim e jamais Não?... Além do bem e do mal se acha teu reino"). Mas, por outro, um contrassenso sobre a natureza da afirmação, tal como os homens superiores são capazes de fazer: "Ele carrega nosso fardo, ele tomou a forma de servo, ele é paciente de coração e jamais diz Não".[91]

Por conseguinte, o asno é também camelo; era sob os traços do camelo que Zaratustra, no início do primeiro livro, apresentava

91. Z, IV, "O despertar".

"o espírito resistente" que reivindica os fardos mais pesados.[92] A lista das forças do asno e a das forças do camelo são semelhantes: a humildade, a aceitação da dor e da doença, a paciência para com aquele que castiga, o gosto pelo verdadeiro, mesmo se a verdade dá como alimento bolotas e cardos, o amor pelo real, mesmo se esse real é um deserto. Mais uma vez, o simbolismo de Nietzsche deve ser interpretado, confirmado por outros textos.[93] O asno e o camelo não têm apenas forças para carregar os mais pesados fardos, têm um dorso para estimar, para avaliar seu peso. Esses fardos lhes parecem ter o peso do *real*. O real tal qual é: assim o asno sente sua carga. Por isso Nietzsche apresenta o asno e o camelo como impermeáveis a todas as formas de sedução e de tentação: são sensíveis apenas ao que têm sobre o dorso, ao que chamam de real. Adivinha-se, portanto, o que significa a afirmação do Asno, o sim que não sabe dizer não: *aqui, afirmar nada mais é do que carregar, assumir.* Aquiescer ao real tal qual é, assumir a realidade tal qual é.

É uma ideia de asno o real tal qual é. O asno sente como a positividade do real o peso dos fardos de que foi encarregado, de que se encarregou. Eis o que ocorre: o espírito de gravidade é o espírito do negativo, o espírito conjugado de niilismo e de forças reativas; em todas as virtudes cristãs do asno, em todas as forças que lhe servem na tarefa de carregar, o olho experimentado não tem dificuldade em descobrir o reativo; em todos os fardos que ele carrega, o olho prudente vê os produtos do niilismo; mas o asno só capta consequências separadas de suas premissas, produtos separados do princípio de sua produção, forças separadas do espírito que as anima. Então os fardos lhes parecem ter a positividade do real, assim como as forças das quais é dotado, as qualidades positivas que correspondem a uma assunção do real e da vida. "Quase no berço já nos dão pesados valores e palavras: 'bem' e 'mal' – é como se chama esse dote... E nós – carregamos fielmente o que nos dão em dote, em duros ombros e por ásperas montanhas! E, se suamos, nos dizem: 'Sim, a vida é um fardo!'."[94]

---

92. z, i, "Das três metamorfoses".

93. Dois textos retomam e explicam os temas do fardo e do deserto: z, ii, "Do país da cultura", e iii, "Do espírito de gravidade".

94. z, iii, "Do espírito de gravidade".

O asno é primeiramente Cristo: é Cristo quem se encarrega dos fardos mais pesados, é ele quem suporta os frutos do negativo como se contivessem o mistério positivo por excelência. Depois, quando o homem toma o lugar de Deus, o asno se torna livre-pensador. Ele se apropria de tudo que lhe é colocado sobre o dorso. Não é mais necessário encarregá-lo, ele mesmo se encarrega. Recupera o Estado, a religião etc. como suas próprias potências. Ele se tornou Deus: todos os velhos valores do outro mundo lhe aparecem agora como forças que conduzem este mundo, como suas próprias forças. O peso do fardo se confunde com o peso de seus músculos fatigados. Ele assume a si mesmo ao assumir o real, assume o real ao assumir a si mesmo. Um gosto assombroso pelas responsabilidades: é toda a moral que volta a galope. Mas, nesse resultado, o real e sua assunção permanecem tal e qual são, falsa positividade e falsa afirmação. Face aos "homens deste tempo", Zaratustra diz: "Tudo de inquietante no futuro, e que um dia assombrou pássaros fugidios, é verdadeiramente mais familiar e tranquilizador do que vossa 'realidade'. Pois assim falais: 'Totalmente reais somos nós, e sem crença nem crendice': desse modo vos gabais, inflando o peito – ah, embora não tendo peito! Sim, como *podereis* crer, ó homens sarapintados! – que sois pinturas de tudo aquilo em que já se acreditou!... *Indignos de fé*: assim vos chamo *eu*, ó homens reais!... Sois estéreis... Sois portões semiabertos junto aos quais coveiros aguardam. E essa é a *vossa* realidade...".[95] Os homens deste tempo vivem ainda sob uma velha ideia: é real e positivo tudo o que pesa, é real e afirmativo tudo o que suporta. Mas essa realidade, que reúne o camelo e seu fardo a ponto de confundi-los numa mesma miragem, é apenas o deserto, a realidade do deserto, o niilismo. Do camelo, Zaratustra já dizia: "ruma carregado para o deserto". E do espírito resistente, "forte, resistente": "e então a vida lhe parece um deserto".[96] O real compreendido como objeto, objetivo e termo da afirmação; a afirmação compreendida como adesão ou aquiescência ao real, como assunção do real: este é o sentido do zurro. Mas essa é uma afirmação de consequência, consequência de premissas eternamente negativas, um sim como resposta, resposta ao espírito de gravidade

95. z, ii, "Do país da cultura".
96. z, i, "Das três metamorfoses", e iii, "Do espírito de gravidade".

e a todas as suas solicitações. O asno não sabe dizer não, mas em primeiro lugar ele não sabe dizer não ao próprio niilismo. Recolhe todos os seus produtos, os carrega para o deserto e lá os batiza: o real tal qual é. Por isso Nietzsche pode denunciar o sim do asno: o asno não se opõe de modo algum ao macaco de Zaratustra, não desenvolve outra potência além da potência de negar, responde fielmente a essa potência. Não sabe dizer não, responde sempre sim, mas responde sim todas as vezes que o niilismo inicia a conversa.

Nessa crítica da afirmação como assunção, Nietzsche não pensa de modo algum nas concepções estoicas. O inimigo está mais próximo. Nietzsche dirige a crítica contra qualquer concepção da afirmação que faça dela uma simples função, função do ser ou do que é. Qualquer que seja a maneira pela qual se conceba esse ser: como verdadeiro ou real, como número ou fenômeno. E qualquer que seja a maneira pela qual se conceba essa função: como desenvolvimento, exposição, desvelamento, revelação, realização, tomada de consciência ou conhecimento. *Desde Hegel, a filosofia se apresenta como uma estranha mistura de ontologia e antropologia, de metafísica e humanismo, de teologia e ateísmo, teologia da má consciência e ateísmo do ressentimento.* Pois, enquanto a afirmação é apresentada como uma função do ser, o próprio homem aparece como o funcionário da afirmação: o ser se afirma no homem ao mesmo tempo que o homem afirma o ser. Enquanto a afirmação é definida como uma assunção, isto é, como um encarregar-se, ela estabelece entre o homem e o ser uma relação dita fundamental, uma relação atlética e dialética. Novamente, com efeito, e pela última vez, não temos dificuldade em identificar o inimigo que Nietzsche combate: é a dialética que confunde a afirmação com a veracidade do verdadeiro ou a positividade do real; e essa veracidade, essa positividade, é a própria dialética quem as fabrica com os produtos do negativo. O ser da lógica hegeliana é o ser apenas pensado, puro e vazio, que se afirma ao passar para seu próprio contrário. Mas esse ser nunca foi diferente desse contrário, nunca teve que passar para o que ele já era. O ser hegeliano é o nada puro e simples; e o devir que esse ser forma com o nada, isto é, consigo mesmo, é um devir perfeitamente niilista; a afirmação passa aqui pela negação porque é somente a afirmação do negativo e de seus produtos. Feuerbach levou muito longe a refutação do ser hegeliano. Substituiu uma verdade apenas pensada pela verdade do sensível. Substituiu o ser abstrato pelo ser sensível, determinado, real, "o real em sua realidade", "o real enquanto real". Ele queria que o ser real fosse o objeto do ser real: a realidade total do ser como objeto do ser real e total do homem. Queria o pensamento afirmativo e compreendia a afirmação como a posição daquilo que é.[97] Mas esse real tal qual é, em Feuerbach, conserva todos os atributos do niilismo como o predicado do divino; o ser real do homem conserva todas as propriedades reativas como a força e o gosto em assumir esse divino. Nos "homens deste tempo", nos "homens reais", Nietzsche denuncia a dialética e o dialético: pintura de tudo o que sempre se acreditou.

Nietzsche quer dizer três coisas: 1) O ser, o verdadeiro, o real são avatares do niilismo. Maneiras de mutilar a vida, de negá-la, de torná-la reativa ao submetê-la ao trabalho do negativo, *ao encarregá-la dos fardos mais pesados.* Nietzsche não acredita nem na autossuficiência do real nem na do verdadeiro: ele as pensa como as manifestações de uma vontade, vontade de depreciar a vida, vontade de opor a vida à vida. 2) A afirmação concebida como assunção, como afirmação do que é, como veracidade do verdadeiro ou positividade do real, é uma falsa afirmação. É o sim do asno. O asno não sabe dizer não, mas porque diz sim a tudo o que é não. O asno ou o camelo são o contrário do leão; no leão, a negação se tornava potência de afirmar, mas, no asno e no camelo, a afirmação permanece a serviço do negativo, simples potência de negar. 3) Esta falsa concepção da afirmação é ainda um modo de *conservar* o homem. Enquanto o ser está a cargo, o homem reativo está aí para suportá-lo. Onde o ser se afirmaria melhor do que no deserto? E onde o homem se conservará melhor? "O último homem vive mais tempo." Sob o sol do ser, ele perde até o gosto de morrer, afundando-se no deserto para aí sonhar longamente com uma extinção passiva.[98]

97. Feuerbach, "Contribution à la critique de la philosophie de Hegel" e "Principes de la philosophie de l'avenir", in *Manifestes philosophiques* (trad. Althusser, Presses Universitaires de France).

98. Heidegger dá uma interpretação da filosofia nietzschiana mais próxima de seu próprio pensamento do que do pensamento de Nietzsche. Na doutrina do eterno retorno e do além-do-homem, Heidegger vê a determinação "da relação do Ser com o ser do homem como relação deste ser com o Ser" (cf. *Qu'appelle-t-on penser?*, p. 81). Essa interpretação negligencia toda a parte crítica da obra de Nietzsche. Negligencia tudo contra o que Nietzsche lutou. Nietzsche se opõe a qualquer concepção da afirmação que encontre seu fundamento no ser e sua determinação no ser do homem.

Toda a filosofia de Nietzsche se opõe aos postulados do ser, do homem e da assunção. "O ser: dele não temos outra representação a não ser o fato de vivermos. Como o que está morto poderia ser?"[99] O mundo não é nem verdadeiro nem real, mas vivo. E o mundo vivo é vontade de potência, *vontade do falso* que se efetua sob potências diversas. Efetuar a vontade do falso sob uma potência qualquer, a vontade de potência sob uma qualidade qualquer, é sempre avaliar. Viver é avaliar. Não existe verdade do mundo pensado, nem realidade do mundo sensível, tudo é avaliação, até mesmo e sobretudo o sensível e o real. "A vontade de parecer, de dar ilusão, de enganar, a vontade de devir e de mudar (ou a ilusão objetivada) é considerada neste livro como mais profunda, mais metafísica do que a vontade de ver a verdade, a realidade, o ser, sendo que esta última ainda é apenas uma forma da tendência à ilusão." O ser, a verdade e o real só valem como avaliações, isto é, como mentiras.[100] Mas, enquanto meios de efetuar a verdade sob uma de suas potências, eles serviram até agora à potência ou qualidade do negativo. O ser, a verdade, o próprio real são como o divino no qual a vida se opõe à vida. O que reina então é a negação como qualidade da vontade de potência, que, opondo a vida à vida, a nega em seu conjunto e a faz triunfar como reativa em particular. Ao contrário, uma potência sob a qual o querer é adequado a toda a vida, uma mais elevada potência do falso, uma qualidade sob a qual a vida inteira é afirmada, e sua particularidade, tornada ativa: eis a outra qualidade da vontade de potência. Afirmar é ainda avaliar, mas avaliar do ponto de vista de uma vontade que goza de sua própria diferença na vida, em vez de sofrer as dores da oposição que ela própria inspira a esta vida. *Afirmar não é se encarregar, assumir o que é, mas liberar, descarregar o que vive.* Afirmar é tornar leve: não é sobrecarregar a vida com o peso dos valores superiores, mas *criar* valores novos que sejam os da vida, que façam da vida a leve e a ativa. Só há criação propriamente dita à medida que, em vez de separarmos a vida do que ela pode, servirmo-nos do excedente para inventar novas formas de vida. "E o que chamais de Mundo, isso deve ser criado primeiramente por vós: vossa razão, vossa imagem, vossa vontade, vosso amor deve ele

99. VP, II, 8.
100. VP, IV, 8. O "livro" ao qual Nietzsche alude é *O nascimento da tragédia*.

próprio se tornar!"[101] Mas essa tarefa não encontra sua realização no homem. Por mais longe que possa ir, o homem eleva a negação até uma potência de afirmar. Mas *afirmar em toda a sua potência, afirmar a própria afirmação: eis o que ultrapassa as forças do homem.* "Criar novos valores – tampouco o leão pode fazer isso; mas criar a liberdade para nova criação – isso está no poder do leão."[102] O sentido da afirmação só pode ser destacado se levarmos em conta estes três pontos fundamentais na filosofia de Nietzsche: não o verdadeiro, nem o real, mas a avaliação; não a afirmação como assunção, mas como criação; não o homem, mas o além-do-homem como nova forma de vida. Se Nietzsche atribui tanta importância à arte, é precisamente porque a arte realiza todo este programa: a mais elevada potência do falso, a afirmação dionisíaca ou o gênio do além-do-homem.[103]

A tese de Nietzsche se resume assim: o sim que não sabe dizer não (sim do asno) é uma caricatura da afirmação. Precisamente por dizer sim a tudo o que é não, por suportar o niilismo, ele permanece a serviço da potência de negar como do demônio cujos fardos ele carrega todos. O sim dionisíaco, ao contrário, é o sim que sabe dizer não: é a afirmação pura; venceu o niilismo e destituiu a negação de todo poder autônomo, mas porque colocou o negativo a serviço das potências de afirmar. Afirmar é criar, não carregar, não suportar, não assumir. Ridícula imagem do pensamento que se forma na cabeça do asno: "'Pensar' e 'levar a sério', 'ponderar' uma coisa, assumir seu peso – para eles isso é o mesmo: apenas assim o 'vivenciam'".[104]

12. A dupla afirmação: Ariadne

O que é a afirmação em toda a sua potência? Nietzsche não suprime o conceito de ser. Propõe uma nova concepção de ser. A afirmação é ser. O ser não é o objeto da afirmação, também não é um elemento que se ofereceria, que se daria como encargo à afirmação. A afirmação não é a potência do ser, ao contrário. A própria afirmação é o ser, o

---

101. z, ii, "Nas ilhas bem-aventuradas".
102. z, i, "Das três metamorfoses".
103. vp, iv, 8.
104. bm, 213.

ser é apenas a afirmação em toda a sua potência. Portanto não nos espantaremos de não haver em Nietzsche nem a análise do ser por si mesmo, nem a análise do nada por si mesmo; evitaremos acreditar que Nietzsche, a este respeito, não tenha dado a sua última palavra. *O ser e o nada são apenas a expressão abstrata da afirmação e da negação como qualidades (qualia) da vontade de potência.*[105] Mas toda a questão está em saber em que sentido a própria afirmação é o ser.

A afirmação não tem outro objeto a não ser ela mesma. Mas, precisamente, ela é o ser enquanto ela é seu próprio objeto. A afirmação como objeto da afirmação: este é o ser. Nela mesma e como afirmação primeira, ela é devir. Mas ela é o ser enquanto é o objeto de uma outra afirmação que eleva o devir ao ser ou que extrai o ser do devir. Por isso a afirmação, em toda a sua potência, é dupla: a afirmação é afirmada. É a afirmação primeira (o devir) que é ser, mas ela só é ser como objeto da segunda afirmação. As duas afirmações constituem a potência de afirmar em seu conjunto. O fato de essa potência ser necessariamente dupla é expresso por Nietzsche em textos de grande alcance simbólico: 1) *Os dois animais de Zaratustra, a águia e a serpente.* Interpretados do ponto de vista do eterno retorno, a águia é como o grande ano, o período cósmico, e a serpente, como o destino individual inserido nesse grande período. Mas essa interpretação, embora exata, é insuficiente, porque supõe o eterno retorno e nada diz sobre os elementos pré-constituintes dos quais deriva. A águia plana em amplos círculos, com uma serpente enrolada em torno do pescoço, "não como uma presa, mas como uma amiga":[106] nisto veremos a necessidade, para a afirmação mais altiva, de ser acompanhada, duplicada, por uma segunda afirmação que a tome como objeto.

2) *O casal divino, Dioniso-Ariadne.* "Quem, além de mim, sabe o que é *Ariadne*!"[107] E provavelmente o mistério de Ariadne tem uma pluralidade de sentidos. Ariadne amou Teseu. Teseu é uma representação do homem superior: é o homem sublime e heroico, aquele

---

105. Encontrar, na afirmação e na negação, as próprias raízes do ser e do nada não é novo; essa tese se inscreve numa longa tradição filosófica. Mas Nietzsche renova e transtorna essa tradição com sua concepção da afirmação e da negação, com a teoria da relação e da transformação delas.

106. z, Prólogo, 10.

107. EH, "Assim falou Zaratustra", 8.

que assume os fardos e que vence os monstros. Mas lhe falta precisamente a virtude do touro, quer dizer, o sentido da terra, quando ele é atrelado, e também a capacidade de desatrelar, de se desfazer de fardos.[108] Enquanto a mulher ama o homem, enquanto é mãe, irmã, esposa do homem, mesmo que seja do homem superior, ela é apenas a imagem feminina do homem: a potência feminina permanece aprisionada na mulher.[109] Mães terríveis, irmãs e esposas terríveis, a feminilidade representa aqui o espírito de vingança e o ressentimento que animam o próprio homem. Mas Ariadne, abandonada por Teseu, sente chegar uma transmutação que lhe é própria: a potência feminina liberada, tornada benfazeja e afirmativa, a anima. "Que o raio de luz de uma estrela brilhe no vosso amor! Que a vossa esperança seja: 'Possa eu dar à luz o além-do-homem!'."[110] Além disso, em relação a Dioniso, Ariadne-Anima é como uma segunda afirmação. A afirmação dionisíaca exige outra afirmação que a tome como objeto. O devir dionisíaco é o ser, a eternidade, mas uma vez que a afirmação correspondente seja afirmada: *"eterno Sim do ser, eternamente sou teu Sim"*.[111] O eterno retorno "aproxima ao máximo" o devir e o ser, afirma um do outro;[112] é preciso ainda uma segunda afirmação para operar essa aproximação. Por isso o próprio eterno retorno é um anel nupcial.[113] Por isso o universo dionisíaco, o ciclo eterno, é um anel nupcial, um espelho de núpcias que espera a alma (*anima*) capaz de se mirar nele, mas também de refleti-lo ao se mirar.[114] Por isso Dioniso quer uma noiva: *"A mim* – queres? a mim? a mim – toda?"*.[115] (Mais uma vez, observaremos que, conforme o ponto no qual nos colocamos, as núpcias mudam de sentido ou de casais. Pois, segundo o eterno retorno constituído, o próprio Zaratustra aparece como o noivo, e a eternidade, como uma mulher amada. Mas de acordo com

---

108. z, ii, "Dos sublimes": "Ficar com os músculos relaxados e a vontade desatrelada: eis o mais difícil para vós, ó sublimes!".

109. z, iii, "Da virtude que apequena".

110. z, i, "Das velhas e novas mulherezinhas".

111. dd, "Fama e eternidade".

112. vp, ii, 170.

113. z, iii, "Os sete selos".

114. vp, ii, 51: outro desenvolvimento da imagem do noivado e do anel nupcial.

115. dd, "O lamento de Ariadne".

o que constitui o eterno retorno, Dioniso é a primeira afirmação, o devir e o ser, mas justamente o devir que só é ser como objeto de uma segunda afirmação; Ariadne é esta segunda afirmação, Ariadne é a noiva, a potência feminina amante.)

3) *O labirinto ou as orelhas.* O labirinto é uma imagem frequente em Nietzsche. Designa primeiramente o inconsciente, o si; só a Anima é capaz de nos reconciliar com o inconsciente, de nos dar um *fio* condutor para sua exploração. Em segundo lugar, o labirinto designa o próprio eterno retorno: circular, não é o caminho perdido, mas o caminho que nos reconduz ao mesmo ponto, ao mesmo instante que é, que foi e que será. Mais profundamente, do ponto de vista do que constitui o eterno retorno, o labirinto é o devir, a afirmação do devir. Ora, o ser sai do devir, se afirma do devir, na medida em que a afirmação do devir é o objeto de outra afirmação (o fio de Ariadne). Enquanto Ariadne frequentou Teseu, o labirinto era apreendido ao contrário, se abria para os valores superiores; o fio era o fio do negativo e do ressentimento, o fio moral.[116] Mas Dioniso ensina a Ariadne seu segredo: o verdadeiro labirinto é o próprio Dioniso, o verdadeiro fio é o fio da afirmação. "Eu sou teu labirinto."[117] Dioniso é o labirinto e o touro, o devir e o ser, mas o devir que só é ser na medida em que sua própria afirmação é afirmada. Dioniso não pede a Ariadne apenas para ouvir, mas para afirmar a afirmação: "tens orelhas pequenas, tens minhas orelhas: enfia nelas uma palavra prudente!". A orelha é labiríntica, a orelha é o labirinto do devir ou o dédalo da afirmação. O labirinto é o que nos conduz ao ser, só há ser do devir, só há ser do próprio labirinto. Mas Ariadne tem as orelhas de Dioniso: a própria afirmação deve ser afirmada para que seja precisamente a afirmação do ser. Ariadne põe uma *palavra prudente* nas orelhas de Dioniso. Isto é: tendo ouvido a afirmação dionisíaca, faz dela uma segunda afirmação, ouvida por Dioniso.

---

116. VP, III, 408: "Nós estamos particularmente curiosos para explorar o labirinto, nós nos esforçamos para conhecer o Sr. Minotauro, do qual contam coisas tão terríveis; o que nos importa o vosso caminho que *sobe*, vosso fio que conduz *para fora*, que conduz à felicidade e à virtude, que leva a vós, eu o temo... Vós podeis nos salvar, com a ajuda desse fio? E nós, nós vos suplicamos insistentemente: enforcai-vos nesse fio!".

117. DD, "O lamento de Ariadne": "Sê prudente, Ariadne!... tens orelhas pequenas, tens minhas orelhas: enfia nelas uma palavra prudente! Não é preciso antes se odiar, para se amar?... *Eu sou teu labirinto...*".

5. O além-do-homem: contra a dialética

Se considerarmos a afirmação e a negação como qualidades da vontade de potência, veremos que elas não têm uma relação unívoca. A negação *se opõe* à afirmação, mas a afirmação *difere* da negação. Não podemos pensar a afirmação como "se opondo", por sua conta, à negação: isto equivaleria a colocar nela o negativo. A oposição não é apenas a relação da negação com a afirmação, mas a essência do negativo como tal. E a diferença é a essência do afirmativo como tal. A afirmação é gozo e jogo de sua própria diferença, como a negação, dor e trabalho da oposição que lhe é própria. Mas qual é este jogo da diferença na afirmação? A afirmação é posta uma primeira vez como o múltiplo, o devir e o acaso. Pois o múltiplo é a diferença entre um e outro, o devir é a diferença consigo, o acaso é a diferença "entre todos" ou distributiva. Em seguida, a afirmação se duplica, a diferença é refletida na afirmação da afirmação: momento da reflexão, na qual uma segunda afirmação toma a primeira como objeto. Mas assim a afirmação reduplica: como objeto da segunda afirmação, ela é a própria afirmação afirmada, a afirmação reduplicada, a diferença alçada à sua mais elevada potência. O devir é o ser, o múltiplo é o uno, o acaso é a necessidade. A afirmação do devir é a afirmação do ser etc., mas na medida em que ela é o objeto da segunda afirmação que a eleva a essa nova potência. O ser se diz do devir, o uno, do múltiplo, a necessidade, do acaso, mas na medida em que o devir, o múltiplo e o acaso se refletem na segunda afirmação que os toma como objeto. Assim, é próprio da afirmação retornar, ou da diferença se reproduzir. Retornar é o ser do que se torna, revir é o ser do devir, o uno do múltiplo, a necessidade do acaso: o ser da diferença como tal, ou o eterno retorno. Se considerarmos a afirmação em seu conjunto, não deveremos confundir, exceto por comodidade de expressão, a existência de duas potências de afirmar com a existência de duas afirmações distintas. O devir e o ser são uma mesma afirmação, que apenas passa de uma potência à outra enquanto é o objeto de uma segunda afirmação. A primeira afirmação é Dioniso, o devir. A segunda afirmação é Ariadne, o espelho, a noiva, a reflexão. Mas a segunda potência da primeira afirmação é o eterno retorno ou o ser do devir. É a vontade de potência como elemento diferencial que produz e desenvolve a diferença na afirmação, que reflete a diferença na afirmação da afirmação, que faz com que ela volte na própria afirmação afirmada. Dioniso desenvolvido, refletido, elevado à mais alta potência: estes são os aspectos do querer dionisíaco que serve de princípio ao eterno retorno.

13. Dioniso e Zaratustra

A lição do eterno retorno é que não há retorno do negativo. O eterno retorno significa que o ser é seleção. Só retorna o que afirma ou o que é afirmado. O eterno retorno é a reprodução do devir, mas a reprodução do devir é também a produção de um devir-ativo: o além--do-homem, filho de Dioniso e Ariadne. No eterno retorno, o ser se diz do devir, mas o ser do devir se diz apenas do devir-ativo. O ensinamento especulativo de Nietzsche é o seguinte: o devir, o múltiplo e o acaso não contêm nenhuma negação; a diferença é a afirmação pura; retornar é o ser da diferença que exclui todo o negativo. Talvez esse ensinamento permanecesse obscuro sem a clareza prática na qual está imerso. Nietzsche denuncia todas as mistificações que desfiguram a filosofia: o aparelho da má consciência, os falsos prestígios do negativo que fazem do múltiplo, do devir, do acaso, da própria diferença infelicidades da consciência, e das infelicidades da consciência momentos de formação, de reflexão ou de desenvolvimento. O ensinamento prático de Nietzsche é: a diferença é feliz; o múltiplo, o devir, o acaso são suficientes e por eles mesmos objetos de alegria; só a alegria retorna. O múltiplo, o devir, o acaso são a alegria propriamente filosófica na qual o uno se regozija de si mesmo, como também o ser e a necessidade. Nunca, desde Lucrécio (exceção feita a Espinosa), se tinha levado tão longe a tarefa crítica que caracteriza a filosofia. Lucrécio denuncia a perturbação da alma e aqueles que têm necessidade dessa perturbação para assentar seu poder; Espinosa denuncia a tristeza, todas as causas da tristeza, todos os que fundam sua potência no cerne dessa tristeza; Nietzsche denuncia o ressentimento, a má consciência, a potência do negativo que lhes serve de princípio: "inatualidade" de uma filosofia que tem como objeto liberar. Não há consciência infeliz que não seja simultaneamente a sujeição do homem, uma armadilha para o querer, a oportunidade de todas as baixezas para o pensamento. O reino do negativo é o reino dos animais poderosos, Igrejas e Estados, que nos acorrentam aos seus próprios fins. O assassino de Deus fica triste depois do crime porque motivava seu crime tristemente: queria tomar o lugar de Deus, o matava para "roubar", permanecia no negativo ao assumir o divino. É preciso tempo para que a morte de Deus encontre enfim sua essência e se torne um acontecimento alegre. O tempo de expulsar o negativo, de exorcizar o reativo, o tempo de um devir-ativo. E este tempo é precisamente o ciclo do eterno retorno.

O negativo expira às portas do ser. A oposição cessa seu trabalho, a diferença inicia seus jogos. Mas onde está o ser que não é um outro mundo, e como se faz a seleção? Nietzsche chama *transmutação* o ponto no qual o negativo é convertido. Este perde sua potência e sua qualidade. A negação deixa de ser uma potência autônoma, isto é, uma qualidade da vontade de potência. A transmutação relaciona o negativo com a afirmação na vontade de potência, faz dela uma simples maneira de ser das potências de afirmar. Não mais trabalho da oposição nem dor do negativo, mas jogo guerreiro da diferença, afirmação e alegria da destruição. O não destituído de seu poder, passado para a qualidade contrária, tornado afirmativo e criador: esta é a transmutação. E o que define Zaratustra essencialmente é esta transmutação dos valores. Se Zaratustra passa pelo negativo, como atestam seus nojos e suas tentações, não é para se servir dele como um motor, nem para assumir sua carga ou seu produto, mas para atingir o ponto no qual o motor é trocado, o produto, superado, todo o negativo, vencido ou transmutado.

Toda a história de Zaratustra está contida em suas relações com o niilismo, isto é, com o demônio. O demônio é o espírito do negativo, a potência de negar que desempenha papéis diversos, aparentemente opostos. Ora *ele faz com que o homem o carregue*, lhe sugerindo que o peso de que ele se encarrega é a própria positividade. Ora, ao contrário, *salta por cima do homem*, lhe retirando todas as forças e todo o querer.[118] A contradição é apenas aparente: no primeiro caso, o

---

118. Sobre o primeiro aspecto do demônio, cf. a teoria do asno e do camelo. Mas também, z, III, "Da visão e enigma", onde o demônio (espírito de gravidade) sentou-se sobre os ombros do próprio Zaratustra. E IV, "Do homem superior": "Se quereis subir alto, usai vossas pernas! Não vos deixeis *carregar* para cima, não vos senteis em costas e cabeças alheias!". Sobre o segundo aspecto do demônio, cf. a cena célebre do Prólogo, na qual o bufão alcança o equilibrista e salta por cima dele. Esta cena é explicada em III, "De velhas

homem é o ser reativo que quer se apoderar da potência, substituir a potência que o dominava por suas próprias forças. Mas, na verdade, o demônio encontra aqui a oportunidade de ser carregado, de ser assumido, de continuar sua tarefa, disfarçado numa falsa positividade. No segundo caso, o homem é o último dos homens: ser ainda reativo, não tem mais forças para se apoderar do querer; é o demônio que retira do homem todas as suas forças, que o deixa sem forças e sem querer. Em ambos os casos, o demônio aparece como o espírito do negativo que, através dos avatares do homem, *conserva sua potência e preserva sua qualidade*. Isso significa que a vontade de nada se serve do homem como de um ser reativo que se faz carregar por ele, mas também que não se confunde com ele e "salta por cima". De todos esses pontos de vista, a transmutação difere da vontade de nada como Zaratustra, de seu demônio. É com Zaratustra que a negação perde sua potência e sua qualidade: além do homem reativo, *o destruidor dos valores conhecidos*; além do último dos homens, *o homem que quer perecer ou ser superado*. Zaratustra significa a afirmação, o espírito da afirmação como potência que faz do negativo um modo e do homem um ser ativo que quer ser superado (não "sobressaltado"). O signo de Zaratustra é o signo do leão: o primeiro livro de Zaratustra se abre com o leão, o último se fecha com o leão. Mas o leão é precisamente o "sagrado Não" tornado criador e afirmativo, este não que a afirmação sabe dizer, no qual todo o negativo é convertido, transmutado em potência e em qualidade. Com a transmutação, a vontade de potência deixa de estar acorrentada ao negativo, como à razão que faz com que a conheçamos; mostra sua face desconhecida, a razão de ser desconhecida que faz do negativo uma simples maneira de ser.

Zaratustra tem uma relação complexa com Dioniso, assim como a transmutação com o eterno retorno. De certo modo, Zaratustra é causa do eterno retorno e pai do além-do-homem. O homem que quer perecer, o homem que quer ser superado, é o ancestral e o pai do além-do-homem. O destruidor de todos os valores conhecidos, o leão do sagrado não, prepara sua última metamorfose: torna-se criança. E, com as mãos mergulhadas na juba do leão, Zaratustra sente que

---

e novas tábuas": "Há muitos caminhos e modos de superação: deves *tu* cuidar disso! Mas somente um palhaço pensa: 'O homem também pode ser *saltado*'."

5. O além-do-homem: contra a dialética

seus filhos estão próximos ou que o além-do-homem está chegando. Mas em que sentido Zaratustra é o pai do além-do-homem, causa do eterno retorno? No sentido de condição. Mas, de outro modo, o eterno retorno tem um princípio incondicionado ao qual o próprio Zaratustra está submetido. O eterno retorno depende da transmutação do ponto de vista do princípio que o condiciona, mas a transmutação depende mais profundamente do eterno retorno do ponto de vista de seu princípio incondicionado. Zaratustra está submetido a Dioniso: "Quem sou eu? Espero alguém mais digno; não mereço sequer despedaçar-me nele".[119] Na trindade do Anticristo – Dioniso, Ariadne e Zaratustra –, Zaratustra é o noivo condicional de Ariadne, mas Ariadne é a noiva incondicionada de Dioniso. Por isso, Zaratustra, em relação ao eterno retorno e ao além-do-homem, tem sempre uma posição inferior. Ele é causa do eterno retorno, mas causa que tarda em produzir seu efeito. Profeta que hesita em entregar sua mensagem, que conhece a vertigem e a tentação do negativo, que deve ser encorajado por seus animais. Pai do além-do-homem, mas pai cujos produtos estão maduros antes que ele esteja maduro para seus produtos, leão ao qual ainda falta uma última metamorfose.[120] Na verdade, o eterno retorno e o além-do-homem estão no cruzamento de duas genealogias, de duas linhagens genéticas desiguais.

Por um lado, eles remetem a Zaratustra como ao princípio condicionante que os "põe" de maneira apenas hipotética. Por outro, remetem a Dioniso como ao princípio incondicionado que funda o seu caráter apodítico e absoluto. Assim, na exposição de Zaratustra, é sempre o imbricamento das causas ou a conexão dos instantes, a relação sintética dos instantes uns com os outros, que serve de hipótese ao retorno do mesmo instante. Mas, do ponto de vista de Dioniso, é, ao contrário, a relação sintética do instante consigo mesmo, como presente, passado e futuro, que determina absolutamente sua relação com todos os outros instantes. Retornar não é a paixão de um instante empurrado pelos outros, mas a atividade do instante, que determina

119. z, ii, "A hora mais quieta".
120. z, ii, "A hora mais quieta": "Ó Zaratustra, teus frutos estão maduros, mas não estás maduro para teus frutos!". Sobre as hesitações e esquivas de Zaratustra em dizer o eterno retorno, cf. ii, "Dos grandes acontecimentos", e, sobretudo, "A hora mais quieta" ("Está acima de minhas forças"); iii, "O convalescente".

os outros ao determinar a si mesmo a partir daquilo que afirma. A constelação de Zaratustra é a constelação do leão, mas a de Dioniso é a constelação do ser: o sim da criança-que-joga, mais profundo do que o sagrado não do leão. Zaratustra inteiro é afirmativo: mesmo quando diz não, ele que sabe dizer não. Mas Zaratustra não é a afirmação inteira, nem o mais profundo da afirmação.

Zaratustra relaciona o negativo com a afirmação na vontade de potência. Entretanto é preciso que a vontade de potência seja relacionada com a afirmação como sua razão de ser, e que a afirmação seja relacionada com a vontade de potência como o elemento que produz, reflete e desenvolve sua própria razão: esta é a tarefa de Dioniso. Tudo o que é afirmação encontra em Zaratustra sua condição, mas, em Dioniso, seu princípio incondicionado. Zaratustra determina o eterno retorno; além disso, determina o eterno retorno a produzir seu efeito, o além--do-homem. Mas essa determinação coincide com a série de condições que encontra seu último termo no leão, no homem que quer ser superado, no destruidor de todos os valores conhecidos. A determinação de Dioniso é de outra natureza, idêntica ao princípio absoluto sem o qual as próprias condições permaneceriam impotentes. E, precisamente, o supremo disfarce de Dioniso é submeter seus produtos a condições que lhe são submetidas e que esses produtos ultrapassam. É o leão que se torna criança, é a destruição dos valores conhecidos que torna possível uma criação dos valores novos, mas a criação dos valores, o sim da criança-que-joga não se formariam sob essas condições se, ao mesmo tempo, não passassem por uma genealogia mais profunda. Não nos espantaremos, portanto, que todo conceito nietzscheano esteja no cruzamento das duas linhagens genéticas desiguais. Não apenas o eterno retorno e o além-do-homem, mas o riso, o jogo, a dança. Referidos a Zaratustra, o riso, o jogo, a dança são as potências afirmativas de transmutação: a dança transmuta o pesado em leve, o riso transmuta o sofrimento em alegria, o jogo do lançar (os dados) transmuta o baixo em alto. Mas referidos a Dioniso, a dança, o riso, o jogo são as potências afirmativas de reflexão e de desenvolvimento. A dança afirma o devir e o ser do devir; o riso, as gargalhadas afirmam o múltiplo e o uno do múltiplo; o jogo afirma o acaso e a necessidade do acaso.

CONCLUSÃO

A filosofia moderna apresenta amálgamas que atestam seu vigor e sua vivacidade, mas que comportam também perigos para o espírito. Estranha mistura de ontologia e antropologia, de ateísmo e teologia. Em proporções variáveis, um pouco de espiritualismo cristão, um pouco de dialética hegeliana, um pouco de fenomenologia como escolástica moderna, um pouco de fulguração nietzscheana formam estranhas combinações. Vemos Marx e os pré-socráticos, Hegel e Nietzsche se darem as mãos numa ronda, que celebra o ultrapassamento da metafísica e até mesmo a morte da filosofia propriamente dita. E é verdade que Nietzsche se propunha expressamente a "ultrapassar" a metafísica. Mas Jarry também, no que chamava a "patafísica", invocando a etimologia. Tentamos neste livro romper alianças perigosas. Imaginamos Nietzsche retirando seu lance de um jogo que não é o seu. Ele dizia sobre os filósofos e a filosofia de sua época: pintura de tudo o que sempre se acreditou. Talvez ainda o dissesse sobre a filosofia atual, em que nietzscheanismo, hegelianismo e husserlianismo são os pedaços do novo pensamento sarapintado.

Não há compromisso possível entre Hegel e Nietzsche. A filosofia de Nietzsche tem um grande alcance polêmico; forma uma antidialética absoluta, que se propõe a denunciar as mistificações que encontram na dialética um último refúgio. O que Schopenhauer tinha sonhado, mas não realizado, preso como estava nas malhas do kantismo e do pessimismo, Nietzsche torna seu, ao preço de sua ruptura com Schopenhauer. Erguer uma nova imagem do pensamento, liberar o pensamento dos fardos que o esmagam. Três ideias definem a dialética: a ideia de um poder do negativo como princípio teórico que se manifesta na oposição e na contradição; a ideia de um valor do sofrimento e da tristeza, a valorização das "paixões tristes", como princípio prático que se manifesta na cisão, no dilaceramento; a ideia da positividade como produto teórico e prático da própria negação. Não é exagero dizer que toda a filosofia de Nietzsche, em seu sentido polêmico, é a denúncia das três ideias.

Se a dialética encontra seu elemento especulativo na oposição e na contradição, é antes de mais nada porque reflete uma falsa imagem da diferença. Como o olho do boi, ela reflete uma imagem invertida da diferença. A dialética hegeliana é reflexão sobre a diferença, mas inverte sua imagem. Substitui a afirmação da diferença como tal pela negação do que difere; a afirmação de si pela negação do outro; a afirmação da afirmação pela famosa negação da negação. Mas essa inversão não teria sentido se não fosse praticamente animada por forças que têm interesse em fazê-la. A dialética expressa todas as combinações das forças reativas e do niilismo, a história ou a evolução de suas relações. A oposição colocada no lugar da diferença é também o triunfo das forças reativas que encontram na vontade de nada o princípio que lhes corresponde. O ressentimento precisa de premissas negativas, de duas negações, para produzir um fantasma de afirmação; o ideal ascético precisa do próprio ressentimento e da má consciência, como o prestidigitador com suas cartas marcadas. Sempre as paixões tristes; a consciência infeliz é o sujeito de toda dialética. A dialética é primeiramente o pensamento do homem teórico, em reação contra a vida, que pretende julgar a vida, limitá-la, medi-la. Em segundo lugar, é o pensamento do sacerdote que submete a vida ao trabalho do negativo: precisa da negação para assentar sua potência, representa a estranha vontade que conduz as forças reativas ao triunfo. A dialética é, nesse sentido, a ideologia propriamente cristã. Finalmente, ela é o pensamento do escravo, que expressa a própria vida reativa e o devir-reativo do universo. Até o ateísmo que ela nos propõe é um ateísmo clerical, até a imagem do senhor é uma figura de escravo. Não nos espantaremos de que a dialética produza apenas um fantasma de afirmação. Oposição superada ou contradição resolvida, a imagem da positividade se encontra radicalmente falseada. A positividade dialética, o real na dialética, é o sim do asno. O asno acredita afirmar porque assume, mas assume apenas os produtos do negativo. Ao demônio, macaco de Zaratustra, bastava saltar sobre nossos ombros; aqueles que carregam sempre são tentados a acreditar que afirmam ao carregar e que o positivo é avaliado pelo peso. O asno na pele do leão é o que Nietzsche chama "o homem deste tempo".

A grandeza de Nietzsche é a de ter isolado estas duas plantas: ressentimento e má consciência. Mesmo se tivesse apenas esse aspecto, a filosofia de Nietzsche seria da maior importância. Mas, em Nietzsche, a polêmica é apenas a agressividade que decorre de uma instância mais profunda, ativa e afirmativa. A dialética veio da Crítica kantiana ou da falsa crítica. Fazer a verdadeira crítica implica uma filosofia que se desenvolva por si mesma e só conserve o negativo como maneira de ser. Nietzsche censurava os dialéticos por permanecerem numa concepção abstrata do universal e do particular; eram prisioneiros dos sintomas e não atingiam as forças nem a vontade que dão aos sintomas sentido e valor. Evoluíam no quadro da questão "O que é...?", questão contraditória por excelência. Nietzsche cria seu próprio método: dramático, tipológico, diferencial. Faz da filosofia uma arte, a arte de interpretar e de avaliar. Para todas as coisas põe a questão "Quem?". Quem... é Dioniso. O que... é a vontade de potência como princípio plástico e genealógico. A vontade de potência não é a força, mas o elemento diferencial que determina simultaneamente a relação entre as forças (quantidade) e a qualidade respectiva das forças em relação. É nesse elemento da diferença que a afirmação se manifesta e se desenvolve como criadora. A vontade de potência é o princípio da afirmação múltipla, o princípio dadivoso ou a virtude dadivosa.

O sentido da filosofia de Nietzsche é: o múltiplo, o devir, o acaso são objeto de afirmação pura. A afirmação do múltiplo é a proposição especulativa, assim como a alegria do diverso é a proposição prática. O jogador só perde porque não afirma o suficiente, porque introduz o negativo no acaso, a oposição no devir e no múltiplo. O verdadeiro lance de dados produz necessariamente o número vencedor que reproduz o lance de dados. Afirma-se o acaso e a necessidade do acaso; o devir e o ser do devir; o múltiplo e o uno do múltiplo. A afirmação se duplica, em seguida se reduplica, conduzida a sua mais elevada potência. A diferença se reflete e se repete ou se reproduz. O eterno retorno é a mais elevada potência, síntese da afirmação que encontra seu princípio na Vontade. A leveza do que afirma contra o peso do negativo; os jogos da vontade de potência contra o trabalho da dialética; a afirmação da afirmação contra a famosa negação da negação.

A negação, na verdade, aparece primeiro como uma qualidade da vontade de potência. Mas no sentido em que a reação é uma qualidade da força. Mais profundamente, a negação é apenas uma face da vontade de potência, a face sob a qual ela nos é conhecida, na medida em que o próprio conhecimento é a expressão das forças reativas. O homem só habita o lado desolado da terra, só compreende seu devir-reativo que o atravessa e o constitui. Por isso a história do homem é a história do niilismo: negação e reação. Mas a longa história do niilismo tem sua conclusão: o ponto final em que a negação se volta contra as próprias forças reativas. Esse ponto define a transmutação ou transvaloração; a negação perde sua potência própria, se torna ativa, não é mais do que a maneira de ser das potências de afirmar. O negativo muda de qualidade, passa ao serviço da afirmação, passa a valer apenas como preliminar ofensivo ou como agressividade consequente. A negatividade como negatividade *do positivo* faz parte das descobertas antidialéticas de Nietzsche. Sobre a transmutação, tanto faz dizer que serve de condição para o eterno retorno ou que dele depende do ponto de vista de um princípio mais profundo. Pois a vontade de potência só faz retornar o que é afirmado: é ela que, simultaneamente, converte o negativo e reproduz a afirmação. O fato de o negativo existir para a afirmação, de o negativo existir na afirmação, significa que o eterno retorno é o ser, mas o ser é seleção. A afirmação permanece como única qualidade da vontade de potência, a ação, como única qualidade da força, o devir-ativo, como identidade criadora da potência e do querer.

NOTA DO EDITOR

Deleuze leu Nietzsche apenas em francês. As citações utilizadas por ele foram extraídas das traduções francesas disponíveis na época. Obviamente, hoje podemos julgá-las problemáticas, seja por sua qualidade irregular, seja pelos erros contidos no original alemão em que tais versões se basearam. Não havia sido publicada, ainda, a edição crítica das obras completas de Nietzsche organizada por Colli e Montinari, em que todos esses equívocos foram corrigidos.

O problema maior no uso das citações diz respeito aos fragmentos póstumos. Na época em que Deleuze escreveu seu livro, início dos anos 1960, eles só eram acessíveis através do volume intitulado *La Volonté de Puissance*, editado em alemão por Friedrich Würzbach e traduzido ao francês por Geneviève Bianquis. Como se sabe, tal obra fora organizada originalmente pela irmã do filósofo, sem respeito algum pela cronologia dos textos e contendo inúmeras omissões, acréscimos, deturpações. Só em 1967, com o trabalho de Colli e Montinari, os fragmentos se tornaram acessíveis na ordem em que foram escritos e liberados das intenções ideológicas introduzidas pela irmã.

Deleuze imediatamente reconheceu o valor de um tal trabalho, e escreveu, no mesmo ano: "As edições existentes sofrem de más leituras ou de deslocamentos, e, sobretudo, de cortes arbitrários operados na massa de notas póstumas. *A vontade de potência* é o exemplo célebre disso. Pode-se dizer ainda que nenhuma edição existente, mesmo a mais recente, satisfaz às exigências críticas e científicas normais. Eis porque o projeto dos senhores Colli e Montinari nos parece tão importante: editar, finalmente, as notas póstumas completas, de acordo com a cronologia a mais rigorosa possível em conformidade com os períodos correspondentes aos livros publicados por Nietzsche".[1] No ano seguinte tem início pela Gallimard a publicação em francês dessa edição monumental, sob a responsabilidade do próprio Deleuze em associação com Foucault.

---

1. "Conclusões sobre a vontade de potência e o eterno retorno", in *Cahiers de Royaumont n. VI: Nietzsche*. Paris: Minuit, 1967, pp. 275-287. Esse texto foi retomado em *A ilha deserta e outros textos*, Gilles Deleuze; ed. preparada por D. Lapoujade, org. da trad. bras por Luiz B. L. Orlandi. São Paulo: Iluminuras, 2006, p. 155.

Nietzsche e a filosofia constitui uma interpretação original do pensamento nietzscheano, e preserva todo seu frescor. Nem por isso deixa de ser também um documento filosófico inscrito em seu tempo, devedor dele e do estado dos textos naquele momento. Faz parte, portanto, da história da recepção francesa de Nietzsche, cujo curso, aliás, ele ajudou a infletir.

LISTA DAS TRADUÇÕES DE NIETZSCHE

Para as citações de Nietzsche, foram utilizadas as seguintes traduções:

A filosofia na idade trágica dos gregos, tradução de Maria Inês Madeira de Andrade. Lisboa: Edições 70, 2009

A gaia ciência, tradução de Paulo César de Souza. São Paulo: Companhia das Letras, 2012.

Além do bem e do mal, tradução de Paulo César de Souza. São Paulo: Companhia das Letras, 2005.

Assim falou Zaratustra, tradução de Paulo César de Souza. São Paulo: Companhia das Letras, 2011.

Aurora, tradução de Paulo César de Souza. São Paulo: Companhia das Letras, 2004.

Crepúsculo dos ídolos, tradução de Paulo César de Souza. São Paulo: Companhia das Letras, 2006.

Ditirambos de Dionísio in *O Anticristo*, tradução de Paulo César de Souza. São Paulo: Companhia das Letras, 2007.

Ecce homo, tradução de Paulo César de Souza. São Paulo: Companhia das Letras, 2008

Genealogia da moral, tradução de Paulo César de Souza. São Paulo: Companhia das Letras, 2009.

Humano, demasiado humano, tradução de Paulo César de Souza. São Paulo: Companhia das Letras, 2005.

Nietzsche contra Wagner, tradução de Paulo César de Souza. São Paulo: Companhia das Letras, 1999.

O andarilho e sua sombra – Segunda parte de *Humano, demasiado humano II*, tradução de Paulo César de Souza, exceto para os projetos de prefácio. São Paulo: Companhia das Letras, 2008.

O Anticristo, tradução de Paulo César de Souza. São Paulo: Companhia das Letras, 2007.

O nascimento da tragédia, tradução de Jacó Guinsburg. São Paulo: Companhia das Letras, 1992.

Segunda consideração intempestiva: Da utilidade e desvantagem da história para a vida, tradução de Marco Antônio Casanova. Rio de Janeiro: Relume Dumará, 2003.

As passagens de *Vontade de potência* foram traduzidas diretamente do francês, tal como aparecem no original *Nietzsche et la philosophie*. A edição francesa utilizada por Deleuze era da Gallimard, vertida por Geneviève Bianquis a partir da compilação alemã organizada por Friedrich Würzbach.

n-1

O livro como imagem do mundo é de toda maneira uma ideia insípida. Na verdade não basta dizer Viva o múltiplo, grito de resto difícil de emitir. Nenhuma habilidade tipográfica, lexical ou mesmo sintática será suficiente para fazê-lo ouvir. É preciso fazer o múltiplo, não acrescentando sempre uma dimensão superior, mas, ao contrário, da maneira mais simples, com força de sobriedade, no nível das dimensões de que se dispõe, sempre n-1 (é somente assim que o uno faz parte do múltiplo, estando sempre subtraído dele). Subtrair o único da multiplicidade a ser constituída; escrever a n-1.

Gilles Deleuze e Félix Guattari

Dados Internacionais de Catalogação na Publicação (CIP) de acordo com ISBD

D348n   Deleuze, Gilles

Nietzsche e a filosofia / Gilles Deleuze ; traduzido por Mariana de Toledo Barbosa, Ovídio de Abreu Filho. - São Paulo : n-1 edições, 2018.
256 p. : il. ; 15cm x 23cm.

Tradução de: Nietzsche et la philosophie
Inclui índice.
ISBN: 978-856-694-356-6

1. Filosofia. 2. Friedrich Nietzsche. I. Barbosa, Mariana de Toledo. II. Abreu Filho, Ovídio de. III. Título.

2018-646

CDD 100
CDU 1

Elaborado por Vagner Rodolfo da Silva - CRB-8/9410

Índice para catálogo sistemático
1. Filosofia 100
2. Filosofia 1